Aristóteles

A Política

Aristóteles

A Política

Tradução
Nestor Silveira Chaves

Lafonte

Direção Editorial	*Ethel Santaella*
Organização Editorial	*Ciro Mioranza*
Tradução	*Nestor Silveira Chaves*
Copidesque	*Paulo Adriano de O. Dias*
Revisão	*Rita Del Monaco*
Diagramação	*Marcos Sousa*
Imagem de Capa	*Ilustração, Ryger, Shutterstock.com*

Dados Internacionais de Catalogação na Publicação (CIP)
(Câmara Brasileira do Livro, SP, Brasil)

Aristóteles
A política / Aristóteles ; tradução Nestor Silveira Chaves. -- 1. ed. -- São Paulo : Lafonte, 2017.

Título original: Politics
ISBN 978-85-8186-252-1

1. Filosofia grega 2. Política I. Título.

17-10113 CDD-320

Índices para catálogo sistemático:

1. Ciência política 320

Editora Lafonte

Av. Profª Ida Kolb, 551, Casa Verde, CEP 02518-000, São Paulo-SP, Brasil
Tel.: (+55) 11 3855-2100, CEP 02518-000, São Paulo-SP, Brasil
Atendimento ao leitor (+55) 11 3855- 2216 / 11 3855 - 2213 - atendimento@editoralafonte.com.br
Venda de livros avulsos (+55) 11 3855- 2216 - vendas@editoralafonte.com.br
Venda de livros no atacado (+55) 11 3855-2275 - atacado@escala.com.br

Índice

Apresentação

A referência mais imediata que se faz ao ler a *Política* de Aristóteles é à *República de Platão*. Enquanto Platão pregava a criação de um novo modelo, igualitário, comum e, de certo modo, utópico. Aristóteles analisa o Estado então existente como natural e único. Observa suas estruturas e aquilo que as sustentam, examinando em que ponto tais estruturas podem ser mais eficientes. O comunismo de Platão dá lugar a um sistema em que a escravidão é vista como necessária e, mais do que isso, fundamental. Para Aristóteles, havia a obrigação de se ter uma cidade escravocrata; ele via o escravo como o instrumento do trabalho, assim como o cidadão era, para ele, o instrumento político. Entretanto, como os gregos não tinham estruturas tão fixas entre cidadão e escravo – já que o escravo poderia deixar de o ser, e o cidadão poderia tornar-se escravo –, o filósofo os diferencia como escravos naturais e escravos de fato.

Dos livros originais, só restaram partes, e não se tem certeza da sua ordem primária, mas ainda assim esta é a observação mais crítica e criteriosa que se tem da polis grega.

Livro Primeiro

Sinopse

Exórdio - Objeto e limite da ciência política - Elementos da cidade - Seu fundamento na família - Sociedade doméstica: senhor, escravo - Arte de adquirir fortuna: teoria aplicada - Sociedade paterna e conjugal - Se a virtude deve ser exigida nos que obedecem, ou somente nos que mandam.

Capítulo 1

1. Sabemos que toda cidade é uma espécie de associação, e que toda a associação se forma tendo por alvo algum bem; porque o homem só trabalha pelo que ele tem conta de um bem. Todas as sociedades, pois, se propõem qualquer lucro – sobretudo a mais importante delas, pois que visa a um bem maior, envolvendo todas as demais: a cidade política.

2. Erram, assim, os que julgam ser um só o governo, político ou real, econômico e despótico[1] – porque acreditam que cada um deles só difere pelo maior ou menor número de indivíduos que o compõem e não pela sua espécie. Por exemplo, se aquele que governa só possui autoridade sobre um número reduzido de homens, chamam-no senhor (déspota); ecônomo, se dirige um número maior; chefe político ou rei, se governa a um número ainda mais elevado – não fazendo a menor distinção entre uma grande família política e uma pequena cidade.

No que se refere ao governo político e real, dizem que quando um homem governa só e com autoridade própria, o governo é real; e sendo, pelos termos da constituição do Estado, alternadamente, senhor e súdito, o governo é político.

3. Disso nos convencemos se examinamos a questão segundo o método analítico que nos guiou(2). Assim como em outros assuntos, somos obrigados a dividir o composto até que cheguemos a elementos absolutamente simples, como representando as partes mínimas do todo. Do mesmo modo, examinando a cidade nos elementos que a compõem, saberemos melhor em que eles diferem, e se é possível reunir esses conhecimentos esparsos para deles formar uma arte.

Estudemos, neste assunto, como nos outros, a origem e o desenvolvimento dos seres. É o melhor método que se pode adotar.

4. Deve-se, antes de tudo, unir de dois em dois os seres que, como o homem e a mulher, não podem existir um sem o outro, em razão da reprodução.

Isso não é neles o efeito de uma ideia preconcebida; inspira-lhes a natureza, como aos outros animais e até mesmo às plantas, o desejo de deixarem após si um ser que se lhes assemelhe. Há também, por obra da natureza e para a conservação das espécies, um ser que ordena e um ser que obedece. Porque aquele que possui inteligência capaz de previsão tem naturalmente autoridade e poder de chefe; o que nada mais possui além da força física para executar, deve, forçosamente, obedecer e servir – e, pois, o interesse do senhor é o mesmo que o do escravo.

5. Desse modo impôs a natureza uma essencial diferença entre a mulher e o escravo – porque a natureza não procede avaramente como os cuteleiros de Delfos, que fazem facas para diversos trabalhos, porém cada uma isolada, só servindo para um fim. Desses instrumentos, o melhor não é o que serve para vários misteres, mas para um apenas. Entre os bárbaros, a mulher e o escravo se confundem na mesma classe. Isso acontece pelo fato de não lhes ter dado a natureza o instinto do mando, e de ser a união conjugal a de uma escrava com um senhor. Falaram os poetas:

"Os gregos têm o direito de mandar nos bárbaros"(3)

Como se a natureza distinguisse o bárbaro do escravo.

6. Essa dupla união do homem com a mulher, do senhor com o escravo, constitui, antes de tudo, a família. Hesíodo disse, com razão, que a primeira família[(4)] se formou da mulher e do boi feito para a lavra. De fato, o boi serve de escravo aos pobres. Assim, naturalmente, a sociedade constituída para prover às necessidades quotidianas é a família, formada daqueles que Carondas[(5)] chama *homos pyens* (tirando o pão da mesma arca), e que Epimenides, de Creta, denomina *homocapiens* (comendo na mesma manjedoura).

7. A primeira sociedade formada por muitas famílias tendo em vista a utilidade comum, mas não quotidiana, é o pequeno burgo; esta parece ser naturalmente uma espécie de colônia da família. Chamam alguns *homogalactiens* (alimentados com o mesmo leite) aos filhos da primeira família, e aos filhos desses filhos. É porque as cidades eram primitivamente governadas por reis, como ainda hoje o são as grandes nações; e porque elas se formavam de hordas submissas à autoridade real. De fato, uma casa é administrada pelo membro mais velho da família, que tem uma espécie de poder real – e as colônias conservam o governo da consanguinidade. É o que diz Homero:

> "Cada senhor absoluto de mulheres e filhos
> *A todos prescreve leis...*"[(6)],

porque eles andavam dispersos: assim viviam os homens nos tempos antigos. Pela mesma razão se diz que os deuses se submetiam à autoridade de um rei porque, entre os homens, uns ainda hoje são assim governados, e outros o foram antigamente. O homem fez os deuses à sua imagem; também lhes deu seus costumes.

A sociedade constituída por diversos pequenos burgos forma uma cidade completa, com todos os meios de se abastecer por si, e tendo atingido, por assim dizer, o fim que se propôs. Nascida principalmente da necessidade de viver, ela subsiste para uma vida feliz. Eis por que toda cidade se integra na natureza, pois foi a própria natureza que formou as primeiras sociedades. A natureza era o fim dessas sociedades; e a natureza é o verdadeiro fim de todas as coisas. Dizemos, pois, dos diferentes seres, que eles se acham integrados na natureza[(7)] quando tenham atingido todo o desenvolvimento que lhes é peculiar. Além disso, o fim para o qual cada ser é criado, é de cada um bastar-se a si.

8. É evidente, pois, que a cidade faz parte das coisas da natureza, que o homem é naturalmente um animal político, destinado a viver em sociedade, e que aquele que, por instinto, e não porque qualquer circunstância o inibe, deixa de fazer parte de uma cidade, é um vil ou superior ao homem. Tal indivíduo merece, como disse Homero, a censura cruel de ser sem família, sem leis, sem lar. Porque ele é ávido de combates e, como as aves de rapina, incapaz de se submeter a qualquer obediência.

9. Claramente se compreende a razão de ser o homem um animal sociável em grau mais elevado que as abelhas e todos os outros animais que vivem reunidos. A natureza, dizemos, nada fez em vão. O homem só, entre todos os animais, tem o dom da palavra; a voz é o sinal da dor e do prazer, e é por isso que ela foi também concedida aos outros animais. Estes chegam a experimentar sensações de dor e de prazer, e a fazer compreender uns aos outros. A palavra, porém, tem por fim fazer compreender o que é útil ou prejudicial, e, em consequência, o que é justo ou injusto. O que distingue o homem de um modo específico é que ele sabe discernir o bem, o justo do injusto, e assim todos os sentimentos da mesma ordem cuja comunicação constitui precisamente a família do Estado.

Na ordem da natureza, o Estado se coloca antes da família e antes de cada indivíduo, pois que o todo deve, forçosamente, ser colocado antes da parte. Erguei o todo; dele não ficará mais nem pé nem mão, a não ser no nome, como se poderá dizer, por exemplo, uma mão separada do corpo não mais será mão além do nome. Todas as coisas se definem por suas funções; e desde o momento em que elas percam suas características, já não se poderá dizer que sejam as mesmas; apenas ficam compreendidas sob a mesma denominação. Evidentemente o Estado está na ordem da natureza e antes do indivíduo; porque, se cada indivíduo isolado não se basta a si mesmo, assim também se dará com as partes em relação ao todo. Ora, aquele que não pode viver em sociedade, ou que de nada precisa por bastar-se a si próprio, não faz parte do Estado; é um bruto ou um deus. A natureza compele assim todos os homens a se associarem. Àquele que primeiro estabeleceu isso se deve o maior bem; porque se o homem, tendo atingindo a sua perfeição, é o mais excelente de todos os animais, também é o pior quando vive isolado, sem leis e sem preconceitos. Terrível calamidade é a injustiça que tem armas nas mãos. As armas que a natureza dá ao homem são a prudência e a virtude. Sem virtude, ele é o mais ímpio e o mais feroz de todos os seres vivos; mas não sabe, por sua vergonha, que amar é comer. A justiça é a base da sociedade. Chama-se julgamento a aplicação do que é justo.

Capítulo 2

1. Agora que bem se conhecem as partes que compõem um Estado, necessário se torna falar, antes de tudo, da economia doméstica, já que o Estado é uma reunião de famílias. Os elementos da economia doméstica são exatamente os da família, a qual, para ser completa, deve compreender escravos e indivíduos livres, mas para se submeter a um exame separado as partes primitivas e indecomponíveis, sabendo-se que na família elas são o senhor e o escravo, o marido e a mulher, os pais e os filhos, seria necessário estudar isoladamente essas três classes de indivíduos para saber o que é e o que deve ser cada uma delas.

2. Temos, de um lado, a autoridade do senhor, depois a autoridade material (não encontramos um termo especial para exprimir a relação do homem para com a mulher), em terceiro lugar a procriação de filhos (para a qual tampouco encontramos uma denominação própria). Comumente só se contam esses três elementos da família. Contudo, existe ainda um quarto que muitos confundem com a administração doméstica, e outros julgam ser dela um importante ramo. É preciso também estudá-lo; quero falar daquilo que se chama a arte de acumular fortuna. Falemos primeiramente do senhor e do escravo, pois importa conhecer as necessidades que os unem, e saber se em tal assunto não encontraremos ideias mais justas que as que hoje se reconhecem.

3. Pretendem alguns que existe uma ciência do amo, a qual é idêntica à economia doméstica e à autoridade real ou política, como já dissemos no começo; outros sustentam que o poder do senhor sobre o escravo é contra a natureza. Só a lei – dizem – impõe diferença entre o homem livre e o escravo; a natureza a nenhum deles distingue. Tal diferença é injusta, e só a violência a produz. Ora, servindo os nossos bens para a manutenção da família,

a arte de adquiri-los também faz parte da economia: porque, sem os objetos de primeira necessidade, os homens não saberiam viver, e, o que é mais, viver felizes.

4. Se todas as artes precisam de instrumentos próprios para o seu trabalho, a ciência da economia doméstica também deve ter os seus. Dos instrumentos, uns são animados, outros inanimados. Por exemplo, para o piloto, o leme é um instrumento vivo. O operário, nas artes, é considerado um instrumento. Do mesmo modo a propriedade é um instrumento essencial à vida, a riqueza uma multiplicidade de instrumentos, e o escravo uma propriedade viva. Como instrumento, o trabalhador é sempre o primeiro entre todos.

5. De fato, se cada instrumento pudesse, a uma ordem dada ou apenas prevista, executar sua tarefa (conforme se diz das estátuas de Dédalo[(8)] ou das tripeças[(9)] de Vulcano, que iam sozinhas, como disse o poeta, às reuniões dos deuses), se as lançadeiras tecessem as toalhas por si, se o plectro tirasse espontaneamente sons da cítara, então os arquitetos não teriam necessidade de trabalhadores, nem os senhores de escravos.

6. Os instrumentos propriamente ditos são instrumentos de produção. A propriedade, ao contrário, é simplesmente de uso. Assim, a lançadeira pode produzir mais que o que dela se exige; mas um vestuário, um leito, nada produzem além do seu uso. Diferindo a produção e o uso segundo a espécie, e tendo essas duas coisas instrumentos que lhes são próprios, é claro que os instrumentos que lhes servem devem ter a mesma diferença. A vida é uso, e não produção; eis por que o escravo só serve para facilitar o uso. Propriedade é uma palavra que deve ser compreendida como parte: a parte não se inclui apenas no todo, mas pertence ainda, de um modo absoluto, a qualquer coisa além de si própria. Assim a propriedade. Também o senhor é simplesmente dono do escravo, mas dele não é parte essencial; o escravo, ao contrário, não só é servo do senhor, como ainda lhe pertence de um modo absoluto.

7. Fica demonstrado claramente o que o escravo é em si, e o que pode ser. Aquele que não se pertence mas pertence a outro, e, no entanto, é um homem, esse é escravo por natureza. Ora, se um homem pertence a outro, é uma coisa possuída, mesmo sendo homem. E uma coisa possuída é um instrumento de uso, separado do corpo ao qual pertence.

8. Mas há, ou não há tais homens? Existirá alguém para quem seja justo e lucrativo ser escravo? Ou, ao contrário, será toda a servidão contra a natureza? É o que examinaremos agora, não sendo difícil fazê-lo, com raciocínio e os meios de se resolverem tais perguntas. A autoridade e a obediência não só são coisas necessárias, mas ainda são coisas úteis. Alguns seres, ao nascer, se veem destinados a obedecer; outros, a mandar. E formam, uns e outros, numerosas espécies. A autoridade é tanto mais alta quanto mais perfeitos são os que a ela se submetem. A que rege o homem, por exemplo, é superior àquela que rege o animal; porque a obra realizada por criatura mais perfeita tem maior perfeição; existe uma obra, desde que haja comando de uma parte, e de outra obediência.

9. Em todas as coisas formadas de várias partes que, separadas ou não, fornecem um resultado comum, manifestam-se a obediência e a autoridade. É o que se observa em todos os seres animados, qualquer que seja a sua espécie. Encontra-se mesmo certa autoridade nas coisas inanimadas, como na harmonia. Mas esse ponto é, talvez, bem estranho ao nosso assunto.

10. Em primeiro lugar, todo ser vivo se compõe de alma e corpo, destinados pela natureza, uma a ordenar, o outro a obedecer. A natureza deve ser observada nos seres que se desenvolveram segundo as suas leis, muito mais que nos degenerados. Suponhamos, pois, um homem perfeitamente são de espírito e de corpo, um homem no qual a marca da natureza seja visível – porque eu não falo dos homens corrompidos ou predispostos à corrupção, nos quais o corpo governa o espírito, porque são viciados e desviados da natureza.

11. Primeiramente, como dizemos, deve-se reconhecer no animal vivo um duplo comando: o do amo e o do magistrado. A alma dirige o corpo, como o senhor ao escravo. O entendimento governa o instinto, como um juiz aos cidadãos e um monarca aos seus súditos. É claro, pois, que a obediência do corpo ao espírito, da parte afetiva à inteligência e à razão, é a coisa útil e conforme com a natureza. A igualdade ou direito de governar cada um por sua vez seria funesta a ambos.

12. A mesma relação existe entre o homem e os outros animais. A natureza foi mais pródiga para com o animal que vive sob o domínio

do homem do que em relação à fera selvagem; e a todos os animais é útil viver sob a dependência do homem. Nela encontram eles a sua segurança. Os animais são machos e fêmeas. O macho é mais perfeito e governa; a fêmea o é menos, e obedece. A mesma lei se aplica naturalmente a todos os homens.

13. Há na espécie humana indivíduos tão inferiores a outros como o corpo o é em relação à alma, ou a fera ao homem; são os homens nos quais o emprego da força física é o melhor que deles se obtém. Partindo dos nossos princípios, tais indivíduos são destinados, por natureza, à escravidão; porque, para eles, nada é mais fácil que obedecer. Tal é o escravo por instinto: pode pertencer a outrem (também lhe pertence ele de fato), e não possui razão além do necessário para dela experimentar um sentimento vago; não possui a plenitude da razão. Os outros animais dela desprovidos seguem as impressões exteriores.

14. A utilidade dos escravos é mais ou menos a dos animais domésticos: ajudam-nos com sua força física em nossas necessidades cotidianas. A própria natureza parece querer dotar de características diferentes os corpos dos homens livres e dos escravos. Uns, de fato, são fortes para o trabalho ao qual se destinam; os outros são perfeitamente inúteis para coisas semelhantes, mas são úteis para a vida civil, que assim se acha repartida entre os trabalhos da guerra e os da paz. Mas acontece o contrário muitas vezes: indivíduos há que só possuem o corpo de um homem livre, ao passo que outros dele só têm a alma.

15. É claro que, se essa diferença puramente exterior entre os homens fosse tão grande como o é em relação às estátuas dos deuses, todos estariam acordes em dizer que aqueles que demonstram inferioridade devem ser escravos dos outros. Ora, tal sendo em relação ao corpo, mais justa será essa distinção no que se refere à alma; mas é tão fácil ver a beleza da alma como se vê a do corpo. Assim, dos homens, uns são livres, outros escravos; e para ele é útil e justo viver na servidão.

16. Facilmente se percebe que os que afirmam o contrário não estão completamente sem razão; porque as palavras *escravidão* e *escravos* são tomadas em sentidos diferentes. Segundo a lei, há homem reduzido à escravidão; a lei é convenção segundo a qual todo homem vencido na guerra se reconhece como sendo propriedade

do vencedor. Muitos jurisconsultos acusam este pretendido direito como se acusa da ilegalidade[10] um orador; porque é inadmissível que o poder empregar violência, tornando-se o mais forte escraviza e submeta aos seus caprichos aquele que se lhe entrega. Essas duas opiniões são igualmente sustentadas pelos sábios.

17. A causa de tal divergência, e o que faz com que as razões apresentadas de ambas as partes variem é que a força, quando chega a procurar auxílio, transforma-se em violência; e a força vitoriosa pressupõe sempre grande superioridade em tudo, parecendo assim não existir violência sem virtude. Aqui só há desacordo quanto à noção do justo. É que muitos julgam residir a justiça na benevolência, ao passo que outros a consideram como o próprio princípio que atribui o comando ao que mais superioridade oferece. Aliás, se isolarem essas opiniões, os argumentos contrários perderão sua força de persuasão, querendo-se demonstrar que a superioridade da virtude não dá direito de mando e de domínio.

18. Enfim, há pessoas que, obstinadamente presas ao que creem justo sob certo aspecto (e a lei tem sempre algo de justo), afirmam ser legítima a servidão resultante da guerra, e ao mesmo tempo a negam, porque é possível não ser justo o motivo da guerra, e jamais se poderá dizer que um homem que não merece a escravidão seja escravo. Por outro lado, dizem, poderá acontecer que homens que parecem descender do sangue mais ilustre sejam escravos e filhos de escravos, se forem vendidos após ter sido aprisionados. Também os partidários dessa opinião não querem atribuir a si mesmo o nome de escravos; eles apenas o dão aos bárbaros. Quando falam assim, reduzem a questão a procurar o que é ser escravo por natureza, conforme o dissemos no início.

19. É claro que eles precisam admitir que existem homens que são escravos em toda parte, e outros em parte alguma. O mesmo princípio se aplica à nobreza, julgando-se nobres não somente em seu meio, mas em toda parte – os bárbaros, ao contrário, só o são entre eles: como se existisse uma raça nobre e livre num século absoluto e outra qualquer que o não fosse. É Helena de Teodecto[11] que exclama:

"De uma raça de deuses descendente,
Quem de escrava ousaria chamar-se?"

Exprimir-se assim é não admitir outra diferença além da virtude e do vício entre o homem livre e o escravo, entre o nobre e o que não o é; afirmar que, assim como o homem nasce do homem e não do animal, também o homem virtuoso só pode nascer de pais virtuosos. Ora, a natureza bem o quer – muitas vezes – mas ela nem sempre pode o que deseja.

20. Vê-se, pois, que a discussão, que sustentamos tem algum fundamento; que há escravos e homens livres pela própria obra da natureza; que essa distinção subsiste em alguns seres, sempre que igualmente pareça útil e justo para alguém ser escravo, para outrem mandar; pois é preciso que aquele obedeça e este ordene, segundo o seu direito natural, isto é, com uma autoridade absoluta. O vício da obediência ou do mando é igualmente prejudicial a ambos. Porque o que é útil em parte o é no todo; o que é útil ao corpo é à alma. Ora, o escravo faz parte do senhor como um membro vivo faz parte do corpo – apenas essa parte é separada.

21. É por isso que existe um interesse comum e uma amizade recíproca entre o amo e o escravo, quando é a própria natureza que os julga dignos um do outro; dá-se o contrário quando não é assim, mas apenas em virtude da lei, e por efeito de violência.

22. Disso se depreende que o poder do amo e do magistrado não são os mesmos, e que nem sempre as formas de governo se assemelham, como querem alguns. Refere-se uma aos homens livres, outra aos escravos por natureza. A autoridade doméstica é uma monarquia, pois que toda a família é governada por um só: a autoridade civil ou política que governa homens livres e iguais. O poder do amo não se ensina; é tal como a natureza o fez, e aplica-se igualmente ao homem e ao escravo. Bem poderia haver uma ciência do amo e uma ciência do escravo: uma ciência do escravo como a que ensinava o fundador de Siracusa, o qual, mediante um salário, ensinava às crianças todos os detalhes do serviço doméstico. Poderia mesmo haver uma aprendizagem de coisas tais, como a cozinha e outros ramos do serviço doméstico. De fato, certos trabalhos são mais apreciados ou mais necessários que outros; e há, segundo o rifão, escravo e escravo, senhor e senhor.

23. Todavia, tais coisas não passam de ciência de escravo; a ciência de amo consiste no emprego que ele faz de todos seus escravos; ele é senhor, não tanto porque possui escravos, mas porque deles se serve. Esta ciência do amo nada tem, aliás, de muito grande ou de muito elevada; ela se reduz a saber mandar o que o escravo deve saber fazer. Também todos que a ela se podem furtar deixam os seus cuidados a um mordomo, e vão-se entregar à Política ou à Filosofia. A ciência de adquirir, mas de adquirir justa e legitimamente, difere daquelas duas – a do senhor e do escravo; ela tem ao mesmo tempo qualquer coisa da guerra e qualquer coisa da caça.

Aí temos bastante dito sobre o senhor e sobre o escravo.

Capítulo 3

1. Pois que o escravo faz parte da sociedade, estudemos agora, segundo o método que seguimos, a propriedade em geral, e a aquisição dos bens. Primeiramente, poder-se-ia perguntar se a aquisição da fortuna é uma parte da economia doméstica, ou se dela não é mais que um auxiliar. Poder-se-ia perguntar ainda se ela tem com a economia a mesma relação que a arte de fazer das lançadeiras com a do tecelão, ou a arte do fundidor com a do estatuário. Os serviços prestados por essas duas artes não são os mesmos: uma fornece os instrumentos, outra a matéria. Chamo de matéria aquilo com que se faz um trabalho, como a lã para o tecelão e o bronze para o estatuário.

2. É evidente, pois, que a ciência de adquirir não é a mesma que a da economia, visto que uma tem por característica fornecer os meios, e a outra deles fazer uso. De fato, a que coisa pertencerá o emprego dos bens de uma coisa, se não pertence à administração doméstica? Esta ciência de adquirir riqueza é uma parte da economia, ou será uma espécie diferente? Eis aí outro problema. Pois se o industrial deve conhecer os meios de posse e de riqueza (o nome de posse, como o de riqueza, envolve muitas partes), será a agricultura uma parte da ciência de adquirir, ou uma espécie diferente? O cuidado que geralmente cerca a subsistência é idêntico à arte de adquirir?

3. Há várias espécies de alimento, e, em consequência, muitas maneiras diferentes de viver, tanto entre os animais como entre os homens, nenhum deles pode viver sem alimentação, de modo que

as diferenças de regime estabelecem diferenças correspondentes nos costumes dos animais. Efetivamente, uns vivem em bandos, outros dispersos, segundo o que convém ao modo pelo qual eles obtêm o alimento; estes são carnívoros, aqueles frugívoros, os outros, enfim, omnívoros. É para facilitar a procura e escolha dos alimentos que a própria natureza distingue e separa o seu gênero de vida. Além disso, ela não lhes deu os mesmos gostos; preferem, uns, certos alimentos, outros os preferem diferentes (os próprios carnívoros apresentam, neste particular, grandes diferenças).

4. Tal se dá também com os homens; seus costumes variam bastante. Uns (e esta é a classe mais ociosa) são nômades. A alimentação, que lhes é fornecida pelos animais que eles domesticam, chega-lhes sem grande esforço; mas sendo os mais forçados a se deslocar constantemente em busca de novas pastagens, assim os homens são obrigados a segui-los, como lavradores que cultivam um campo vivo. Outros vivem de caça, mas de um modo diferente. Compreende-se por caçadores os ladrões dos rebanhos(12), os que se ocupam da pesca quando o acaso os coloca ao alcance de tanques, pântanos, rios ou um mar abundante em peixes, os que se alimentam de aves ou de animais selvagens; mas a maior parte dos homens vive do produto da terra, dos frutos que a sua arte faz nascer.

5. Eis aí, aproximadamente, os gêneros de vida dos povos que mais não conhecem além do seu trabalho individual, e que não pedem às inovações e ao comércio os meios para sua subsistência: nômade, agricultor, ladrão, pescador, caçador. Os que fazem uma mistura desses diferentes gêneros vivem em feliz abastança e suprem as falhas de uma vida difícil, buscando em um outro gênero de vida o que lhes falta para prover às necessidades urgentes, como fazem os que se dão à vida nômade, à agricultura, à caça; e assim os outros que também recorrem a outro gênero imposto pela necessidade.

6. Essa faculdade de obter alimento pelos próprios meios é evidentemente um dom que a natureza concedeu a todos os seres animados, do nascer até que tenham atingido certo desenvolvimento. De fato, no momento de dar nascimento aos filhos, produzem certos animais o alimento que lhes deve bastar até que o recém-nascido esteja em condições de o obter por si próprio: tais são as classes dos

vermíparos[13] e dos ovíparos que têm durante algum tempo, em si mesmos, o alimento dos filhos. É esta substância que se chama leite.

7. Daí, somos certamente autorizados a crer que o mesmo acontece quando os animais atingem o seu pleno desenvolvimento, e que as plantas existem para os animais como os animais para o homem. Dos animais, os que podem ser domesticados destinam-se ao uso diário e à alimentação do homem, e dentre os selvagens, a maior parte pelo menos, senão todos, lhe fornece alimentos e outros recursos, como vestuários e uma porção de objetos de utilidade; e, pois, se a natureza nada faz em vão e sem um objetivo, é claro que ela deve ter feito isso para o benefício da espécie humana.

8. Disso se deduz que a arte da guerra é de algum modo um meio natural de conquista: porque a arte da caça é apenas uma de suas partes, aquela da qual se serve o homem contra as feras ou contra outros homens que, destinados por natureza a obedecer, recusam submeter-se; assim, a própria natureza desculpa a guerra. Eis aí, pois, um primeiro gênero de conquista natural, parte da ciência econômica: ele deve existir, ou, então, a ciência econômica deve proporcionar um tesouro de coisas úteis e mesmo necessárias à vida, em toda sociedade civil ou doméstica.

9. Aí está o que constitui a verdadeira riqueza; e a qualidade necessária para satisfazer à alegria e às exigências da vida não é infinita como o pretende Sólon em suas poesias:

"Mas não conhece o homem termos nem limites que à arte de enriquecer a natureza imponha."

Ao contrário, ela prescreveu-lhes, como a todas as outras artes. Nenhuma delas dispõe de meios infinitos em número e grandeza; ora, a riqueza é a quantidade de meios ou instrumentos próprios para a administração de uma família ou de um Estado. É, pois, evidente que existe certa arte de conquista natural para os chefes de família e para os de Estado.

10. Mas há outro modo de conquista que se chama principalmente, e com razão, a arte de adquirir: é aquele que não impõe limites à riqueza, e que, devido à vizinhança que os aproxima, geralmente se crê ser o mesmo do qual acabo de falar. Não é o mesmo, embora dele não esteja muito afastado: um é natural, o outro não

vem da natureza e é principalmente o resultado da inteligência e de certa arte. Devemos estudar-lhe o princípio e origem.

11. Toda propriedade tem duas funções particulares, diferentes entre si: uma própria e direta, outra que não o é. Exemplo: o calçado pode ser posto nos pés ou ser usado como um meio de troca; eis, pois, duas maneiras de se fazer uso dele. Aquele que troca um calçado por moeda ou por alimento com o que tem precisão de calçados, dele faz justo uso, como calçado, mas não um uso próprio e direto, porque não foi feito para troca. Assim acontece com tudo que se possui, pois nada existe que não possa tornar-se objeto de uma troca; e a permuta tem o seu fundamento na própria natureza, porque os homens possuem em maior ou menor quantidade os objetos indispensáveis à vida.

12. O que vem ainda confirmar que o comércio pertence naturalmente à ciência de enriquecer é que primitivamente as permutas só podiam ser feitas na proporção exata das necessidades de cada um. Vê-se, pois, que na primeira sociedade, a da família, o comércio era inútil; a necessidade só se fez sentir quando a sociedade se tornou mais numerosa. Na família tudo era comum a todos; depois que se separou, uma comunidade[14] nova se estabeleceu para objetos não menos numerosos que os primeiros, mas diferentes; e a participação nelas foi obrigada segundo as necessidades, e pelo meio de permutas, como ainda o fazem muitas nações bárbaras. Aí se trocam os objetos por outros objetos úteis, nada mais. Por exemplo: dá-se e recebe-se vinho por trigo, assim acontecendo com outros artigos.

13. Esse gênero de permuta não é, pois, contra a natureza, e já não constitui um ramo novo na arte de enriquecer, pois, originalmente, outro fim não tinha que a satisfação da vontade da natureza. No entanto, é a ela, segundo todas as aparências, que a ciência de acumular fortuna deve seu nascimento. À medida que as relações de socorro mútuo se desenvolviam pela importação das coisas que faltavam e pela exportação das que sobravam, o uso da moeda deveria naturalmente se introduzir; porque os objetos dos quais precisamos por natureza nem sempre são de fácil transporte.

14. Conveio-se de dar e receber nas permutas uma matéria que, útil por si mesma, fosse fácil de conduzir nas diferentes circunstâncias da vida, como o ferro, a prata e muitas outras substâncias

das quais se determinaram, primeiramente, apenas as dimensões e o peso, e por fim se marcaram com um sinal impresso para evitar o embaraço das medidas contínuas; a marca a figurar como um sinal de qualidade.

15. Quando a necessidade de troca trouxe a invenção da moeda, um outro ramo surgiu na ciência de enriquecer: o comércio retalhista, que talvez tenha sido feito primitivamente de um modo muito simples, mas no qual a experiência introduziu mais arte após, quando melhor se conheceu onde se deveria ir buscar os objetos de troca e o que se precisava para ter um lucro maior. Aí está por que a ciência de enriquecer passou a ter por objeto o dinheiro cunhado, sendo o seu principal objetivo ensinar os meios de adquiri-lo em grande quantidade; é, de fato, essa ciência que produz a abastança e as grandes fortunas.

16. Muitas vezes considera-se como riqueza a abundância de metais cunhados, porque tal abundância representa o objeto da ciência da indústria e do pequeno comércio. Por outro lado, vê-se a moeda como uma vã brincadeira sem qualquer fundamento natural, pois que aqueles mesmos que dela fazem uso podem realizar outras convenções, e a moeda deixará de ter valor ou utilidade, e a um homem rico em metais cunhados faltarão os gêneros de primeira necessidade. Estranha riqueza aquela que, por maior que seja, não impede que seu possuidor morra de fome – como aquele Midas da fábula, cujo desejo cúpido transformava em ouro todas as iguarias que lhe eram servidas.

17. É também com razão que se procura saber se não existe outra riqueza e qualquer outra ciência de adquiri-la; de fato, a riqueza e a aquisição natural constituem uma coisa diferente. É a ciência econômica, diferente do pequeno comércio, que produz dinheiro, em verdade, mas não em todos os casos, e sim apenas quando o dinheiro é o meio definitivo de troca. A moeda é o meio e o objeto de troca, e a riqueza que resulta dessa arte de adquirir é ilimitada. A Medicina tem por fim multiplicar as curas ao infinito, e cada arte se propõe multiplicar indefinidamente aquilo que constitui o seu objeto. (Essa é a principal aspiração de toda a arte, mas os seus meios de chegar ao fim proposto não são infinitos, e o limite desses meios marca o fim de todas as artes.) Do mesmo modo, na arte de enriquecer não há limite de meios adequados ao

objetivo proposto; mas esse objetivo é a riqueza, tal como tem sido definida a aquisição de dinheiro.

18. Ao contrário, a ciência econômica, bem diferente da arte de adquirir, tem um limite; porque o ato da economia não é o mesmo que o da ciência de enriquecer. Também parece necessário que a economia tenha um limite em toda riqueza, embora, segundo se vê, aconteça comumente o contrário. De fato, todos aqueles que procuram enriquecer vão aumentando indefinidamente a quantidade de dinheiro cunhado que possuem. Isso se origina da afinidade das duas ciências, porque os meios não são os mesmos para ambas. Uma e outra têm, em verdade, o gozo dos mesmos bens, mas por meios diferentes. O objetivo de uma é a posse, o de outra o aumento dos objetos possuídos, de tal modo que muitos imaginam que o aumento da riqueza é o objetivo da ciência econômica, e persistem na crença de que é preciso conservar ou aumentar indefinidamente tudo o que possuem em metais cunhados.

19. A causa dessa disposição de espírito é que se pensa em viver, e não em bem viver; e, sendo esse desejo ilimitado, procura-se multiplicar ao infinito os meios de o realizar. Aqueles mesmos que aspiram ao bom viver procuram também os prazeres do corpo, e parecendo que esses prazeres se firmam na aquisição de fortuna, outra coisa não fazem que procurá-la. E aí está como surgiu esse outro ramo da ciência das riquezas. Sendo extremamente variados os prazeres do corpo, procuram eles o meio de alcançar a abastança, que faculta os prazeres e quando não podem obtê-los por meio da riqueza, tratam de obtê-lo por outros meios, fazendo de todas as suas faculdades um uso em desacordo com a natureza.

20. De fato, a coragem não se destina a proporcionar-nos fortuna, porém deve dar-nos uma generosa audácia. Nem é o objeto da ciência militar, nem o da medicina que nos darão a vitória ou a saúde; e, no entanto, fazem-se de todas as profissões um caso de dinheiro, como se tal fora o seu fim, e que tudo a ele devesse concorrer.

Aí está o que eu tinha a dizer sobre o ramo da ciência da riqueza que trata o supérfluo. Eu disse o que ela é, e a que causa se deve a introdução do seu uso. Falei também do ramo que tem por objeto, o indispensável, que é completamente diferente desse. Quanto à ciência econômica, aquela que se relaciona com a natureza só se ocupa da subsistência: ela não é, como a outra, sem limites; ao contrário, tem o seu termo.

21. Isso nos dá a solução da questão apresentada de início, a saber: se a ciência da riqueza faz ou não faz parte daquela da economia ou da administração dos Estados; mas é preciso, antes de tudo, que haja uma riqueza. Porque assim como a Política não faz os homens, e sim os emprega tais como a natureza os fez, do mesmo modo é preciso que a natureza lhes forneça, nos produtos da terra, do mar ou de outra proveniência, os primeiros alimentos; depois compete ao chefe da família aproveitá-los. A arte do tecelão não é produzir a lã, mas dela servir-se e conhecer se é de boa ou má qualidade, se convém ou se não convém.

22. Poder-se-ia perguntar por que a ciência da riqueza é uma parte da economia, ao passo que a medicina dela não participa, embora os membros da família tenham necessidade de saúde tanto como de alimentação ou de tudo o mais que é necessário à vida. Sob certos aspectos, o chefe de família e o chefe de Estado devem zelar pela saúde de seus administrados, e sob outros aspectos não o devem, deixando ao médico os seus cuidados. Da mesma forma, no que concerne à riqueza, há cuidados que se referem ao ecônomo, e outros que não são das suas atribuições, mas que pertencem à inteligência que age sob as suas ordens. No entanto, eu o repito ainda, é a natureza, principalmente, que deve fornecer os primeiros bens; que a ela compete dar o alimento ao ser que fez nascer. Todo o ser recebe da sua mãe a vida, e, como complemento necessário, a alimentação; aí está por que a riqueza que provém dos frutos da terra, ou do aproveitamento dos animais, é para todos os seres uma riqueza conforme com a natureza.

23. Há, como já dissemos, duas espécies de arte ou ciência da riqueza: uma, que tem o comércio por objeto, outra a economia. Esta é louvável e necessária; aquela é justamente censurada, pois não se adapta à natureza, provindo do benefício das trocas recíprocas. É com justa razão que nos repugna a usura, porque ela procura uma riqueza que provém da própria moeda, a qual não mais se aplica ao fim para o qual foi criada. Ela só foi criada para a função de troca; e a usura a multiplica por si mesma: do que se originou o seu nome(15), porque os seres produzidos se assemelham aos que lhes dão nascimento. O lucro é dinheiro: e esta é, de todas as aquisições, a mais contrária à natureza.

Capítulo 4

1. Agora que temos bem explicado tudo o que concerne à teoria do nosso tema, precisamos desenvolver-lhe a parte prática. Todos os assuntos desse gênero deixam absoluta liberdade à teoria, mas sujeitam a prática à necessidade da experiência. As partes úteis da ciência da riqueza fazem conhecer pela prática da natureza das coisas que se possuem, a sua unidade relativa, o lugar onde se encontram, a maneira de as empregar (a criação de cavalos, bois, ovelhas e muitos outros animais). É preciso saber pela prática quais são as espécies mais aproveitáveis e quais as que convêm melhor a esta ou aquela localidade, umas medrando maravilhosamente em certas regiões desfavoráveis a outras. Segue-se a agricultura, que compreende a lavra e a plantação, a criação de abelhas e outros animais, peixes ou aves, dos quais se possam tirar quaisquer proventos.

2. Tais são, em seu verdadeiro significado, os primeiros elementos da ciência da riqueza. Quanto à arte que trata de permutas, seu ramo principal é o comércio, que consta de três partes: o transporte por mar, transporte por terra, venda no próprio local da produção. Mas cada uma delas difere das outras no fato de umas oferecerem mais segurança, outras produzirem um lucro maior. Uma segunda parte da ciência da riqueza é a usura, e uma terceira o salário. Este último ramo está compreendido nas artes mecânicas e trabalhos executados por indivíduos que, inadaptáveis às artes, só são úteis pela força física. Existe um terceiro ramo da ciência da riqueza intermediário com esta (indústria do comércio) e a primeira (indústria agrícola). Ele tem qualquer coisa de um e de outro, pois compreende o produto que brota da terra e as matérias que são extraídas do seu interior; matérias que, por não serem frutos, não deixam de ter também a sua utilidade: a exploração das florestas, a exploração das minas, cujas divisões são mesmo tão numerosas como os metais que se tiram da terra.

3. Falamos de cada uma dessas ciências no seu aspecto geral. Úteis, sem dúvida, seriam detalhes mais precisos, para a execução dos trabalhos, mas seria impróprio e fatigante parar aqui. Entre os diversos ofícios, os que exigem mais arte e talento são aqueles em que existe o mínimo de acaso; os mais pesados, os que mais

deformam o corpo do trabalhador; os mais servis, os que mais necessitam da força física; os mais degradantes, aqueles que exigem o mínimo de moral.

4. Aliás, vários autores têm escrito sobre essa matéria. Carés de Paros, por exemplo, e Apolodoro de Lemnos, escrevem sobre agricultura (lavra e plantação) e outros sobre diferentes gêneros de trabalhos[16]. É em tais obras, pois, que deverão estudar aqueles que se dedicam a esses assuntos. É preciso também coligir as tradições esparsas sobre os meios que levaram muitas pessoas à fortuna: porque todos esses ensinamentos são úteis àqueles que precisam da ciência da riqueza.

5. Atribui-se a Tales de Mileto, por sua grande sabedoria, uma especulação lucrativa, que, aliás, nada tem de extraordinário. Reprovava-se a sua pobreza, dizendo-lhe que a filosofia para nada serve. Ele havia previsto, diz-se, por seus conhecimentos astronômicos, que iria haver uma grande colheita de azeitonas. Estava-se ainda no inverno. Procurou Tales o dinheiro necessário, arrendou todas as prensas de óleo de Mileto e de Quio por um preço bem módico, pelo fato de não ter concorrentes. Quando veio a colheita, as prensas foram procuradas de repente por uma multidão de interessados. Alugou-as então pelo preço que quis, e, realizando assim grandes lucros, mostrou que é fácil aos filósofos enriquecer quando querem, embora não seja esse o fim dos seus estudos.

6. E assim diz-se que Tales provou a sua habilidade; mas, repito-o, essa especulação é acessível a todos aqueles que podem criar um monopólio. Vários Estados têm recorrido a esse meio quando lhes falta o dinheiro, fazendo o monopólio da venda de mercadorias.

7. Um siciliano empregou o dinheiro que possuía comprando todo o ferro que provinha das minas. Depois, quando vieram os negociantes de outras praças, ele foi o único em condições de vendê-lo, e sem mesmo elevar demasiado o preço, fez um lucro enorme. Dionísio foi disso informado, e, permitindo-lhe levar sua fortuna, não lhe concedeu ficar em Siracusa, pois ele havia imaginado, para enriquecer, meios contrários ao interesse do príncipe. No entanto, a especulação do siciliano foi a mesma que a de Tales; pois ambos fizeram uma arte do monopólio.

É útil mesmo, aos que governam, conhecer tais especulações, porque existem muitos Estados que têm tanta necessidade de dinheiro e meios de adquiri-lo como qualquer família, e mesmo mais. Também, entre os que se ocupam da administração do Estado, alguns há cuja única ocupação consiste na procura desses meios.

Reconhecemos três partes na administração da família: a autoridade do senhor, da qual já falamos, a do pai e a do esposo. Esta última autoridade se impõe sobre a mulher e os filhos, porém aquela e estes considerados livres. E não se exerce de um modo único. Para a mulher é um poder político ou civil, e para os filhos um poder real. Naturalmente o homem é mais destinado a mandar que a mulher (excluído, é claro, as exceções contra a natureza), como o ser mais velho e mais perfeito deve ter autoridade sobre o ser incompleto e mais jovem.

8. No entanto, na maior parte das magistraturas civis, há geralmente uma alternativa de autoridade e obediência, porque todos os membros devem ser naturalmente iguais e semelhantes. Mas, debaixo dessa alternativa de mando e obediência, procura-se estabelecer distinção pelos hábitos, pela linguagem e pelas dignidades, como deu Amásis[(17)] a entender ao povo egípcio na sua oração sobre a bacia de lavar os pés. Aliás, a relação de superioridade existe constantemente da espécie macho para a espécie fêmea. Mas a autoridade do pai sobre os filhos é real, porque ele é pai, porque governa com amor, porque tem a preeminência da idade, caracteres distintivos da autoridade real. Eis por que Homero chama Júpiter de pai dos deuses e dos homens; di-lo com razão o rei de todos esses seres. Porque é preciso que o rei traga por natureza qualidades que o distinguem dos seus súditos, e que, no entanto, seja da sua espécie: ora, tal é a relação do mais velho para com o mais jovem, do pai para com o filho.

É evidente, pois, que se deve pensar mais na administração que se refere aos homens que na aquisição das coisas inanimadas, mais no próprio aperfeiçoamento que na aquisição daquilo que se diz riqueza – enfim, mais nos homens livres que nos escravos. Em primeiro lugar, no que se refere aos escravos, deve-se procurar saber se, além das qualidades que do escravo fazem um instrumento e o tornam apto para o serviço, pode um escravo ter alguma virtude superior, como a temperança, a coragem, a justiça e qualquer outra semelhança; ou então se outro mérito não possui além de saber fazer serviços materiais. Por qualquer lado a questão é difícil de resolver. Possuindo os escravos tais virtudes, que é que os diferenciará dos homens livres? Por outra, afirmar que eles são incapazes de outra coisa além dos trabalhos materiais, embora sejam homens e tenham a sua parte de razão, é um absurdo.

9. Quase a mesma questão se ergue sobre a mulher e o filho. São eles também suscetíveis de virtude? Deve a mulher ser sóbria, corajosa e justa? Deve a criança ser disciplinada ou rebelde? Em geral procura-se examinar se o ser feito pela natureza para mandar, e o ser feito para obedecer devem ter as mesmas virtudes ou virtudes diferentes. Se é necessário que a honra e a probidade se encontrem igualmente nos dois seres, por que precisaria um mandar e o outro obedecer em tudo? Aqui não há diferença para mais ou para menos; mandar e obedecer são duas coisas essencialmente distintas que não permitem de modo algum estabelecer o mais e o menos.

10. Exigir virtude em um e não exigir em outro seria um absurdo. Se àquele que obedece faltam essas virtudes, como ele poderá bem obedecer? Se o que manda não é sóbrio nem justo, como poderá bem ordenar? Viciado e vadio, não cumprirá nenhum de seus deveres. É claro, pois, que ambos devem possuir virtudes, observando-se essa diferença que a natureza pôs nos seres feitos para obedecer. E isso nos conduz à alma. Ela tem duas partes: uma, que ordena, outra, que obedece – e as suas qualidades são bem diversas. Essa harmonia se encontra evidentemente nos seres, e assim destinou a natureza parte dentre eles a mandar e parte a obedecer.

11. O homem livre ordena ao escravo de um modo diferente do marido à mulher, do pai ao filho. Os elementos da alma estão em cada um desses seres, mas em graus diferentes a tem, mais fraca; a do filho é incompleta.

12. Necessariamente, assim também acontece com as virtudes morais; somos levados a crer que todos delas devem participar, mas não de um modo comum, e sim apenas o quanto seja necessário para que cada um possa executar sua tarefa. Eis por que o que ordena deve possuir a virtude moral em toda a sua perfeição: porque a sua tarefa em tudo é a do arquiteto. Ora, aqui o arquiteto é a razão. Dos outros, cada um só necessita de virtude moral até o quanto convém ao seu ofício.

13. É visível, pois, que a virtude moral pertence a todos os seres

dos quais acabamos de falar, e que nem o temperamento, nem a coragem, nem a justiça devem ser iguais no homem e na mulher, como acreditava Sócrates[18]. No homem, a coragem serve para mandar; na mulher, para executar o que um outro prescreve. O mesmo acontece com as outras virtudes. Isso se faz melhor compreender aos que aplicam essa regra em casos particulares; porque se faz alusão a si mesmo quando se diz em geral que a virtude consiste numa boa disposição da alma, ou na prática de boas ações, ou ainda em qualquer propósito semelhante. Vale muito mais enumerar as qualidades, como Gorgias, que fazer definições gerais. É preciso pensar igualmente em tudo. Disse o poeta de uma mulher:

"Um silêncio[19] modesto ajunta seus atrativos";

mas não é a mesma coisa quando se trata de um homem.

14. Já que o filho é um ser incompleto, é claro que a sua virtude não lhe pertence mais que o resto de si mesmo, mas que ela deve ser confiada ao homem completo que a dirige. O mesmo se dá com o escravo em relação ao senhor. Explicamos que o escravo serve ao senhor para as necessidades da vida, e assim é evidente que de pouca virtude ele precisa, somente o necessário para que a negligência e o mau comportamento não o façam descurar dos seus trabalhos.

15. Mas, admitindo o que acaba de ser dito, perguntar-nos-ão se é preciso que os artesãos também possuam virtude, pois que muitas vezes, por negligência, eles também faltam com os seus deveres. Mas não existe aqui uma enorme diferença? De fato, o escravo vive em comum com o seu senhor; o artesão vive mais independente e afastado; sua condição só comporta uma virtude proporcional à sua dependência, visto que, votado às artes mecânicas, ele não tem mais que uma servidão limitada. A natureza faz o escravo; ela não faz o sapateiro nem qualquer outro artesão.

16. É evidente, pois, que é o senhor quem deve ser para o escravo a causa de sua virtude, e não aquele que teria autoridade e talento necessário para ensinar aos escravos o modo de bem fazer seu trabalho. É errada também a ideia de serem escravos privados de raciocínio, pretendendo-se que o senhor deva limitar-se a dar-lhes ordens; ao contrário, é preciso mesmo repreendê-lo com mais indulgência[20] que as crianças. Mas terminemos aqui nossa

discussão. O que se refere ao marido e à mulher, ao pai e aos filhos, às virtudes próprias a cada um deles, às relações que os unem, à sua honra e à sua desonra, ao cuidado que devem ter em se procurar ou evitar, sobre tudo isso é que deve versar um tratado sobre Política.

17. Visto que cada família é uma porção do Estado, visto que as pessoas das quais acabamos de falar são as partes da família, e que a virtude da parte deve ser relativa àquela do todo, é preciso, forçosamente, que se dirija a educação das mulheres e dos filhos segundo a forma do governo, se se quer realmente que o Estado, as crianças e as mulheres honrem a virtude. Ora, é claro que importa que assim seja, porque as mulheres são como uma metade das pessoas livres, e as crianças são o viveiro do Estado.

Tais são os princípios que estabelecemos; como precisaremos voltar a dizer algures o que resta deste assunto, deixemos uma discussão que está esgotada, e, tomando um outro tema, examinemos as opiniões emitidas sobre a melhor forma de governo(21).

Livro Segundo

Sinopse

Exame da *República de Platão*, e, em particular, da comunidade das mulheres - Refutação do seu sistema sobre a comunidade dos bens - Exame da doutrina de Platão no tratado das Leis - Constituição de Faleias de Calcedônia - Hipodamos de Mileto - Governo dos cartagineses - Diferentes legisladores

Capítulo 1

1. Empreendemos a tarefa de procurar, entre as sociedades políticas, a melhor para os homens, os quais têm, aliás, todos os meios de viver segundo a sua vontade. Devemos, pois, examinar não só as diversas formas de governo em vigor nos Estados que passam por ser regidos por boas leis, mas ainda as que foram imaginadas pelos filósofos, e que perecem sabiamente combinadas. Faremos ver o que elas têm de bom e de útil, e mostraremos ao mesmo tempo que, procurando uma combinação diferente de todas elas, não pretendemos mostrar sabedoria, mas que o vício das constituições existentes a isso nos compele.

2. Devemos primeiramente estabelecer um princípio que sirva de base a esse estudo. É preciso que todos os cidadãos participem em comum de tudo ou de nada, de certas coisas e não de outras.

De nada participar é impossível, sem dúvida; porque a sociedade política é uma espécie de comunidade. O solo pelo menos deve ser comum a todos, a unidade de lugar formando a unidade de cidade, e a cidade em comum pertencendo a todos os cidadãos. Mas, em primeiro lugar, quanto às coisas que se podem ter em comum, será melhor, para que bem se organize o Estado, que essa comunidade se estenda a todos os objetos, ou que ela se aplique a certas coisas e não a outras? Assim os filhos, as mulheres, os bens materiais podem ser comuns a todos os cidadãos, como na *República de Platão*, obra na qual Sócrates pretende que os filhos, as mulheres e os bens materiais devem ser comuns? Mas não é preferível a nossa sorte àquela que nos faria a lei escrita na *República*?

3. A comunidade das mulheres entre os cidadãos acarreta muitas outras dificuldades, e o motivo alegado por Sócrates para justificar essa instituição não parece ser uma conclusão rigorosamente deduzida do seu raciocínio. Demais, é incompatível com o fim de que ele atribuiu ao Estado, como acaba de ser dito. Quanto aos pronomes, nada foi determinado. Admito que a unidade[(22)] perfeita de toda a cidade seja para ela o maior dos bens: é a hipótese de Sócrates.

4. No entanto, é visível que a cidade, à medida que se forme e se torne mais una, deixará de ser cidade; porque naturalmente a cidade é multidão. Se for levada à unidade, tornar-se-á família, e de família, indivíduo; porque a palavra "um" deve ser aplicada mais à família que à cidade, e ao indivíduo de preferência à família. Deve-se, pois, evitar essa unidade absoluta, já que ela viria a anular a cidade. Além disso, a cidade não se compõe apenas de indivíduos reunidos em maior ou menor número; ela se forma ainda de homens especialmente diferentes; os elementos que a constituem não são absolutamente semelhantes. Uma coisa é aliança militar, outra uma cidade; aquela deve sua força e superioridade ao número, ainda quando sejam as mesmas as espécies que a constituem, porque, segundo as leis da natureza, uma aliança só se forma para um socorro mútuo; é como a balança: o peso maior arrasta o menor. Sob esse ponto de vista, uma cidade estará bem acima de um povo, se os indivíduos que a constituem, ao invés de estarem reunidos em pequenos burgos, vivem isolados, como os arcadianos.

5. Os elementos que devem constituir um todo são de espécie

diferente; também a reciprocidade na igualdade conservará os Estados, como o dissemos na Ética[23].

Demais, isso é que deve forçosamente acontecer entre homens livres e iguais, porque não é possível que todos exerçam a autoridade ao mesmo tempo: não a podem exercer por mais de um ano, ou conforme outro acordo qualquer ou tempo determinado. Acontece assim que todos chegam ao poder, como se os sapateiros e os carpinteiros se alternassem, e que nem sempre as mesmas mãos fizessem os mesmos trabalhos.

6. Sendo melhor que as coisas fiquem como estão, segue-se naturalmente que, na sociedade civil, melhor seria também que os mesmos homens ficassem sempre no poder se isso fosse possível. Mas, como a perpetuidade no poder é incompatível com a igualdade natural, e além disso sendo justo que todos dele participem, já considerado como um bem, já como um mal, deve-se imitar essa faculdade de alternar no poder que os homens iguais se concedem uns aos outros, do mesmo modo por que antes o recebem. Assim, uns ordenam e outros obedecem, alternadamente, como se se tornassem outros homens. E os magistrados, cada vez que chegam às funções públicas, preenchem ora um cargo, ora outro.

7. É evidente, pois, que a natureza da sociedade civil não admite a unidade, como o pretendem certos políticos, e que o que eles chamam o maior bem para o Estado é precisamente o que o leva à ruína. E, no entanto, o bem próprio de cada coisa é o que lhe garante a existência.

Existe ainda outro meio que vem demonstrar que a tendência exagerada para a unidade não é que se pode desejar de melhor para o Estado. Uma família supre melhor a si mesma que um indivíduo, e um Estado melhor ainda que uma família. Ora, o estado significa uma associação de homens que possuem o meio de suprir à sua existência. Se, pois, que é mais capaz de suprir a si mesmo é o preferido, o que é menos não o será.

8. Suponhamos que o maior bem da sociedade seja ter a unidade absoluta. Essa unidade não parece experimentada pela unanimidade de todos os cidadãos, a ponto de poderem dizer: "Isto é meu e isto não é meu", palavras que Sócrates cita como sinal infalível da perfeita unidade do Estado. A palavra *todos*, de fato, tem aqui um duplo sentido. Se for tomada como designando cada indivíduo em

particular, isso convirá melhor, talvez, ao fim que se propôs Sócrates. Pois cada um dirá, falando de uma mesma criança e de uma mesma mulher: "ali está o meu filho, ali está minha mulher", assim falará também dos bens materiais e de tudo o mais.

9. Mas não é nesse sentido que o dirão aqueles que possuem em comum as mulheres e os filhos; a palavra *todos* os designará coletivamente, e não cada um deles em particular. Dirão também: *minha coisa,* em sentido coletivo, não individual. Há, pois, um paralogismo, um equívoco evidente no emprego das palavras: *ambos, par, ímpar,* precisamente porque elas encerram a ideia de dois, e são propícias à formação de argumentos contrários. Eis por que o fato de todos os cidadãos estarem acordes em dizer a mesma coisa falando do mesmo assunto, é belo sem dúvida, mas impossível, e por outro lado, nada tem que prove absoluta unanimidade.

10. Esta proposição *tudo é meu,* apresenta ainda outro inconveniente: é que nada inspira menos interesse que uma coisa cuja posse é comum a grande número de pessoas. Damos uma importância muito grande ao que propriamente nos pertence, ao passo que só ligamos às propriedades comuns na proporção do nosso interesse pessoal. Entre outras razões, elas são mais desprezadas porque são entregues aos cuidados de outrem. Assim o serviço doméstico: tanto mais se prejudica, quanto maior é o número de criados.

11. Se cada cidadão tiver mil filhos, não como seus descendentes, mas filhos deste e daquele, sem distinção, todos os cidadãos esquecerão igualmente tais filhos. Cada qual diz de um filho que cresce: *é meu;* e se, ao contrário, ele não vinga: *pode ser o meu, ou outro qualquer* – assim falando de mil crianças, ou ainda de todas que existem em um Estado, sem nada poder afirmar com certeza, pois que não se sabe qual é o cidadão que teve um filho, nem se o filho viveu após o nascimento. Vale mais chamar *minha* à primeira criança apresentada, de duas mil, dar-lhe sempre o mesmo nome, ou conservar nesta palavra *minha* o uso hoje em vigor nos diferentes Estados? Aquele que alguém chama seu filho, ou outra pessoa o chama de irmão ou primo, ou lhe dá qualquer outro nome segundo os laços de sangue, de parentesco ou finalidade por ele contraídos diretamente, ou por seus ancestrais; um outro ainda lhe dará o nome de companheiro de tribo. É melhor ser o último dos primos que o filho na *República de Platão.*

12. Contudo, não é possível evitar que muitos descubram seus irmãos verdadeiros, seus filhos, seus pais e suas mães, porque a semelhança existente entre pais e filhos fornecerá a muitas pessoas sinais quase certos sobre uns e sobre outros. É o que dizem certos autores que descrevem viagens ao redor do mundo. Contam que a comunidade das mulheres existe na alta Líbia, e que se distribuem os filhos segundo as semelhanças físicas. Encontram-se mesmo entre outras a forma especial de produzir filhos semelhantes ao macho, como em Farsália o jumento chamado *justo* ou *fiel*.

13. Há ainda outros inconvenientes que não são fáceis de evitar quando se estabelece tal comunidade. Por exemplo as sevícias, as mortes involuntárias ou voluntárias, as rixas e as injúrias: todas essas ofensas sendo bem mais criminosas em relação a um pai, uma mãe ou parentes próximos, que em relação a estranhos, e mais frequentes entre pessoas que não se conhecem que entre conhecidos. Tratando-se de pessoas que se conhecem, pode-se recorrer às penas prescritas pelo costume ou pelas leis, ao passo que isso é impossível quando não se conhecem.

14. É absurdo, quando se estabelece a comunidade dos filhos, só interditar-se as relações carnais entre os amantes, deixando-lhes a liberdade de se amarem – e não impedir entre um pai e um filho, ou entre irmãos, as familiaridades mais contrárias à decência, porque nisso só se enxerga amor. Sim, é absurdo proibir aos amantes o contato carnal só para impedir excessos de voluptuosidade, ao passo que se olham com indiferença as relações de um pai com seu filho, de um irmão com seu irmão. Talvez fosse melhor estabelecer a comunidade das mulheres e das crianças na classe dos trabalhadores, mais ainda que na dos guerreiros; porque a amizade diminui desde que as mulheres e os filhos sejam comuns. E é necessário que assim seja entre indivíduos que devem obedecer, ao invés de procurar inovações.

15. Essa lei conduziria fatalmente a um resultado oposto àquele que se deve esperar de leis justas e sábias, e isso justamente devido à razão pela qual Sócrates julga dever regular, como fez, o que se refere às mulheres(24) e aos filhos. Vemos na amizade o maior de todos os bens que possa um Estado possuir e o melhor meio possível, e esta unidade deve ser, como ele concorda, a obra da boa união entre os cidadãos.

É isso que Aristófanes diz na sua oração[25] sobre o maior, quando representa os amorosos como aspirando, pela violência da sua paixão, a confundir sua existência fazendo de dois um só e mesmo ser.

16. Aqui, essa fusão acarretará, fatalmente, o anulamento dos dois seres, ou pelo menos de um dos dois; no Estado, ao contrário, a amizade recíproca é, para complemento necessário da comunidade, como que uma substância diluída na água. E será impossível que um pai diga *meu filho;* ou um filho: *meu pai.* Quando uma substância de sabor doce se dissolve numa grande quantidade de água, ela dá uma mistura insípida. Da mesma forma, os sentidos de afeição que fazem nascer esses nomes sagrados se dissipam e se esvaem num Estado em que é absolutamente inútil que o pai sonhe com seu filho, o filho com seu pai, o irmão com outro irmão. Porque há duas coisas que inspiram no homem o interesse e o amor: a propriedade e a afabilidade; ora, uma e outra são impossíveis na *República de Platão.*

17. E quando se trata da passagem[26] dos filhos dos lavradores e artesãos à classe dos guerreiros, e dos filhos dos guerreiros à dos lavradores, que dificuldade! Que desordem! É preciso que aqueles que as entregam e os que as transportam saibam que crianças são essas, e a quem eles as dão. Há mais: os crimes dos quais falávamos há pouco, como sevícias, os amores e os homicídios, serão muito mais frequentes. Porque não haverá mais irmãos, pais e mães para os filhos dos guerreiros, uma vez que sejam confiados a outras mãos. Então os laços de parentesco não mais poderão evitar que eles se ofendam entre si.

Terminemos aqui o que tínhamos sobre a comunidade das mulheres e das crianças.

Capítulo 2

1. A ordem natural das ideias traz a questão da propriedade. Qual será a lei sobre as propriedades no projeto da melhor constituição? Serão elas comuns ou individuais? Essa questão é independente da legislação sobre as mulheres e os filhos. Aqui só considero os bens de raiz. Dividindo-se as terras em propriedades particulares, como hoje o são, trata-se de saber se será melhor que a comunida-

de participe das terras ou somente da colheita. Por exemplo, se será melhor que as terras sejam possuídas por particulares, mas que se tirem e se consumam os frutos em comum, como fazem algumas nações; ou, ao contrário, que a terra e a cultura sejam comuns, mas que os frutos sejam repartidos segundo as necessidades particulares, como muitos povos bárbaros têm fama de fazer; ou, finalmente, que as terras e os frutos sejam repartidos.

2. Se as terras são cultivadas por outros que não sejam os cidadãos, a questão será outra e mais fácil; mas, se aqueles que cultivam o fazem por conta própria, a razão do interesse terá maiores dificuldades. A desigualdade dos trabalhos e dos prazeres virá despertar, naturalmente, o descontentamento por parte dos que trabalham muito e recebem pouco, contra aqueles que mal trabalham e recebem muito.

3. Em geral, todas as relações que a vida comum e as sociedades trazem para os homens são difíceis, principalmente as que têm o interesse por objeto. Vejam-se as sociedades formadas para as longas viagens: De todos os nossos criados, os que mais são atingidos pela nossa censura e nosso mau humor não serão, acaso, aqueles cujo trabalho é mais incessante? A comunidade dos bens suscita, pois, tais e outros embaraços.

4. Mas o atual modo de posse que se recomenda pela autoridade de costumes e pela prescrição de sábias leis deve ter uma vantagem. Ele reunirá os benefícios dos dois sistemas, isto é, da propriedade possuída em comum e da posse individual ao mesmo tempo. Estando divididos os trabalhos da cultura, não haverá oportunidade para queixas recíprocas; o valor da propriedade será ainda mais aumentado, porque cada qual por ela se esforçará plenamente como se tratasse de uma coisa exclusivamente sua. E, quanto ao emprego dos frutos, a virtude dos cidadãos o fará como justiça, segundo o provérbio: entre amigos tudo é comum.

5. Ainda hoje se veem traços e como que um esboço desse sistema de posse em alguns Estados, o que prova que ele não é impraticável. Nos Estados mais bem administrados, ele existe em certos casos, e poderia ser estabelecido em muitos outros. Porque, aí tendo cada cidadão a sua propriedade particular, a põe em parte ao serviço dos amigos, e dela se serve em parte como de um bem comum. Assim os lacedemônios se servem mutuamente dos escravos de uns e de outros

como dos seus, por assim dizer. Fazem o mesmo com os cavalos, os cachorros e as provisões de boca[27], de que necessitam quando surpreendidos em pleno campo. É preferível, pois, que os bens pertençam a particulares, mas que se tornem propriedade comum pelo uso que deles se faz. Cumpre ao legislador inspirar aos cidadãos os sentimentos que convêm para estabelecer uma tal ordem de coisas.

6. Demais, não saberíamos dizer que prazer existe em pensar que uma coisa nos pertence. Não é apenas uma ilusão passageira, o amor-próprio; é, ao contrário, um sentimento natural. O egoísmo, eis o que se censura com razão; mas ele não consiste em amar a si mesmo, mas em amar-se mais do que se deve. Da mesma forma se censura a avareza; no entanto, é natural em todos os homens provar esses dois sentimentos. O mais doce dos prazeres é auxiliar os amigos, os hóspedes, os companheiros, e ele não pode ser obtido a não ser por meio da posse individual.

7. Destrói-se esse prazer quando se exagera o sistema da igualdade política, e, mais ainda, anula-se fatalmente a prática de duas virtudes: primeiro a continência (ação bela e louvável o respeitar, por sabedoria, a mulher do próximo); depois, a liberdade. O homem generoso não se poderá apresentar em dia claro nem praticar qualquer ação liberal, pois que a liberalidade só aparece segundo o uso que se faz de sua riqueza.

8. Tal legislação tem um aspecto sedutor e parece estar impregnada de amor pela Humanidade. Aquele que ouve a leitura das disposições que ela encerra aceita-as com júbilo, certo que dela resultará uma amizade recíproca entre todos os cidadãos, principalmente quando se acusam os vícios do governo existentes atribuindo-os apenas ao fato de não ser estabelecida a comunidade dos bens. Falo dos processos relativos a contratos, condenações por falso testemunho, vis adulações dirigidas aos ricos, enfim todos os vícios que resultam da perversidade geral, e não do fato de não existir a comunidade dos bens. Entretanto sabemos que os possuidores dos bens em comum têm muito mais frequentemente demandas entre si que os proprietários de bens separados; e sabemos ainda que o número de possuidores associados é muito pequeno quando o compararmos ao dos proprietários de bens particulares.

9. Se é justo calcular os males que a comunidade evita, também é preciso contar os bens dos quais ela nos privaria. Mas nela a existência parece absolutamente impossível. A causa do erro de Sócrates deve ser atribuída ao fato de partir ele de um falso princípio. Sem dúvida é preciso, sob certos aspectos, a unidade na família e no Estado, mas não de um modo absoluto. Se o Estado ainda existe, é porque conserva ainda um resto de vida, mas, estando em via de perdê-la, será o pior de todos os governos. É como se se quisesse fazer um acorde com um único som, ou um ritmo com uma só medida.

10. Como o Estado se compõe de uma multidão de indivíduos, conforme dissemos, é pela educação que convém trazê-lo à comunidade e à unidade. Mas, querendo-se dar-lhe um sistema de educação, é estranho pensar que isso bastará para tornar o Estado virtuoso, e julgar que se poderá fazer a reforma por tais meios, e não pelos costumes, pela Filosofia e pelas leis! É assim que em Lacedemônia e em Creta o legislador estabeleceu a comunidade dos bens pela instituição das refeições públicas.

Nem se deve ignorar que é preciso ter em conta essa longa sequência de séculos e de anos durante os quais esse sistema de comunidade, se algo valesse, não ficaria sem ser descoberto. Tudo tem sido mais ou menos imaginado e encontrado; mas certas ideias não têm sido aceitas, outras não são adotadas, embora sejam conhecidas.

11. O que dissemos apareceria à luz do dia se se visse essa forma de governo posta em prática. Não se poderá formar um Estado sem dividir e separar as propriedades, delas aplicando uma parte nas refeições públicas e outra na manutenção das fratrias e das tribos; assim que pode resultar dessa legislação é que os guerreiros não mais poderão cultivar a terra – abuso esse que já em nossos dias começa a se introduzir entre os lacedemônios. Além disso, Sócrates nada falou do governo geral da comunidade, coisa que não seria fácil realizar. A massa dos outros cidadãos, para os quais nada existe determinado, é, contudo, a massa dos habitantes da cidade. Serão as propriedades comuns entre os lavradores, ou serão distintas cada uma? A comunidade das mulheres e das crianças existirá também para eles?

12. Porque, sendo tudo igualmente comum a todos, onde está a diferença entre lavradores e guerreiros? Que interesse os levará a

tolerá-la? Só se imaginarmos um expediente como aquele dos crentes, que, tudo permitindo aos escravos, apenas lhes proibiam duas coisas: os exercícios ginásticos e o direito de possuir armas. Se, ao contrário, todos esses pontos forem regulados entre eles como acontece nos outros Estados, qual será então o meio de estabelecer a comunidade? Porque haverá necessariamente dois Estados em um, e dois Estados hostis um ao outro, porque se deseja que os guerreiros sejam exclusivamente os guardiães dos Estados e os lavradores, os artesãos e outros sejam simples cidadãos.

13. Quanto às acusações, aos processos e outros inconvenientes que Sócrates reprova em outras formas de governo, não existem menos em seu sistema. Ele garante que, graças à educação que terão recebido, os cidadãos só precisarão de um pequeno número de ordenações sobre política, mercados e outras coisas semelhantes; e, no entanto, ele só provê à educação dos guerreiros. Deixa aos lavradores a livre disposição do que possuem, com a condição de entregarem uma parte das produções. Mas é provável que estes sejam bem mais difíceis de convencer e mesmo mais desconfiados do que o são, em alguns países, os ilotas, os penestas e os escravos.

14. Mas ele não diz, agora pelo menos, se tal será ou não a consequência do seu sistema. Já não fala dos direitos políticos dos lavradores, da educação e das leis adequadas à sua condição. No entanto, é tão difícil quanto essencial fixar as relações entre os lavradores e os guerreiros, a fim de manter a comunidade destes ao lado daqueles. Se se admitir na classe dos lavradores a comunidade das mulheres com a distinção das propriedades, quem cuidará dos serviços dos lares, visto como os homens se encarregam da cultura dos campos – quem deles cuidará, se as mulheres e os objetos formarem comunidade?

15. É absurdo estabelecer uma comparação com os animais para afirmar que as mulheres devem exercer as mesmas funções que os homens, os quais são absolutamente estranhos aos cuidados domésticos. Também é perigoso constituir as magistraturas[28] como faz Sócrates: ele as confia sempre às mesmas pessoas.

Essa é uma discórdia mesmo entre pessoas que não possuem qualquer sentimento de dignidade, e, com mais forte razão, entre homens ardentes e belicosos. Mas está claro que Sócrates precisa manter nos cargos sempre os mesmos magistrados. Porque Deus não verte o ouro[29] ora nas almas de uns, ora nas almas de outros, mas sempre nas mesmas almas. No próprio instante do nascimento, se nisso acredita Sócrates, Deus mistura o ouro em certas almas, a prata em outras, o bronze e o ferro em todas aquelas que são destinadas à classe dos artesãos e dos lavradores.

16. Por outro lado, arrebatando a felicidade aos guerreiros, pretende Sócrates que o legislador deva tornar feliz todo o Estado. Ora, é impossível que todo o Estado seja feliz, se todos os cidadãos, se a maioria, se mesmo alguns não gozam felicidade. Porque não acontece com a felicidade o que se dá com os algarismos que formam um número par[30]: uma soma pode ser um número par, sem que nenhuma das duas partes o seja. Mas no caso da felicidade isso é impossível. No entanto, se os guerreiros não são felizes, quem o será? Certamente não o serão os artesãos nem a multidão dos lavradores. Tais são as dificuldades que apresenta a República da qual Sócrates traçou o plano; e nela existem outras não menos importantes.

Capítulo 3

1. Tenho mais ou menos as mesmas observações a apresentar sobre o tratado das leis composto posteriormente. Também será mais conveniente nele não parar senão por um momento para examinar a forma do governo proposto. Na *República*, Sócrates só trata de um modo preciso certos pontos bem reduzidos sobre a comunidade das mulheres e das crianças, a maneira pela qual deve ser estabelecida a propriedade e a ordem que deve presidir a administração do Estado. Ele divide o povo em duas partes: os lavradores e os guerreiros; e forma entre estes uma terceira classe que resolve os negócios do Estado e exerce a autoridade soberana. Os lavradores e os artesãos são excluídos de todas as magistraturas, ou tomarão parte em alguma? Têm eles o direito de possuir armas e concorrer para a defesa do Estado? Isso é o que Sócrates não decidiu; mas ele acha que as mulheres devem participar dos trabalhos da guerra e receber a mesma educação que os guerreiros. O resto do trabalho só contém digressões estranhas ao assunto ou detalhes sobre a educação dos guerreiros.

2. O trabalho das Leis, ao contrário, só contém, por assim dizer, disposições legislativas. Sócrates pouca coisa diz do governo

propriamente dito, e querendo que a forma que ele propõe seja aplicável a todos os Estados, é levado pouco a pouco a reproduzir o plano da sua primeira *República*. Com exceção da comunidade das mulheres e dos bens, ele faz nos dois tratados idênticas prescrições: mesma educação, mesmo direito vitalício a todos os guerreiros de executarem trabalhos úteis à sociedade, mesmo regulamento para as refeições públicas. Apenas, no segundo projeto, diz que é necessário que as mulheres também tenham refeições comuns, e eleva para cinco mil o número de guerreiros que no primeiro, não vai além de mil.

3. *Os Diálogos* de Sócrates são, pois, eminentes, cheios de elegância, originalidade e pesquisas profundas; mas é difícil, talvez, ser tudo neles igualmente belo. Além disso, não é preciso dissimular que tamanha multidão precisaria dos planos da Babilônia ou outro imenso território para alimentar na ociosidade cinco mil homens, sem contar esses bandos de mulheres e de criados que formam um número não sei quantas vezes maior. Sem dúvida tudo pode imaginar à vontade, exceto o impossível.

4. Diz Sócrates que o legislador, ao compor suas leis, deve ter sempre os olhos fixos em duas coisas: o país e os homens. Seria preciso acrescentar que ele deve também estender seus cuidados aos países vizinhos[31], se quiser que a cidade tenha uma existência política; porque é necessário que ela tenha à sua disposição tantas armas quantas lhe são necessárias, não só para a guerra interna como ainda para a guerra exterior. E, supondo-se que se quisesse evitar que os cidadãos adquirissem hábitos militares tanto na vida privada como na vida pública, não menos necessário seria, no entanto, que eles estivessem em condições de ser temíveis ao inimigo, não só quando este viesse atacar e invadir o país, mas também quando fosse obrigado a abandoná-lo.

5. Deve-se considerar ainda se não será melhor fixar a extensão das propriedades de outra forma, e de um modo mais racional. Diz Sócrates que é necessário que cada um possua o bastante para viver moderadamente, isto é para viver feliz, porque essa expressão está mais generalizada. Mas pode-se levar uma vida sóbria e no entanto infeliz. A definição teria sido melhor se ele dissesse viver sobriamente e de um modo literal. Se se tocar separadamente cada uma dessas condições, a liberalidade seguirá à miséria. Além disso, nada há como esses hábitos que se referem ao emprego da

fortuna; eles não exigem nem a doçura de caráter, nem a força da coragem, mas a moderação e a liberalidade, e de tal modo que é necessário que só elas regulem o uso que se faz da riqueza.

6. É ainda bem estranho que, estabelecendo-se a igualdade das propriedades, nada se tenha determinado quanto ao número de cidadãos, deixando que se multipliquem indefinidamente, como se o seu número não se alterasse muito, em consequência de uniões estéreis[32], que viriam compensar a cifra de nascimentos, qualquer que fosse; e de fato isso parece acontecer ainda hoje nos diversos Estados. Bem necessário seria que esse resultado fosse exato em nossas cidades, tais como elas existem. Hoje ninguém fica nu, porque as propriedades são repartidas entre os filhos, qualquer que seja o seu número; ao passo que, se as propriedades não fossem divididas, seria preciso que os filhos, mais ou menos numerosos (sê-lo-iam em grande número), nada absolutamente possuíssem.

7. Seríamos levados a crer que o crescimento da população devesse ser contido em certos limites, mais ainda que a propriedade particular, de modo que os nascimentos não excedessem a um número que seria fixado, considerando-se o número eventual dos filhos que morrem e das uniões estéreis. Basear-se no acaso, como se faz em quase todos os Estados, é causa inevitável de pobreza para os cidadãos; ora, a pobreza gera as discórdias e os crimes. Também Fidon de Corinto[33], um dos mais antigos legisladores, estava convencido de que o número de famílias e o de cidadãos deveria permanecer fixo e invariável, ainda mesmo que todos houvessem começado com quinhões desiguais. Nas Leis de Platão é precisamente o contrário. Mas diremos mais tarde qual é a nossa opinião sobre esse assunto.

8. Foi omitido nas Leis o que se refere aos magistrados, assim as diferenças que existem entre eles e os cidadãos; apenas se diz que as relações de uns com os outros devem ser como a da cadeia com trama, na qual a lã é diferente. Além disso, já que ele permite o aumento da fortuna mobiliária até o quíntuplo, por que não permite também o aumento da propriedade predial até certo limite? É preciso também ter cuidado para que a separação das casas e a sua situação não apresentem inconvenientes para a economia. Sócrates alvitra duas habitações para cada cidadão; ora, é difícil dar a duas casas os cuidados que elas exigem.

9. O conjunto da constituição de Sócrates não é, propriamente falando, nem uma democracia, nem uma oligarquia, mas um governo misto, porque é formado de cidadãos armados. Talvez tenha razão o autor desse sistema se o apresenta como o que mais se aproxima dos governos dos outros povos, mas se o aponta como o melhor de todos depois do seu primeiro projeto da *República*, ele já não tem mais razão. Poder-se-ia preferir-lhe a constituição de Lacedemônia ou qualquer outra que tivesse mais tendência à aristocracia.

10. Alguns filósofos dizem que o melhor governo deve ser uma combinação de todos os outros, e é por essa razão que aprovam a constituição de Lacedemônia, considerando-a como um mimo de oligarquia, monarquia e democracia. Ela é, dizem, monarquia para os seus reis, oligarquia para os anciãos, democracia para os éforos que são sempre tirados do meio do povo. Outros, ao contrário, pretendem que essa magistratura dos éforos é uma tirania, e que as refeições em comum, assim como outras regras da vida quotidiana, constituem uma verdadeira democracia.

11. Nas leis, diz-se que o melhor governo deve-se compor de democracia e tirania, duas formas que se tem o direito de repelir completamente ou considerar como sendo as piores de todas. A opinião dos que admitem a combinação de um maior número de formas é preferível; porque a constituição que resulta de maior contribuição é a melhor. Depois, o sistema proposto parece nada ter de monárquico; é ao mesmo tempo oligárquico e democrático, ou melhor, pode pender mesmo para a oligarquia. O que o prova é a eleição dos magistrados: são escolhidos por sorte entre certo número de candidatos eleitos. Esse modo de escolha tanto pode pertencer à democracia como à oligarquia. Mas impor aos mais ricos a obrigação de comparecer às assembleias, apontar os magistrados e delas dispensar outros, isso tem qualquer coisa de oligárquico. Escolher os magistrados entre os ricos e fazer assumir os cargos mais importantes àqueles que mais rendimento possuem, eis outra tendência da oligarquia.

12. A maneira pela qual Sócrates faz a eleição(34) do Senado também é oligarquia. A lei obriga todos os cidadãos a votarem, mas escolhendo os candidatos na primeira classe do censo, escolhendo ainda um número igual na segunda classe, e em seguida na

terceira; apenas, aqui a lei não obriga todos os cidadãos da terceira e da quarta classe a apresentarem o seu voto, e para as eleições do quarto censo e da quarta classe dos habitantes, só se exige o voto dos cidadãos da primeira e da segunda classe. Diz, afinal, Sócrates que é preciso igualar o número de todos os eleitos para cada uma das quatro classes do censo. Os cidadãos das classes em que o censo é mais considerável serão, pois, mais numerosos e influentes, porque muitos cidadãos das classes populares só votarão se a isso forem obrigados por lei.

13. É evidente, pois, que tal constituição não deve ser um misto de democracia e monarquia. É o que foi provado e o será ainda, quando apresentar ocasião de voltar ao exame dessa espécie de governo. Além disso esse modo de eleição que consiste em escolher os magistrados em uma lista de candidatos eleitos não é destituído de perigos. Se alguns cidadãos, mesmo em pequeno número, quiserem se coligar, as escolhas serão sempre feitas segundo a sua vontade.

Tal é o sistema de governo exposto no tratado de Leis.

Capítulo 4

1. Existem ainda outras formas de governo idealizadas seja por simples cidadãos, seja por filósofos ou homens do Estado. Todas elas se aproximam das formas estabelecidas e atualmente em vigor, mais que esses dos tratados de Platão que nós temos examinado. Nenhum desses legisladores teve a fantasia de admitir a comunidade das mulheres e dos filhos, ou os banquetes públicos das mulheres; mas eles começam de preferência por princípios essenciais: alguns pensam que o mais importante é regular o que convenientemente se refere às propriedades – é lá que eles veem as fontes de todas as revoluções. Faleias[35] de Calcedônia foi o primeiro a tratar desse assunto; quer a igualdade das formas para todos os cidadãos.

2. Ele achava que o próprio momento da fundação dos Estados não seria difícil estabelecê-lo, pois uma vez que os Estados constituídos, ter-se-iam maiores dificuldades a vencer. Mas que no entanto se obteria em pouco, se se exigisse que os ricos fizessem doações sem as receber, e os pobres as recebessem sem dá-las. Platão, no seu tratado das Leis, pensava que seria necessário conceder certo desenvolvimento, sem permitir a nenhum

cidadão possuir uma fortuna cinco[36] vezes maior que a menor, como já falamos.

3. Todavia, o legislador não deve descurar de uma observação que parece lhe ter escapado: que assim fixando a cota das fortunas, ele deve também fixar a quantidade de filhos. Se o número de filhos excede a cota da fortuna, a abolição da lei se tornará necessária. E, independentemente dessa abolição da lei, há um grave inconveniente no fato de se tornarem pobres cidadãos que antes eram ricos, porque então ter-se-á bastante dificuldade em impedir as revoluções.

4. Alguns legisladores antigos bem compreenderam a influência da igualdade das fortunas sobre a sociedade política. É segundo esse princípio que Sólon[37] instituiu suas leis, e outros legisladores proibiam a aquisição ilimitada das terras. Do mesmo modo, há leis que proíbem a venda dos bens de raiz (como entre os locrianos)[38], a menos que se prove a isso ter sido obrigado por qualquer desgraça.

Outras leis prescrevem a defesa da integridade dos patrimônios antigos. A infração desse regulamento, em Leucada[39], tornou o governo demasiado democrático porque não foi mais possível manter o censo exigido anteriormente para chegar às magistraturas.

5. No entanto, é possível que o princípio da igualdade das fortunas exista em um Estado, mas que elas tenham limites bem amplos, favorecendo o luxo e a dissipação, ou demasiado apertados, acarretando a miséria geral. O que prova que não basta ao legislador igualar as fortunas, mas que ele deve procurar ainda estabelecer entre elas uma justa mediania.

E mesmo essa mediania de nada serviria. É nas paixões que se deve estabelecer a igualdade da educação dada pelas leis.

6. Diria Faleias aqui que isto é exatamente o que ele próprio pensa; porque ele imagina que em todos os Estados deve existir a dupla igualdade da fortuna e da educação. De nada serve que ela seja um só para todos (porque é possível que ela tenha, evidentemente, esse caráter), no entanto, seja tal que os cidadãos que ela terá formado sejam arrastados ao amor das riquezas ou dos cargos, ou a essas duas paixões ao mesmo tempo.

7. As revoluções nascem não só da igualdade de fortunas, como da desigualdade de cargos. E em sentido oposto de ambas as partes.

O vulgar não pode suportar a desigualdade de fortunas, e o homem superior se irrita ante a igual repartição de cargos. Disse o poeta.

"Que o bravo e o covarde serão iguais
para o mérito."[40]

8. Cometem os homens injustiças não só para fazer face às necessidades da vida – necessidades para as quais Faleias crê ter encontrado um remédio na igualdade dos bens, de modo que não se roube os outros para fugir à fome e ao frio – mas ainda para o gozo material, para aplacar suas paixões no prazer. Quando os seus desejos vão além das necessidades, eles não temerão praticar violências para se curar os males que os fazem sofrer, a fim de gozar dos prazeres sem obstáculos. Qual será o remédio para esses três males? Em primeiro lugar, uma fortuna modesta e o trabalho; depois, a temperança; e aquele que só quer dever à sua felicidade a si próprio não deve procurar remédio fora da filosofia; porque os outros prazeres só se obtêm pelo auxílio dos homens. É para obter o supérfluo, e não o necessário, que se comentem os grandes crimes. Ninguém se torna tirano para se livrar do frio; e pela mesma razão concedem-se as grandes fortunas àquele que mata – não um salteador, mas um tirano. Assim, o modo de governo proposto por Faleias só oferece garantias contra as pequenas injustiças.

9. Ele fez ainda vários projetos para aperfeiçoar a administração interna do Estado. Mas, não será preciso lançar um olhar aos povos vizinhos, aos estrangeiros? Não é então necessário que um Estado possua uma força militar? Disso ele nada falou. Assim acontece com as finanças: é preciso que elas bastem não só às despesas internas, mas ainda à defesa do país contra os perigos exteriores. Também é preciso que a prosperidade das suas finanças não excite a cobiça dos povos vizinhos mais poderosos – nem que o seu mau estado o impeça de sustentar guerra contra um povo igual em número e em força.

10. Faleias nada definiu sobre esse assunto. Mas é preciso não ignorar que a situação das finanças é um ponto importante. A melhor medida a tomar seria fazer de modo que não fosse útil a um vizinho mais forte fazer a guerra para enriquecer; e que dela ele não pudesse tirar o que lhe viria a custar. É assim que Eubulus[41]

quando Antofradates[42] pretendia cercar Antarneia aconselhou-lhe considerar o tempo de que precisaria para invadi-la, e calcular a despesa que forçosamente faria com um cerco tão demorado. Prometeu-lhe ao mesmo tempo entregar-lhe Antarneia por bem, mediante uma indenização menor. Essa negociação fez Antofradates refletir, e ele, reconsiderando, levantou o cerco.

11. A igualdade dos bens é sem dúvida um meio de evitar as discórdias entre os cidadãos; mas, para dizer a verdade, não é esse um grande meio. Os homens superiores se irritarão com uma igualdade que só lhes proporciona uma parte comum e não recompensa o seu mérito. Essa pretensão da sua parte perturba frequentemente os Estados e provoca revoluções. Tal é a perversidade do homem, que os seus desejos são insaciáveis. Primeiro ele se contenta com três Óbolos[43]; uma vez esses conseguidos e transformados em uma espécie de herança paterna, quer aumentos sucessivos, até que os seus desejos não conheçam mais limites. A sua cupidez é infinita. A maioria dos homens passa a vida procurando os meios de a satisfazer.

12. O remédio[44] para todos esses males não é igualar as formas, mas fazer de modo que os homens excelentes dotados pela natureza não queiram se enriquecer, e que os maus não possam. É o que se poderá obter conservando estes numa posição inferior, sem os deixar expostos à injustiça. De resto, Faleias não tem motivos para servir-se da expressão geral da igualdade dos bens, pois que ele só terá para igualar, propriamente, as propriedades territoriais. Ora, é preciso acrescentar às riquezas em escravos e rebanhos, o dinheiro cunhado e o conjunto de todos os objetos que constituem a propriedade mobiliária. É preciso, pois, procurar uma igualdade que atinja a todos esses objetos, ou submetê-los a um arranjo conveniente, ou ainda pôr tudo isso de lado.

13. Esse autor parece não ter tido em vista na sua legislação outra coisa além do estabelecimento de um pequeno Estado, no qual os artesãos são escravos da República, e eles constituem como que um complemento dos cidadãos. Mas, se os operários, que fazem as diversas obras do Estado, devem ser escravos, tal deve se dar nas mesmas condições que em Epidamne[45], ou como Diofante[46] fez em Atenas. Julgar-se-á, segundo essa discussão, do mérito ou do demérito da legislação de Faleias.

Capítulo 5

1. Hipodamos de Mileto, filho de Eurifron, foi o primeiro que, sem ter tomado parte alguma na administração dos negócios públicos, empreendeu a tarefa de escrever sobre a melhor forma de governo. Foi ele quem inventou a arte de traçar diferentes quarteirões numa cidade para lhe marcar as divisões, e quem cortou o Pireu em diversas seções. Esse homem era, aliás, muito vaidoso, e tão cioso da sua pessoa, a ponto de parecer viver unicamente para mostrar, com demasiada complacência, a sua cabeleira, que era bastante e disposta com muita arte. As suas vestes, simples na aparência, eram quentes (ele usava as mesmas, tanto no inverno como no verão). Tinha também a pretensão de ser um homem erudito nas ciências naturais.

2. Formava a sua República de dez mil cidadãos, e a dividia em três classes: uma de artesãos, outra de lavradores, e uma terceira de guerreiros, sendo que só estes possuíam armas. Repartia igualmente o território em três partes: as terras sagradas, as terras públicas e as terras particulares. As primeiras deviam ocorrer às despesas do culto; as segundas à alimentação dos guerreiros; as últimas pertenciam aos lavradores. Ele imaginava também só três espécies de leis, visto que as ações judiciárias só são de três espécies: a injúria, o dano e homicídio.

3. Estabelecia pelas suas leis um tribunal supremo único, onde seriam decididas todas as causas que parecessem não ter sido bem julgadas, e o compunha de anciãos eleitos pelos cidadãos. Não queria que os sufrágios fossem dados por meio de esferas nos tribunais, e sim que cada juiz levasse uma tabuinha sobre a qual ele escreveria a condenação, se a quisesse, ou a entregaria em branco, se absolvesse pura e simplesmente; se ele não condenasse, ou só perdoasse em parte, explicaria os seus motivos. Hipodamos achava que a legislação estava viciada nesse ponto, que levava frequentemente ao perjúrio o juiz que opinava por *sim* ou por *não*.

4. Propunha também uma lei para recompensar com honras os autores de qualquer descoberta útil ao Estado. Quanto aos filhos dos cidadãos mortos na guerra, ele os entregava aos cuidados da República. Essa lei, que os outros legisladores haviam desprezado antes dele, existe hoje em Atenas e em alguns outros Estados.

Todos os magistrados, a seu ver, deveriam ser eleitos pelo povo (e ele estendia por povo as três classes de cidadãos). Atribuía aos magistrados assim eleitos o cuidado de vigiar o interior do Estado, e os interesses dos órfãos. Tais são quase todas as instituições de Hipodamos, aliás as mais importantes.

5. Em primeiro lugar, poder-se-ia encontrar essa dificuldade na repartição do número de cidadãos. De fato, os artesãos, os lavradores e os guerreiros, têm todos uma parte igual no governo os lavradores não possuindo armas, os artesãos não tendo nem armas nem terras; assim eles são quase escravos dos que têm armas. Por outro lado, lhes é impossível participar de todos os cargos porque é preciso, obrigatoriamente, que as funções de estrategistas, de defensores dos cidadãos, e, em geral, as magistraturas mais importantes, sejam preenchidas pelos que têm as armas à sua disposição. Mas então como pode ser que cidadãos excluídos de toda participação no governo amem a sua pátria?

6. No entanto, é preciso que aqueles que têm as armas sejam mais poderosos que os das outras duas classes de cidadãos. Isso não é fácil, se eles não forem muito numerosos, e, se o forem, que adianta fazer participarem os outros do governo e entregar-lhes a eleição dos magistrados? Demais, para que servem os lavradores na cidade? Os artesãos nela são necessários, porque todo o Estado tem necessidade de artesãos e além disso eles podem viver com o produto do seu trabalho. Se os lavradores fornecem meios de subsistência aos guerreiros, devem ser considerados parte essencial do Estado, mas acontece que eles têm terras próprias, e só cultivarão para seu proveito.

7. Se os defensores do Estado cultivarem eles próprios as terras públicas que devem garantir a sua subsistência, não haverá mais distinção entre a classe dos guerreiros e a dos lavradores; e, no entanto, é isso que quer o legislador. E se as terras forem cultivadas por outros que não sejam os guerreiros e os lavradores que possuem os bens de raiz, então se formará no Estado uma quarta classe que, sem gozar de direito algum, será estranha ao governo. Enfim, supondo que as terras que pertencem aos particulares e as que formam o domínio público sejam cultivadas pelos mesmos cidadãos, estes não saberão, em sua maioria, o que deverá cultivar cada um para a manutenção de suas famílias, e então por que,

desde o começo, não procurarão eles na cultura em comum, e nos mesmos lotes, o que deverá suprir a própria existência e ao mesmo tempo à dos guerreiros? Essa legislação é muito confusa.

8. Nem se pode aprovar a lei sobre os julgamentos, que permite aos juízes repartirem a sua sentença ao invés de julgar de um modo absoluto, e que transforma o juiz em árbitro. Esse sistema é possível em um árbitro entre diversas pessoas que devem entender-se e pronunciar-se sobre uma questão qualquer. Mas não é admissível nos tribunais. Ao contrário, a maioria dos legisladores sugeriu o fato de os juízes não comunicarem as suas opiniões uns aos outros.

9. Depois, quanta confusão não haverá nos julgamentos, se o juiz acreditar que, em verdade, o demandado deve alguma coisa, mas não tanto quanto reclama o demandante? Por exemplo, este pede vinte minas, mas o juiz apenas concede dez minas; um outro mais, um outro menos; aquele cinco, este quatro (porque é provavelmente assim que a soma será repartida segundo as diversas opiniões); uns concederão tudo, e outro nada. Que meio, pois, de conciliar todas essas divergências? Além disso, ninguém obriga ao perjúrio aquele que pronuncia simplesmente a liberação ou a condenação, se a petição se exprime em termos claros, e é razoável. Pronunciando a liberação do acusado, o juiz não quer dizer que este nada deve, mas que não deve as vinte minas. O juiz que perjura é o juiz que condena, e que no entanto não acredita que o acusado deva as vinte minas.

10. Quanto ao projeto de conceder prêmios aos autores de quaisquer descobertas úteis ao Estado, não é destituído de inconvenientes – embora, logo na primeira palavra, apresente algo de sedutor – porque, se for posto em prática, poderá ser a causa de muitas intrigas e abalos no governo. Isso nos conduz a outra questão, a outro assunto em exame. Vacilamos, por vezes, em afirmar se é útil ou nocivo aos Estados mudarem as suas antigas instituições, mesmo sendo para substituí-las por outras melhores. Aí está por que não é fácil aprovar imediatamente o projeto de Hipodamos, se é verdade que é nociva a mudança das leis; porque há sempre homens que propõem a abolição das leis e da constituição, como sendo uma melhoria para todos os cidadãos.

11. Já que tocamos nesse ponto, será melhor dar ainda algumas pequenas explicações. Como já dissemos, essa questão é

embaraçosa, e poder-se-ia acreditar que existe qualquer vantagem em transformar as leis. Pelo menos essa transformação tem sido vantajosa às outras ciências. Pode-se citar a Medicina – depois que ela mudou as suas velhas práticas – a Ginástica, e, em geral, todas as artes e todas as ciências humanas; e, já que é preciso incluir também a Política entre as ciências, é evidente que o mesmo deve acontecer-lhe. Poder-se-ia acrescentar que os próprios acontecimentos tal comprovaram. As leis antigas eram muito simples e muito bárbaras; os gregos andavam sempre armados, e uns compravam as mulheres dos outros.

12. Aquilo que nos ficou dos antigos costumes sancionados por lei é de uma simplicidade verdadeiramente ingênua. Assim, existe em Cumes uma lei sobre os homicídios que declara o réu culpado se o acusador puder fornecer, entre os próprios parentes, certo número de testemunhas. Em geral, os homens só procuram o que é velho, mas que seja bom; e é possível que os primeiros homens, seja porque fossem nascidos da terra, seja porque houvessem escapado a uma grande catástrofe, semelhavam-se aos loucos dos nossos dias, como de fato se diz dos gigantes, filhos da terra. De modo que seria insensato acatar as opiniões de tais homens. Além disso, não existe vantagem alguma no fato de as leis escritas permanecerem imutáveis. Na constituição política, como em todas as outras artes, é impossível que todos os detalhes tenham sido marcados com uma exata precisão, porque ela é obrigada a servir-se de expressões gerais, ao passo que as ações supõem sempre qualquer coisa de particular e de individual. É pois evidente que há certas leis a mudar, em épocas determinadas.

13. Todavia, se consideramos essa questão sob ouro aspecto, ela parece exigir bastante prudência. Porque a melhoria é de pouco vulto, e sendo perigoso habituar os cidadãos a mudar facilmente de leis, é claro que vale mais deixar subsistirem alguns erros dos legisladores e dos magistrados. Haverá menor vantagem em trocar as leis que perigo em fornecer ensejo a que os magistrados sejam desobedecidos.

14. Além disso, a comparação da Política com as outras artes é falsa. Não é a mesma coisa trocar as artes ou as leis. A lei só tem força para se fazer obedecer no hábito, e o hábito só se forma com o tempo, com os anos. Assim, mudar com facilidade as leis

existentes por outras novas é enfraquecer a própria força. Demais, admitindo-se a utilidade dessa troca, caberá ela, ou não, em todas as leis, e em todas as formas de governo? Pertencerá a iniciativa ao primeiro que surgir, ou ainda a determinadas pessoas? Tais são sistemas bem diversos. Deixemos essa questão de lado, por ora; ela voltará em outra oportunidade.

Capítulo 6

1. Sobre os governos de Creta, Lacedemônia e quase todos os outros Estados, duas coisas temos a considerar: a primeira, se a sua constituição está ou não de acordo com a melhor legislação; a segunda, se eles em nada se desviam do sistema político que adotaram.

2. Em primeiro lugar, concorda-se em geral que, em todo Estado bem constituído, os cidadãos devem ser eximidos dos cuidados que exigem as primeiras necessidades da vida. O meio não é fácil de encontrar. Em Tessália, os penestas[(47)] várias vezes puseram em perigo os tessalianos, como fizeram os ilotas com os lacedemônios. Todos esses escravos não cessam de forjar calamidades públicas.

3. Jamais aconteceu tal coisa entre os cretenses. Talvez seja porque os Estados vizinhos, embora vivessem em guerra uns com os outros, jamais aderiam às revoltas – porque nelas não viam benefício algum, visto que eles também tinham os periósseos[(48)]. Os lacedemônios, ao contrário, só eram circundados por povos inimigos, os argianos, os messenianos e os arcadianos. Quanto aos tessalianos, o que de início levou seus escravos à revolta foi a guerra que eles sustentavam nas fronteiras contra os aqueanos, os perebas e os magnesianos.

4. Se há um ponto que exige trabalhosa vigilância, é com toda a certeza a conduta que se deve ter em relação aos escravos. Estes, quando tratados com benevolência, tornam-se insolentes, chegando mesmo a colocar-se num pé de igualdade com seus amos; tratados com dureza, conspiram e odeiam. Evidentemente não se encontrou o melhor sistema quando se fala em relação aos ilotas.

5. A corrupção nos costumes das mulheres é ainda uma coisa prejudicial ao fim que se propõe o governo, e à boa conservação

das leis no Estado. O homem e a mulher são os elementos da família. É evidente que se deve considerar o Estado dividido também mais ou menos em duas partes: uma se compõe da multidão dos homens, e outra da das mulheres. Também é para crer que em todos os governos cujas leis referentes às mulheres são falhas, a metade do Estado seja sem leis. É o que aconteceu a Esparta: querendo o legislador acostumar o Estado inteiro às mais rudes fadigas, alcançou certamente esse fim em relação aos homens, mas desprezou completamente as mulheres: pois elas vivem uma vida licenciosa, com toda a sorte de desregramentos.

6. É preciso, pois, que tal governo se dê muito valor às riquezas, principalmente quando os homens são dispostos a se deixarem governar por mulheres, como acontece com a maioria dos guerreiros e nações belicosas, excetuando-se os povos que não dissimulam a sua preferência pelo amor do sexo masculino. Assim, não deixava de ter razão o mitologista que primeiro imaginou a união de Marte e Vênus, pois que todos os homens de guerra parecem inclinados a procurar com ardor o amor de um ou de outro sexo.

7. Tais são as observações feitas entre os lacedemônios: no tempo da sua dominação, as mulheres resolviam quase todas as questões. De resto, que diferença existe em que as mulheres governem, ou que os magistrados sejam governados por mulheres? O resultado será sempre o mesmo. Visto que a audácia para nada serve nos hábitos da vida ordinária, e só tem ampliação na guerra, as mulheres dos lacedemônios, mesmo no caso de perigo, fizeram-lhes o maior mal possível. É o que ficou provado durante a invasão dos tebanos; inúteis aqui como nos outros Estados, elas causaram mais prejuízos e desordens que o próprio inimigo.

8. É provável que a corrupção fosse introduzida muito antigamente nos costumes das mulheres dos lacedemônios. As expedições que estes fizeram ao estrangeiro, durante as suas guerras contra os argianos, e, após, contra os arcadianos e os messenianos, conservam-nos longo tempo afastados da pátria. O ócio e o hábito da vida militar, que é sob muitos aspectos uma escola de virtude, preparam-nos de antemão a se prestar aos fins do legislador; mas, quanto às mulheres, diz-se que Licurgo, tendo resolvido sujeitá-las, experimentou tanta resistência da sua parte, que acabou por renunciar ao seu projeto.

9. Elas são, pois, a causa dos acontecimentos que disso resultaram, e dessa falha nas leis. Todavia, aqui não examinamos o que é necessário perdoar ou não perdoar, mas apenas o que é bom ou mau. A corrupção das mulheres, como ficou dito acima, é por si uma nódoa à constituição, e conduz ao amor da opulência.

10. Após o que acaba de ser dito, poder-se-ia condenar também a desigualdade das propriedades: umas possuem bens demasiado extensos; outras só têm uma porção exígua de terras. O país também se encontra ao léu. Isso ainda é culpa da lei. Licurgo atribui certo descrédito ao que vende ou compra terras, e com razão, mas permite; a quem queira(49), dar ou legar as terras que possua. Ora, por qualquer lado o resultado é necessariamente o mesmo.

11. Dois quintos do território são propriedade absoluta das mulheres(50), porque há muitas delas que se tornaram herdeiras únicas, e porque se lhes concediam dotes consideráveis. Melhor valeria suprimi-las de uma vez, ou então dar apenas um dote pequeno, ou módico, pelo menos. Mas hoje pode-se dar a uma herdeira única aquilo que bem se entende, e se o doador morre sem testamento o tutor natural pode casar sua pupila com quem ele quiser. Também num tal país que pode sustentar 1.500 cavaleiros e 30 mil lutadores, não se encontrariam nem mil combatentes.

12. Os próprios fatos provaram a falha da constituição lacedemônia nesse particular, pois o Estado não pode suportar uma única calamidade(51), tendo perecido pela escassez de homens. Diz-se, não obstante, que os primeiros reis concediam direitos de cidadania aos estrangeiros de modo que, apesar das grandes guerras que tinham de sustentar, a falta de homens não se fazia sentir então: diz-se mesmo que houve por vezes em Esparta até 10 mil cidadãos. Seja verdade ou não, a igualdade de fortuna é o meio mais seguro de aumentar o número de cidadãos.

13. Mas a própria lei relativa ao número de filhos se opõe a esse melhoramento. Querendo o legislador aumentar o mais possível número de espartanos, encoraja os cidadãos a dar ao Estado o maior número de filhos que puderem. Passa a lei a dispensar proteção àquele que tem três filhos, eximindo de todos os impostos o que tem quatro. Entretanto, é claro que aumentando o número de filhos e permanecendo o solo repartido como antes, em consequência haverá muitos pobres.

14. A instituição dos éforos[52] não é menos viciosa. Os membros dessa magistratura resolvem as questões mais importantes, e no entanto todos eles são tirados do povo. Acontece que, muitas vezes, homens muito pobres chegam a essa magistratura, e a indigência força-os a se venderem. Isso foi provado muitas vezes outrora, e até hoje está sendo no Andries[53]. Certos homens assim comprados prejudicaram quanto puderam o Estado. Sendo a autoridade desses magistrados muito ampla e tirânica, os próprios reis eram obrigados a se fazer demagogos, a tal ponto que o regime sofreu um profundo golpe, pois a aristocracia cedeu lugar à democracia.

15. É verdade que, sob outros aspetos, essa magistratura veio fortalecer o governo. O povo permanece calmo quando participa do poder. Assim, graças à sabedoria do legislador, ou por simples obra do acaso, a eforia prestou serviços ao Estado. Para que um governo subsista e se conserve, é preciso que todos os órgãos do Estado desejem a sua existência e o mantenham com a força das suas prerrogativas. Ora, isso é o que desejam os reis, devido às regalias que desfrutam os homens superiores, porque podem ser eleitos senadores, em recompensa a um mérito indiscutível; o povo, aceita a eforia, à qual todos podem chegar.

16. Sem dúvida essa magistratura devia ser eletiva entre todos, mas não pelo sistema de eleição hoje empregado, pois, na verdade, é bastante pueril[54]. Por outro lado, os éforos, que saem da última classe de cidadãos, julgam as casas mais importantes, também melhor seria que eles não pudessem julgar arbitrariamente, mas que fossem guiados por regras escritas e por leis. Finalmente, o seu modo de ver não está em harmonia com o espírito do Estado, porque é frouxo e corrupto, ao passo que o dos outros é de uma severidade excessiva. Aliás eles não podem suportar o rigor, e, como escravos fugidos, furtam-se às exigências da lei para se entregarem secretamente a todas as licenciosidades.

17. A instituição do Senado é igualmente defeituosa. Sem dúvida, é um benefício para o Estado ter à sua testa homens virtuosos, cuja boa educação parece oferecer garantias. Mas será político confiar-lhes por toda vida a direção dos maiores negócios? É o que se pode contestar. Como o corpo, a inteligência tem sua velhice; e a educação dos senadores não é tão perfeita que o próprio legislador não tenha tido umas suspeita qualquer quanto à sua virtude. Eis aí um perigo para o Estado.

18. Parece que os que são investidos dessa magistratura, às vezes se deixam seduzir por obséquios que recebem, por ele sacrificando o interesse público. Também, seria melhor que eles não fossem irresponsáveis, como agora. Pareceria que o tribunal dos éforos devesse exercer uma alta vigilância sobre todas as magistraturas. Mas seria conceder demasiado à eforia; além disso, não é nesse sentido que entendemos a necessidade da responsabilidade. A maneira pela qual a opinião dos cidadãos se manifesta na eleição dos senadores é pueril, e não é decente que aquele que vai ser julgado digno do título de senador se apresente sem pessoas para o solicitar. Quando se é digno de uma magistratura, deve-se executar as suas funções com ou sem vontade.

19. Aqui se percebe a intenção política que parece ter orientado o legislador no conjunto de suas leis. Em tudo ele procura estimular a ambição e põe-na em jogo na eleição dos senadores. Porque ninguém procura obter uma magistratura se não é ambicioso. No entanto, a maioria dos crimes voluntários, entre os homens, provém da ambição e da cupidez.

20. Quanto à realeza, dela examinaremos adiante os benefícios e os inconvenientes. Essa instituição, tal como existe hoje na Lacedemônia, não vale a eleição vitalícia de cada um de seus dois reis pelas provas de mérito que tivesse dado no curso da sua vida. É evidente que o próprio legislador não acreditou poder torná-los bons e virtuosos: deles desconfia, pois, e os olha como homens de probidade duvidosa. Quando vão à guerra, são acompanhados de pessoas que são suas inimigas, e a discórdia entre os dois reis parece ser necessária para a salvação do Estado.

21. Os banquetes públicos, chamados *fiditias,* não foram mais bem organizados por aquele que os instituiu; porque era preciso que as despesas com tais reuniões fossem cobradas do Tesouro Público, como em Creta. Em Lacedemônia, ao contrário, cada qual deve levar a sua contribuição, mesmo aqueles que sejam completamente pobres e não possam, por forma, suportar tal despesa. Resulta disso o oposto do que desejava o legislador. Era sua intenção que os banquetes públicos fossem democráticos; ora, eles são perfeitamente democráticos pela sua organização, mas não é fácil os que são demasiado pobres deles participar. No entanto, uma

antiga disposição da lei lacedemônia estipula que o que não possa pagar a taxa exigida perca seus direitos políticos.

22. Outros censuram também, e com razão, a lei que se refere aos almirantes, porque ela é um motivo de discórdia[55]. De fato, ao lado dos reis, que são perpetuamente[56] os chefes da armada, o almirante é de qualquer modo uma segunda realeza. Finalmente, pode-se fazer ao projeto do legislador a mesma censura que lhes fez Platão nas leis: o fato de toda a sua constituição só se referir a uma parte da virtude – o valor militar. Sem dúvida ele é útil para garantir a denominação. Os lacedemônios também se sustentaram enquanto fizeram a guerra; mas, quando o seu domínio se estabeleceu, consideraram qualquer outra virtude mais poderosa que o valor militar.

23. Eis outro erro não menos grave. Julgam eles que é mais pela coragem que pela covardia que se podem obter os bens pelos quais lutam os homens. Nisso eles têm razão, mas estão errados em acreditar que tais bens se coloquem acima da virtude.

As finanças são mal organizadas. Os lacedemônios são obrigados a sustentar grandes guerras, e no entanto não possuem um tesouro público, e os impostos são mal arrecadados. Proprietários da maior parte do território, são em consequência interessados em não impor muita severidade na cobrança dos impostos. Desse modo o legislador chegou a um resultado absolutamente contrário ao interesse geral: tornou o Estado pobre e o particular rico e cúpido.

Tais são os vícios principais da constituição da Lacedemônia. Sobre eles nada mais direi.

Capítulo 7

1. A constituição de Creta se aproxima da de Lacedemônia. Ela encerra algumas leis belíssimas sob vários aspectos de pouca importância. Mas traz, em geral, o caráter de uma civilização menos avançada. Diz-se, e isso é bem provável, que o governo de Esparta formou-se pelo modelo[57] do de Creta; ora, as instituições antigas são menos regulares que as modernas. Conta a tradição que Licurgo[58], após a tutela do Rei Carilau, pôs-se a viajar e parou muito tempo em Creta devido aos laços de parentesco que uniam os dois países. De fato, os litianos[59] formavam uma colônia dos

lacedemônios. Ao chegar a Creta, adotaram eles o sistema de leis que acharam estabelecidos entre os habitantes do país. Eis por que *periócеos*[60] observam ainda hoje essas mesmas leis que parecem remontar a Minos.

2. A Ilha de Creta[61] parece ser destinada por natureza a mandar em toda a Grécia, e a ter uma posição admirável. Ela domina sobre o mar e sobre os países marítimos que os gregos escolheram para formar estabelecimentos. De um lado, é pouco afastada do Peloponeso[62], e de outro, em direção à Ásia, confina com Triopa[63] e com Rodes. Essa feliz posição valeu a Minos o domínio do mar. Ele submeteu diversas ilhas, formou estabelecimentos em várias outras, e lançou vistas até a Sicília, onde morreu no cerco de Camico[64].

3. Eis aqui alguns pontos de semelhança entre a constituição de Creta e a da Lacedemônia. Os ilotas cultivavam as terras para os lacedemônios, e os periócеos para os cretenses; os dois povos instituíram as refeições públicas. Acrescentemos que os fiditias de Lacedemônia chamavam-se antigamente ândrios, como em Creta, prova evidente que essa instituição veio dos cretenses. A organização dos dois governos é também a mesma; os éferos de Lacedemônia, e os magistrados chamados cosmos, em Creta, exercem os mesmos poderes, com uma única diferença: que a Lacedemônia só possui cinco éferos e os cretenses têm dez cosmos. Os gerontes de Esparta são totalmente os gerontes aos quais os cretenses dão o nome de Senado. Os cretenses tinham anteriormente uma realeza; aboliram-na, deixando o comando da armada em tempo de guerra.

4. Há também entre os cretenses assembleias gerais, nas quais todos os cidadãos têm o direito de voto, mas essas assembleias não cuidam da iniciativa dos negócios; elas nada mais fazem que ratificar as decisões dos gerontes e dos cosmos.

Quanto ao que se refere às refeições públicas, é melhor disposto entre os cretenses que entre os lacedemônios. Na Lacedemônia, cada qual sabe de cor a contribuição exigida: e se não, a lei o exclui de toda a participação no governo, como foi dito mais acima. Mas, em Creta, essa instituição é mais popular. Dos produtos da terra e dos rebanhos – seja porque pertencem ao Estado, seja porque provenham dos foros dos periócеos – desconta-se uma parte, que é destinada ao culto dos deuses e a todas as despesas públicas, e outra destinada aos repastos comuns, assim fornecendo o Estado alimento a homens, mulheres e crianças.

5. O legislador disse belas coisas sobre os benefícios da sobriedade e sobre o isolamento das mulheres para lhes impedir de ter filhos, permitindo as relações de homem com homem. Será um benefício ou um mal essa última disposição? É o que examinaremos em outra ocasião. É sempre evidente que a instituição das refeições públicas é melhor entre os cretenses que entre os lacedemônios. A instituição dos cosmos é ainda mais defeituosa (se possível) que a dos éforos; porque ela tem o mesmo inconveniente que essa magistratura, que é o de se convidarem para exercê-la homens que não oferecem a mínima garantia; mas o que a eforia tem de proveitoso para o Estado não se encontra aqui. De fato, com todos os cidadãos, em Lacedemônia, podem ser escolhidos para éforos, o povo, participando assim da magistratura mais elevada, deseja que o governo se mantenha. Aqui não se tiram os cosmos de todas as classes de cidadãos, mas apenas de certas famílias; e só podem ser senadores os que antes tenham exercido as funções de cosmos.

6. Poder-se-ia aproveitar no caso dos cosmos as mesmas reflexões feitas sobre os que exercem essa magistratura em Esparta. A irresponsabilidade e o poder vitalício constituem-lhes privilégios exorbitantes. Há perigo de deixá-los fazer uso da autoridade à sua vontade, sem se governarem pelas leis escritas. De resto, a tranquilidade do povo embora não tome parte alguma na administração, não é uma prova que o governo seja bem organizado; porque os cosmos não têm oportunidade, como os éforos, de se deixar comprar pelo ouro, pois vivem numa ilha, longe de todos aqueles que teriam interesses em corrompê-los. Mas o remédio que se emprega contra os abusos dessa magistratura não é político, é sobretudo um meio titânico e violento.

7. Acontece muitas vezes que os cosmos são depostos por uma liga de colegas seus ou de simples particulares, e mesmo lhes é permitido abdicar ao poder. Melhor seria que tal se fizesse em virtude da lei que segundo os caprichos dos homens; porque essa não é uma regra segura. Mas o que existe ainda pior é a interdição da magistratura dos cosmos por homens poderosos, quando querem se subtrair às exigências judiciárias. Vê-se por aí que esse país possui uma forma qualquer de governo, mas não de governo verda-

deiro, e sim de oligarquia. É costume entre os cretenses convocar às armas o povo e os homens de cada partido, nomear os diversos chefes, organizar desavenças e fazer combater uns aos outros.

8. Que diferença existe entre um tal estado de coisas e a decadência do governo, ainda que por pouco tempo, ou, pior ainda, o desmoronamento de toda ordem social? Nessa situação, um estado será exposto a se tornar presa fácil de todos os que quiserem e puderem atacá-lo. Mas, eu o repito, só deve Creta a sua salvação à sua posição marítima. A sua independência se deu em consequência de uma lei que dela teria banido os estrangeiros. Aí está porque a classe de periócеos vive tranquila entre os cretenses, enquanto os ilotas frequentemente se revoltam. Além disso, os cretenses não têm a menor força fora de sua casa, e recentemente tiveram de sustentar na ilha uma guerra estrangeira(65) que bem demonstrou a fraqueza de suas leis. Aí temos bastante dito sobre o governo de Creta.

Capítulo 8

1. Os cartagineses parecem ter sido também uma boa constituição política. Superior, sob diversos aspectos, às dos outros povos, ela se aproxima bastante, em certos pontos, da política dos lacedemônios. Há três governos que têm vários traços de semelhança entre si, e que são bem superiores aos outros: o governo de Creta, o de Lacedemônia e o de Cartago. Encontra-se entre os cartagineses um grande número de excelentes leis; e o que comprova a sabedoria da sua constituição é que ela sempre conserva a mesma forma, e, o que é notável, nunca nela se viu uma revolução ou um tirano.

2. Há, entre a instituições análogas as leis de Lacedemônia, os repastos públicos dos étereos, em lugar dos fidítios, e o tribunal dos 104, que substitui os éforos, apresentando menos inconvenientes – porque estes são tirados da última classe dos cidadãos, ao passo que os 104 magistrados são escolhidos por ordem de mérito(66). Os reis e os senadores de Cartago muito se assemelham aos reis e senadores de Lacedemônia. Vê-se, no entanto, algo de melhor em Cartago: aí os reis não saem da mesma família indistintamente. Mas, se existe uma que seja superior a todas as outras, é nela que os cartagineses vão buscar seus reis, ao invés

de os escolher por grau de idade, numa casa hereditária. Porque, se eles não passam de homens medíocres, uma vez elevados ao poder soberano são a causa de muitos males, conforme bastante ficou demonstrado na república de Esparta.

3. A maior parte dos defeitos apontados como desvios são comuns aos Estados que acabamos de examinar. Mas as falhas da constituição cartaginesa, cuja base é ao mesmo tempo aristocrática e demagógica, fazem-na pender ora para a república, ora para a oligarquia. Os reis e senadores são senhores de entregar ao povo certos negócios e deles subtrair outros, quando todos estejam de acordo; quando não, é o próprio povo que resolve aqueles que se queria submeter-lhe. Uma vez que confiem um negócio ao povo, eles lhe dão o direito de informar-se sobre os motivos dos magistrados; é a ele que compete decidir, e é permitido a todo cidadão que o queira, rejeitar as propostas submetidas à assembleia – o que não acontece nas outras repúblicas.

4. Por um lado, dar às pentarquias o direito de elas próprias es- colherem seus membros – fazê-los eleger pela magistratura mais elevada, a dos cem[(67)] – conceder ao seu poder uma duração mais longa que todas as outras, pois que, fora do cargo ou prestes a assumi-lo, os pentarcas gozam sempre da mesma autoridade[(68)] – eis aí bastantes instituições oligárquicas. E, por outro lado, é preciso considerar uma característica da aristocracia: há vários outros costumes semelhantes, como a competência dos tribunais para todas as causas, sem atribuições especiais, como acontece em Lacedemônia.

5. A principal causa que faz a constituição dos cartagineses degenerar da aristocracia para a oligarquia é a opinião geralmente aceita de que é preciso olhar não somente ao mérito, como também à riqueza, nas eleições dos magistrados, e que um cidadão pobre não pode administrar os negócios do Estado, nem deles se ocupar. Se, pois, a escolha baseada na riqueza pessoal caracteriza a oligarquia, e se a de Cartago apresentaria então uma terceira combinação, visto que se apega ao mesmo tempo a essas duas condições, principalmente na eleição dos mais altos magistrados, os reis e os generais.

6. No entanto, deve-se ver essa alteração do princípio da aristocracia como uma falta do legislador. Por que um de seus primeiros

deveres deve ser, desde o começo, garantir o descanso aos cidadãos mais eminentes, e não os expor à perda de sua consideração, não só no exercício de funções públicas, como na sua vida privada. Por outro lado, se é preciso atender à abastança devido às facilidades que ela proporciona, é torpe que as mais altas magistraturas sejam venais como a realeza e o comando das armas, pois tal lei dá mais valor à riqueza que ao mérito, e desperta em todos os cidadãos o amor pelo dinheiro.

7. O que aos primeiros parece estimável, como tal deve ser visto também pelos outros cidadãos, sempre prontos a segui-los. Em parte alguma onde o mérito não seja considerado antes de tudo, não é possível haver uma constituição aristocrática verdadeiramente sólida. É ainda natural que os que compram as suas dignidades se habituem a fazer benefícios, quando, à força de gastar, eles cheguem ao poder; porque é absurdo supor que um homem pobre, mas honesto, queira enriquecer, e que aquele que é menos honesto e que tenha feito grandes despesas não o queira. É preciso, pois, que o poder se coloque entre as mãos daqueles que são capazes de o exercer dentro do espírito da verdadeira aristocracia. Sem dúvida o legislador, ainda mesmo que não queira garantir a fortuna a cidadãos de mérito, sempre agirá bem provendo a que os magistrados tenham tempo de se entregar aos negócios públicos.

8. Eis aqui mais um ponto vicioso. Em Cartago, é uma honra acumular-se vários cargos; no entanto um homem só poderá exercer bem um único ofício. O legislador precisa evitar esse inconveniente, e não ordenar à mesma pessoa que toque flauta e fabrique sapatos. Quando o Estado não é demasiado pequeno, é mais político e mais popular fazer participar dos empregos um número maior de cidadãos. Porque conforme dissemos, há mais proveito em ser uma coisa sempre feita pelas mesmas pessoas; ela será feita melhor e mais depressa. É o que se vê claramente nas manobras de guerra e nas da marinha, nas quais o comando e a obediência se dividem entre os homens e passam, por assim dizer, de uns para os outros.

9. Os cartagineses fogem aos inconvenientes do governo oligárquico, enriquecendo sucessivamente só uma parte do povo que habita as cidades dependentes da república. Esse é um meio

de depurar o Estado e dar-lhe estabilidade. Mais isso é efeito do acaso, e no entanto é ao legislador que compete colocar o Estado ao abrigo de discórdias. Hoje qualquer calamidade que aconteça, revoltando-se a multidão de súditos, as leis não têm meio algum de restabelecer a tranquilidade.

Tais são as constituições justamente célebres da Lacedemônia, de Creta e de Cartago.

Capítulo 9

1. Entre os homens que divulgaram sistemas de governo, há muitos que jamais tiveram parte nos negócios públicos, que jamais saíram da vida privada. Temos dito sobre a maior parte deles tudo o que merece alguma atenção. Vários legisladores têm-se ocupado do governo. Desses legisladores, alguns só elaboraram leis, outros fundaram Estados, como Licurgo e Sólon, que foram simultaneamente legisladores e fundadores de governos.

2. Já falei da constituição da Lacedemônia. Quanto a Sólon, muitos veem nele um legislador profundo e atribuem-lhe o mérito de haver abolido a oligarquia (que não era nada moderada), Ter livrado o povo da servidão e fundado a democracia nacional por uma feliz combinação das outras formas de governo. Realmente, a constituição de Atenas é oligárquica pelo Areópago, aristocrática pela eleição dos magistrados e democrática pela organização dos tribunais. Contudo, parece que Sólon se valeu do Areópago e do modo de eleição dos magistrados – mas constituiu realmente a democracia, admitindo todos os cidadãos nos tribunais.

3. Reprovam-lhe o fato de ter destruído a força do Senado e das magistraturas eletivas, depositando toda a autonomia nos tribunais, cujos membros são designados por sorte. Desde que foi posta em vigor essa disposição, os demagogos passaram a adular o povo como a um tirano e levaram o governo à democracia tal como existe hoje.

Efialto(69) começou a mutilar a força do Areópago, como também o fez Péricles. Este chegou mesmo a assalariar(70) os tribunais. Desse modo, cada um dos demagogos encareceu mais os abusos, levando a democracia ao ponto em que hoje se encontra. Mas é provável que tal não fosse a intenção de Sólon, e que essas transformações fossem mais o efeito das circunstâncias.

4. O povo, a quem se devia a vitória naval na Guerra Média, tornou-se orgulhoso e escolheu para chefes perversos demagogos, apesar da oposição dos cidadãos mais sensatos. Aliás, Sólon parece só ter concedido ao povo o poder mais indispensável: o de escolher os magistrados a exigir um relatório da sua gestão. Porque, se ele não tiver ao menos esses direitos no governo, então não passa de escravo, e hostil, em consequência. Sólon quis que todas as magistraturas fossem exercidas por cidadãos respeitáveis e numa honesta abastança: *os pentacosiomedinos*[(71)], os *zeugitas*[(72)] e a terceira classe chamada *ordem equestre*[(73)].

A quarta classe, composta de mercenários, não tinha o direito a magistratura alguma.

5. Tem havido ainda outros legisladores; Zeleucos[(74)], entre os locrianos epizefírios[(75)], e Carondas[(76)] de Catânia, que ditou leis aos seus concidadãos e às repúblicas fundadas por colônias dos calcídios[(77)], na Itália e na Sicília. Pretendem alguns que se deve acrescentar a esses nomes o de Onomacrite[(78)], o primeiro que se julga ter-se especializado em legislação. Dizem que ele era locrês e se instituiu em Creta, aonde fora estudar a arte da adivinhação. Deram-lhe por companheiro a Tales, e fizeram Licurgo e Zaleucos discípulos de Tales, como fizeram Carondas discípulo de Zaleucos. Mas, em todas essas asserções não procuraram considerar a ordem dos tempos.

6. Filolaus[(79)], também deu leis aos tribanos. Descendente da família dos baquíadas[(80)], tornou-se amante de Diocles, vencedor dos jogos olímpicos, quando este, horrorizado pela paixão incestuosa de sua mãe, Alcione, deixou Corinto e foi se estabelecer em Tebas. Foi lá que ambos morreram. Mostram-se ainda hoje seus túmulos colocados um em frente ao outro, dando um deles para o território de Corinto e o outro não.

7. Conta a tradição que eles próprios haviam feito aquela disposição para seus sepulcros. Diocles, por uma lembrança odiosa da causa de seu exílio, não quis que a terra de Corinto recebesse seu túmulo; Filolaus havia desejado o contrário. Tal foi, pois, a causa que os levou a fixar residência entre os tebanos. Filolaus deu-lhe leis, entre outras as que se referem aos nascimentos, e que ainda hoje chamam positivas. Ele teve em vista, principalmente, a conservação das heranças.

8. As leis de Carondas nada têm de notável, à exceção das perseguições encetadas contra os falsos testemunhos; ele foi o primeiro a se ocupar de pesquisas sobre esse gênero de delitos. Sob o ponto de vista da precisão e clareza das leis, ele é mesmo superior aos legisladores dos nossos dias. O temor da desigualdade dos bens faz caráter distintivo de Filolaus; as ideias de Platão se encontraram entre as mulheres, na lei contra a embriaguez (que dá a presidência dos banquetes aos homens sóbrios) e no regulamento sobre a educação militar, que prescreve o exercício simultâneo das duas mãos, a fim de que uma seja tão útil como a outra.

9. Existem ainda as leis de Drácon[(81)], mas ele as fez para um governo já estabelecido. Nada há de particular nessas leis, nada de notável além da duração excessiva dos castigados. Pitacos[(82)], também redigiu um código de leis, mas não um sistema de governo. Uma lei que lhe é particular é que pune o delito de um homem embriagado com castigo mais forte que se o mesmo crime fosse cometido por um homem que estivesse em plena razão. Como se cometem mais crimes no estado de embriaguez que fora dele, considerou menos a indulgência que se possa ter por um homem perturbado pelo vinho, que a utilidade da repressão. Cita-se também Androdamas[(83)], de Reges, legislador dos calcídios na Trácia, que deixou leis sobre o homicídio e sobre as herdeiras únicas. Mas dele não se poderá citar lei alguma que lhe pertença propriamente.

Tais são as nossas observações sobre os diferentes tipos de governo que estão atualmente em vigor, ou que foram idealizados pelos escritores.

Livro Terceiro

Sinopse

Da cidade e do cidadão - Do cidadão perfeito - Do cidadão Imperfeito - Divisão dos governos - Número e natureza dos governos segundo a diferença dos cidadãos e das leis - Quais são os que devem mandar - Do bem público - Dos cidadãos eminentes e dos legisladores - Do soberano - Transição para o livro seguinte.

Capítulo 1

1. Quando se examinam os governos, sua natureza e seus caracteres distintivos, a primeira questão que se apresenta, por assim dizer, é perguntar, em se tratando de cidade, o que é uma cidade[84]. Até agora ainda não se chegou a um acordo sobre esse ponto. Pretendem uns que é sempre a cidade que opera quando existe transação; outros sustentam que não é a cidade, mas a oligarquia ou o tirano. Aliás, sabemos que toda atividade do homem político e do legislador é de certa ordem estabelecida entre os que habitam a cidade.

2. Mas, sendo a cidade algo de complexo, assim como qualquer outro sistema composto de elementos ou de partes, é preciso, evidentemente, procurar antes de tudo o que é um cidadão. Porque a

cidade é uma multidão de cidadãos, e assim é preciso examinar o que é um cidadão, e a quem se deve dar esse nome. Nem sempre se está de acordo nesse ponto, já que nem todos concordam, no caso de um mesmo indivíduo, que ele seja um cidadão. É possível, de fato, que aquele que seja cidadão numa democracia, não seja numa oligarquia.

3. Ponhamos de lado, pois, os que obtêm esse título por qualquer outro modo, como aqueles a quem se concedeu o direito de cidadania. O Cidadão não é cidadão pelo fato de se ter estabelecido em algum lugar – pois os estrangeiros e os escravos também são estabelecidos. Nem é cidadão por se poder, juridicamente, levar ou ser levado ante os mesmos tribunais. Pois isso é o que acontece aos que se servem de selos para as relações de comércio. Em vários pontos, mesmo os estrangeiros estabelecidos não gozam completamente desse privilégio, mas é preciso que tenham um fiador[(85)] e, sob esse aspecto, eles só são membros da comunidade imperfeitamente.

4. É assim que, só até certo ponto, e não em todo o sentido, se pode dar o nome de cidadãos aos filhos que não sejam ainda inscritos nos registros públicos, devido à sua tenra idade, e aos velhos, por que estão isentos de qualquer serviço. Mas é preciso acrescentar que aqueles não são cidadãos imperfeitamente, e que estes já ultrapassaram a idade (ou qualquer outra restrição semelhante). Porque pouco importa, e compreende-se o que quero dizer. O que eu procuro é a ideia absoluta, sem que nada haja nela a acrescentar ou transformar. Aliás, o mesmo acontece com os que foram marcados de infâmia ou condenados ao exílio. As mesmas dúvidas, as mesmas soluções. Em uma palavra, cidadão é aquele cuja especial característica é poder participar da administração da Justiça e de cargos públicos; desses cargos alguns são descontínuos, e a mesma pessoa não pode exercê-lo duas vezes ou só pode voltar a exercê-lo depois de certo tempo prefixado. Outros não têm limite de tempo – por exemplo, o cargo de juiz e de membro das assembleias gerais.

5. Pode acontecer, dirão, que os que exercem tais funções não sejam magistrados, e, em consequência, não tenham parte alguma de autoridade. Ora, seria ridículo negar autoridade exatamente àqueles que têm nas mãos o poder soberano. Mas, ponham isso de

lado, pois não passa de uma questão de nome. Como não achamos um termo próprio para designar o que há de comum entre o juiz e o membro da assembleia geral admitamos, para dar corpo à ideia, que constitui autoridade uma magistratura indeterminada. Todos que nela tomam parte, chamamo-los cidadãos. Tal é, aproximadamente, o caráter de semelhança entre todos aqueles aos quais damos esse nome.

6. É preciso não ignorar que nas coisas que se classificam sob diferentes espécies, entre as quais há uma primeira, uma segunda, etc., nada ou quase nada existe de comum[86] que possa lhes dar direito a um mesmo nome. Ora, sabemos que as formas de governo diferem de espécie relativamente umas às outras. Estas têm a superioridade, aquelas a inferioridade. Porque é necessário que as que são defeituosas ou que tenham sofrido qualquer alteração, estejam colocadas abaixo daquelas nas quais nada se encontra para criticar. Veremos mais adiante em que sentido entendemos esse modo de alteração. Disso resulta claramente que o cidadão não é o mesmo em todas as formas de governo; e que, por isso, é na democracia, sobretudo, que ele se adapta à nossa definição.

7. Pode sê-lo ainda em outra parte, mas não o será estritamente, pois há governos em que o povo não faz parte constitutiva do Estado, e possuem assembleias gerais. Alguns tribunais dividem entre si os processos, como em Lacedemônia, onde cada um dos éforos julga as causas relativas às questões particulares, ao passo que os genomas tomam conhecimento das acusações dos homicídios, e as outras magistraturas se ocupam dos demais delitos. Do mesmo modo, em Cartago, certas magistraturas julgam todas as causas.

8. Assim, pois, a nossa definição do cidadão deve ser retificada. Porque nas outras formas de governo as funções de juiz e de membro de assembleia geral não são acessíveis a qualquer cidadão, indistintamente, como na democracia; ao contrário, elas constituem uma magistratura especial. E o privilégio de deliberar e julgar é concedido a todos os membros dessa magistratura, ou a alguns dentre eles, sobre todas as questões ou sobre algumas penas. Por aí se vê, pois, o que é o cidadão: aquele que tem uma parte legal na autoridade deliberativa e na autoridade judiciária – eis o que chamamos de cidadão da cidade assim constituída. E chamamos

cidade à multidão de cidadãos capaz de bastar a si mesma, e de obter, tudo que é necessário à sua existência.

9. Às vezes, no sentido comum, define-se o cidadão como sendo aquele que é filho de pai e mãe cidadãos, e que não o seja apenas de um dos dois. Outros exigem mais; por exemplo, que os avós em primeiro grau tenham sido cidadãos ou ainda os ascendentes em segundo e terceiro graus. E mesmo após essa definição, que se crê simples e conforme com a ordem política, há pessoas que mantêm alguma dúvida, perguntando como se constatará que esse quarto ascendente seja cidadão. Gorgias de Leontium, também dizia que, seja por exprimir uma dúvida real seja por ironia, assim como se chamavam morteiros a certos trabalhos feitos por fabricantes de morteiros, também se chamavam cidadãos de Lárissa àqueles que haviam sido feitos pelos cidadãos larisseanos. A coisa é muito simples: todos que tomavam parte no governo do modo que explicamos eram cidadãos. Porém a condição de ser filho de um cidadão ou de uma cidadã não poderia ser imposta aos primeiros habitantes ou fundadores da cidade.

10. Há, talvez, mais dificuldade em relação àqueles que foram admitidos no rol de cidadãos em consequência de uma revolução no governo, como quando Clistênio[87], após a expulsão dos tiranos, admitiu nas tribos estrangeiras, escravos e domiciliados. A questão, em caso semelhante, não é saber quem é o cidadão, mas se o é justa ou injustamente. Contudo, isso poderia dar lugar a uma nova dificuldade: objetar-se-ia que aquele que não seja cidadão com justiça não é cidadão, pois que injusto e falso é mais ou menos a mesma coisa. Aliás, vemos cidadãos elevados injustamente às funções públicas e nem por isso deixamos de chamá-los magistrados, embora o sejam injustamente. Cidadão, segundo a nossa definição, é o homem investido de certo poder. Ora, do momento em que ele tenha um poder na mão, passa a ser cidadão, como dissemos e como tal devem ser considerados. Quanto ao fato de saber se o são justa ou injustamente, prende-se ao que apresentamos anteriormente. De fato, existem pessoas que se confundiam ao definir quando é o Estado que opera e quando não é. Por exemplo, quando a oligarquia ou a tirania são substituídas pela democracia, negam-se a cumprir com seus compromissos, sob o pretexto de

que eles foram contraídos com tirano e não com o Estado, e recusam executar quaisquer contratos semelhantes atendendo a que certos governos só apoiam na violência, e não no interesse geral.

11. E reciprocamente, se a democracia, por seu turno, contraiu compromissos, deve-se reconhecer que seus atos tanto podem do Estado como de oligarquia ou de tirania. Essa discussão parece ligar-se particularmente à questão de saber quando é necessário dizer que um governo permaneça o mesmo ou se torne outro diferente. O exame mais superficial dessa questão recai no lugar e nos homens. É possível que o lugar e os homens sejam separados; que estes habitem tal parte, aqueles outra. É preciso, pois, dar um sentido menos rigoroso à questão: tendo a palavra governo várias acepções, elas facilitam a resolução do problema.

12. Do mesmo modo, quando os homens habitam o mesmo lugar, como se reconhecerá que a cidade é una? Certamente não é pelas muralhas. Assim será Babilônia e toda cidade cujo circuito encerre mais uma nação que a população de uma cidade. Conta-se de Babilônia(88) que, três dias após a tomada da cidade, um quarteirão inteiro ainda o ignorava. O exame dessa questão será feito mais utilmente em outra parte. Quanto à extensão da cidade e à vantagem de nela existir uma só ou várias classes de cidadãos, o homem político não deve ignorar.

13. Mas, desde que os membros homens habitem o mesmo lugar, será preciso dizer, já que não varie a espécie de seus habitantes, que a cidade é sempre a mesma, apesar dos óbitos e dos nascimentos (como se diz que os rios e as fontes são sempre os mesmos, apesar do escoamento das águas)? Ou se deverá dizer que, por essa razão, os homens permanecem os mesmos, mas a cidade muda? Porque, se a cidade é uma espécie de comunidade, se ela é uma comunidade de governo entre os cidadãos, do momento em que a forma do governo se modifica, e que ela se torna de uma espécie diferente, é forçoso que a cidade também pareça não mais ser a mesma. É como o coro que, figurando ora na tragédia, ora na comédia, nos parece outro, embora ele muitas vezes se componha dos mesmos indivíduos.

14. Da mesma forma, qualquer outra associação ou combinação nos parece diferente, quando apresenta outra espécie de combinação. Por exemplo, dizemos que a harmonia dos mesmos sons

é outra quando ela produz ora o modo dórico, ora o modo frígio. Ora, se assim acontece na Música, com mais razão se dirá que uma cidade é a mesma, quando consideramos a sua forma de governa. Pode-se dar à cidade outro nome, ou o mesmo nome, seja ela habitada pelos mesmos homens, ou por homens completamente diferentes. Será justo cumprir com os compromissos, ou não cumpri-los, em razão de ter a cidade mudado a sua forma de governo? Essa é outra questão.

Capítulo 2

1. A continuação imediata do que acabamos de dizer é o exame desta outra questão de saber se a virtude do homem de bem é a mesma do bom cidadão. Aliás, supondo que esse ponto mereça muita atenção, é preciso começar por fazer uma ideia geral da virtude do cidadão. Pode-se dizer do cidadão o que se diz de qualquer um dos indivíduos que viajam a bordo de um navio: que ele é membro de uma sociedade. Mas, entre todos esses homens que navegam juntos, e que têm um valor diferente, visto que um é remador, outro piloto, este encarregado da proa, aquele exercendo, sob outra denominação, um cargo semelhante – é evidente que se poderá designar, por uma definição rigorosa, a função de cada um; no entanto, haverá também alguma definição geral aplicável a todos, porque a salvação da equipagem é ocupação de todos e o que todos desejam igualmente.

2. Do mesmo modo a salvação da comunidade é ocupação de todos os cidadãos, qualquer que seja a diferença que entre eles exista. Ora, o que constitui a comunidade é a forma do governo. É preciso, pois, que a virtude do cidadão esteja em relação com a forma política. Se existem diversas formas de governo, não é possível que a virtude do bom cidadão seja una e perfeita. Por outro lado, afirma-se que é a virtude perfeita que caracteriza o homem de bem. É, pois, evidente que o bom cidadão pode não possuir a virtude que faz o homem de bem.

3. Pode-se ainda, por outro modo, chegar à mesma conclusão na questão relativa à melhor forma de governo. Porque, se é impossível que a cidade se componha somente de homens virtuosos, e se é preciso que cada um execute bem a tarefa que lhe é confiada

(o que só pode vir da virtude, pois que os cidadãos não poderão ser semelhantes em tudo), então o meio de ser a virtude do bom cidadão a mesma que a do homem de bem, e por conseguinte uma única, consiste em que todos, na cidade perfeita, tenham a virtude do bom cidadão, visto que é uma condição necessária da república perfeita. Mas é possível que todos tenham a virtude do homem de bem, a não ser que se admita que, no governo perfeito, todos os cidadãos devem forçosamente ser homens de bem.

4. Aliás, a cidade se compõe de partes dessemelhantes. Como o animal na sua essência se compõe de uma alma e de um corpo; a alma, da razão e do desejo; a família, do homem e da mulher; a propriedade, do senhor e do escravo; enfim, como a cidade, por sua vez, compreende todos esses elementos e outros mais que também são dessemelhantes entre si – é forçosamente necessário que a virtude não seja a mesma em todos os cidadãos (assim como num coro de dança, o talento do corifeu e o do simples corista não precisam ser os mesmos).

5. É visível, pois, que a virtude não é absolutamente a mesma em todos os cidadãos. Mas, afinal, qual será o bom cidadão cuja virtude igualará a do homem de bem por excelência? Diz-se que o bom magistrado deve ser virtuoso e prudente. Homens existem mesmo que pretendem que desde o princípio a educação do que exerce a autoridade deve se diferenciar da de um simples cidadão (os filhos dos reis, por exemplo, aprendem a Equitação e a Política). Diz Eurípedes:

"Não me venham mostrar tão vulgares talentos;
Mostrem virtudes necessárias ao Estado[89]*."*

Como se ele tivesse convencido de haver uma educação toda especial para aquele que seja destinado a mandar.

6. Assim, pois, se a virtude do homem de bem que manda é idêntica à do homem de bem em geral, e se aquele que obedece é ao mesmo tempo cidadão, é absolutamente impossível que a virtude do cidadão seja a mesma que a do homem em geral. Porque a virtude daquele que manda não é a mesma que a do simples cidadão. Talvez por isso dizia Jasão[90] "que morreria de fome se deixasse de reinar" – porque ele não saberia viver como simples particular.

7. Seja como for, louva-se o que sabe mandar e obedecer, e parece que a virtude do cidadão experiente consiste em poder fazer igualmente ambas as coisas. Assim, se concordamos em que a virtude do homem de bem seja mandar, e a do cidadão seja obedecer e mandar, segue-se que essas duas coisas não são igualmente louváveis, e assim o que manda e o que obedece não deverão receber a mesma educação; é claro que o cidadão deve saber as duas coisas, e fazer tão bem uma como a outra; mas eis de que modo:

8. Existe a autoridade do senhor: a parte dessa autoridade, que se refere às coisas necessárias à vida, não exige que aquele que manda saiba obtê-las por si, mas saiba, principalmente, delas fazer uso. O resto é servil (e eu entendo pelo resto o que é necessário para desempenhar o serviço doméstico). Há várias espécies de escravos, já que existem diversas espécies de trabalhos dos quais uma parte é executada pelos manobristas (espécie de gente habituada, como indica o seu nome, a viver do trabalho das suas mãos. Essa classe compreende também o trabalhador de uma profissão mecânica). É por isso que antigamente, entre alguns povos, antes dos excessos da democracia, os artesãos não eram admitidos às magistraturas.

9. Não é preciso, pois, que o homem de bem, homem de Estado, ou o bom cidadão aprendam esses gêneros de trabalho que só convém àqueles que são destinados a obedecer – a não ser que deles se sirvam por vezes para a própria utilidade. De outro modo, uns cessam de ser senhores, e os outros deixam de ser escravos. Mas existe outra autoridade que se exerce sobre aqueles que são livres e iguais por nascimento. De fato, chamamos autoridade política aquela que se deve aprender obedecendo, como se aprende a comandar a cavalaria, a ser general, a conduzir uma legião ou um batalhão, sendo-se no entanto simples cavaleiro, adido ao serviço de um tal general, soldado raso, em uma legião ou em um batalhão. Também se diz que, para bem ordenar, é preciso já ter obedecido.

10. Sem dúvida a virtude inerente ao mando e à obediência não é a mesma; mas é preciso que o bom cidadão saiba e possa obedecer e mandar; o que faz a sua virtude é formar os homens livres sob essa dupla relação. Por conseguinte, a virtude do homem de bem reúne essas duas relações, embora haja uma espécie de temperança e justiça que não são as mesmas naquele que manda e naquele que obedece. Porque é evidente que não pode existir, para

o homem de bem que obedece, mas que é livre, uma só virtude, como a justiça por exemplo – mas que várias existem, conforme ele mande ou obedeça. É por isso que a temperança e a coragem num homem são diferentes das de uma mulher. Um homem pareceria tímido se fosse corajoso como uma mulher corajosa; e uma mulher passaria por leviana se ela só tivesse a reserva e a modéstia de um homem honesto. Sabemos também que na família os deveres do homem diferem dos da mulher; o de um é adquirir, o do outro é conservar.

11. A prudência é a única virtude natural naquele que manda. Porque, nas outras virtudes, parece necessário que tenham igualmente parte os que mandam e os que obedecem. A virtude do súdito não é a prudência, e sim um julgamento são e reto. É assim que aquele que fabrica flautas obedece, sendo o que manda o músico que delas se serve. Vê-se, dessa discussão, se a virtude do bom cidadão é diferente da do homem de bem, como ela é a mesma, ou em que difere.

Capítulo 3

1. Resta ainda uma dúvida a ser resolvida no que se refere ao cidadão. Definimos o cidadão como aquele que tem direito de acesso às magistraturas. Devem-se incluir os artesãos nos números dos cidadãos? Devendo-se admiti-los, embora eles não tenham direitos às magistraturas, já não será possível que a virtude de todo cidadão seja a mesma, pois que o artesão se torna cidadão; se os artesãos não podem ser cidadãos, em que classe devem ser classificados, já que não são domiciliados nem estrangeiros? Ou diremos então que nada existe de extraordinário nessa disposição, visto que os escravos e os forros não mais estarão nas classes que acabamos de citar?

2. O que há de verdadeiro é que não é preciso elevar o grau de cidadão daqueles dos quais a cidade necessita para existir. Assim as crianças não serão cidadãos do mesmo modo que os homens feitos; estes o são em um sentido absoluto, aqueles em esperança. Sem dúvida são cidadãos, mas imperfeitamente. Também nos tempos antigos, certos povos consideravam os artesãos como escravos ou estrangeiros, e é por isso que até hoje a maior parte dos

artesãos como tais é considerada. O que há de certo é que a cidade-modelo não deverá jamais admitir o artesão no número dos seus cidadãos. Se o admitir, então será possível dizer que a virtude política[91] de que falamos não pertence a todo cidadão, mas somente ao homem livre – e sim dir-se-á que ela pertence a todos aqueles que não têm necessidade de trabalhar para viver.

3. Ora, aqueles que são obrigados a trabalhar para o serviço de uma pessoa são escravos, e os que trabalham para o público são artesãos e mercenários. De onde facilmente se verifica, com um pouco de reflexão, qual é a condição dessas diversas classes. A própria ação, uma vez anunciada, basta para resolver o assunto de modo claro. Mas, sendo várias as formas de governo, é também preciso que haja várias espécies de cidadãos; e isso é tanto mais verdade no que se refere aos cidadãos considerados súditos. Em certa espécie de república, o artesão e o mercenário serão cidadãos forçosamente, ao passo que isso será impossível em outra, como no governo aristocrático, no qual as dignidades só se dão à virtude e ao mérito; porque não é possível praticar-se a virtude, quando se leva a vida de um artesão ou de um mercenário.

4. Nos governos oligárquicos não é possível a um mercenário tornar-se cidadão, já que ele não tem acesso às magistraturas ainda mesmo quando o censo seja elevado; mas um artesão pode sê-lo, porque há muitos artesãos que são ricos. Havia em Tebas uma lei que excluía das funções públicas quem quer que não tivesse cessado, dez anos antes, qualquer gênero de comércio. Mas em várias repúblicas a lei chega a ponto de conceder a estrangeiros o título de cidadão. Há Estados democráticos nos quais essa hora é concedida ao filho de uma cidadã.

5. O mesmo acontece entre vários povos com relação aos bastardos; contudo, só à falta de verdadeiros e legítimos cidadãos é que se lhes dá esse título. A lei emprega esse recurso para remediar a falta de homens. Mas, uma vez que a população cresce, vai-se cortando aos poucos, começando pelos filhos de pai e mãe escravos, depois por aqueles cuja mãe é escrava; por fim só é concedido o direito de cidadão aos filhos de pai e mãe cidadãos.

6. Por aí se vê, pois, que há várias espécies de cidadãos, a que esse título pertence, sobretudo, àqueles que tomam parte nos serviços públicos, como diz Homero quando representa o seu Aquiles.

De fato, aquele que é excluído do serviço é verdadeiramente estrangeiro, e em qualquer parte onde se esconda essa distinção política, tal se faz para enganar os que habitam a mesma cidade.

"*Como um estrangeiro isento de honrarias...*[92]"

Essa discussão faz ver se a virtude do bom cidadão é a mesma do homem de bem; mostra ao mesmo tempo que, em certos Estados, o bom cidadão e o homem de bem constituem uma só pessoa; em outros, eles se separam; e que os indivíduos em geral não são cidadãos, mas apenas homens políticos que, sós ou em companhia de outros, são ou podem ser senhores dos interesses comuns da cidade.

Capítulo 4

1. Uma vez apresentados os princípios como bases, é preciso examinar se convém admitir uma ou várias organizações políticas; e, no caso de haver diversas, qual o seu número, a sua natureza e as diferenças existentes entre elas. A constituição de um Estado é a organização regular de todas as magistraturas, principalmente da magistratura que é senhora e soberana de tudo. Em toda parte o governo do estado é soberano. A própria constituição é o governo. Quero dizer que, nas democracias, por exemplo, o povo que é soberano. E, de modo contrário, na oligarquia, é um pequeno número de homens. Também, diz-se que essas duas constituições são diferentes. Raciocinaremos do mesmo modo sobre as outras espécies de governos.

2. Em primeiro lugar, é preciso tomar por base desse exame o escopo ou o fim da sociedade civil, e o número das diferentes autoridades que governam os homens e que os fazem viver em sociedade. Já dissemos no início deste tratado, definindo a economia doméstica e a autoridade do senhor, que o homem é um animal destinado por natureza a viver em sociedade; também, não necessitando do auxílio dos seus semelhantes, ele deseja viver em sociedade.

3. Por outra, o interesse geral reúne os homens, pelo menos enquanto dessa união possa resultar a cada um uma parte de felicidade. Tal é, pois, o fim principal que eles se propõem comum

ou individualmente. Algumas vezes, também, é unicamente para viver juntos que eles se reúnem e estreitam os laços da sociedade política. Porque talvez haja um pouco de felicidade no próprio fato de viver assim, sempre que a vida não seja sobrecarregada de males demasiado difíceis de suportar. O que há de certo é que a maioria dos homens suporta muitos males em razão de seu apego à vida, como se ela encerrasse em si própria uma doçura e um encanto naturais.

4. É fácil distinguir as diferentes espécies de autoridade das quais queremos falar aqui; aliás, tratamos frequentemente essa matéria nas obras que já publicamos. Embora aquele que a natureza fez escravos e o que ela fez senhor tenham o mesmo interesse, do senhor, e por objeto secundário o interesse do escravo; porque, sem escravo, é impossível que a autoridade do senhor continue existindo.

5. Quanto à autoridade que rege uma mulher, os filhos, uma família inteira, e que chamamos doméstica ou econômica, tem por projeto o interesse dos administrados e o do senhor que os governa. Essa autoridade, por si mesma e em si, ocupa-se do interesse dos que obedecem, como acontece em outras artes tais como a Medicina e a Ginástica. No entanto ela pode acidentalmente voltar-se também em benefício do senhor. Porque nada impede que o ginasta se misture ele próprio, às vezes, aos jovens que exercita; assim o piloto é sempre um dos homens da equipagem. O ginasta e o piloto têm em vista, pois, o interesse daqueles a quem dirigem, e quando a eles se misturam, tomam parte acidentalmente por exercícios comuns: um se torna simples marinheiro, o outro se transforma em aluno embora seja mestre.

6. Eis por que, nos poderes políticos, desde que a cidade se funde na igualdade e na perfeita semelhança dos cidadãos, cada qual pretende ter o direito de exercer a autoridade por sua vez. Antes de tudo, isso é uma coisa natural; todos veem um direito nessa alternativa, e concedem a outro o poder de garantir os seus interesses, como eles próprios garantiram o deles. Mas hoje os grandes benefícios que lhes proporcionam o poder e a direção dos negócios em geral inspiram-lhes o desejo de os reter perpetuamente, como se a continuidade do poder pudesse dar a saúde aos magistrados

que estão atacados de doenças crônicas; porque então eles teriam um motivo para ambicionar os cargos e as dignidades.

7. É, pois, evidente que todas as constituições que se propõem a utilidade geral são essencialmente justas, e todas as que só têm em vista o interesse particular dos magistrados partem de um falso princípio, mas tornam-se boas constituições; tal é a autoridade do senhor sobre o escravo, ao passo que a cidade é a associação dos homens livres. Segundo os princípios que apresentamos, resta-nos examinar as diferentes constituições, sua natureza e número; e, primeiramente, comecemos pelo exame das boas constituições. Uma vez que elas estejam bem definidas, será fácil saber quais são as constituições corrompidas.

Capítulo 5

1. Visto que as palavras Constituição e Governo significam a mesma coisa, visto que o governo é autoridade suprema nos Estados e que obrigatoriamente essa autoridade suprema deve repousar nas mãos de um só, ou de vários, ou de uma multidão, segue-se que desde que um só, ou vários, ou a multidão, usem da autoridade com vistas ao interesse geral, a constituição é pura e sã fundamentalmente; ao contrário, se se governa com vistas ao interesse particular, isto é, ao interesse de um só, ou de vários, ou da multidão, a Constituição é viciada e corrompida; porque de duas coisas uma: é preciso declarar que os cidadãos não participam do interesse geral, ou dele participam.

2. Entre os Estados dá-se comumente o nome da realeza àquele que tem por objetivo o interesse geral; e o governo de um reduzido número de homens, ou de vários, contanto que não seja de um só, chama-se aristocracia – seja porque a autoridade esteja nas mãos de diversas pessoas de bem, seja porque tais pessoas dela fazem uso para o maior bem do Estado. Finalmente, quando a multidão governa no sentido do interesse geral, dá-se a esse governo o nome de República, que é comum a todos os governos.

3. Essa denominação é efetuada em razões: porque é possível que um só ou muitos indivíduos adquiram uma superioridade notável em matéria de virtude; mas é difícil que a maioria possa atingir ao mais alto grau de perfeição em todos os gêneros de

virtude, a não ser na virtude guerreira (porque essa se mostra por si mesma na multidão). É por isso, que, em governo, a autoridade está nas mãos dos que combatem para proteger o Estado – e todos os que têm armas participam da administração dos negócios.

4. Os governos viciados são: a tirania, a oligarquia, para a demagogia e para a república. A tirania é uma monarquia que não tem outro objeto além do interesse dos ricos; a demagogia só enxerga o dos pobres. Nenhum desses governos se ocupa do interesse geral. Mas é preciso parar aqui algum tempo mais para dizer qual é o caráter de cada um desses governos – e essa dupla tarefa não está isenta de dificuldade. Em toda espécie de investigação, aquele que aprofunda o assunto filosoficamente, em vez de o considerar somente do ponto de vista prático, adquire o hábito de nada desprezar ou omitir, mas mostrar a verdade em tudo.

5. A tirania, temos dito, é uma monarquia que exerce um poder despótico na sociedade política; a oligarquia torna senhores do governo ao que possuem fortuna; a demagogia, ao contrário, dá o poder não aos que adquiriram grandes riquezas, mas aos pobres. Uma primeira dificuldade vem da própria definição: poderia acontecer que a maioria, composta de ricos, fosse senhora do Estado; ora, há demagogia quando a multidão manda. Do mesmo modo, poderia acontecer que os pobres, menos numerosos que os ricos, mas fortes, se assenhoreassem do Estado; no entanto, desde que é um pequeno número que manda, diz-se que há oligarquia. Pareceria, pois que as definições desses governos não são justas.

6. Se, por outro lado, combinando as condições de riqueza e minoria, pobreza e maioria, se estabelecem nessa base as denominações dos governos, chamando oligarquia aquela na qual os ricos, em minoria, exercem as magistraturas, e demagogia aquela na qual o poder se coloca nas mãos dos pobres, que formam a maioria, apresenta-se ainda outra dificuldade. Que nome daremos aos governos dos quais acabamos de falar, aquele no qual os ricos, em maioria, e o em que os pobres, em maioria, são uns e outros senhores do Estado? A menos que haja outras formas de governo além das que nós estabelecemos.

7. A razão parece demonstrar-nos que a predominância de que acabamos de falar é acidental, tanto na oligarquia como na democracia, porque os ricos são pouco numerosos em toda parte, e os pobres formam uma grande massa.

Assim, pois, as causas das diferenças que indicamos não são reais: a verdadeira diferença entre a democracia e a oligarquia está na pobreza e na riqueza; é preciso que todas as vezes que a riqueza ocupa o poder, com ou sem maioria, haja oligarquia; e democracia quando os pobres é que ocupam o poder. Mas acontece, como dissemos, que geralmente os ricos constituem minoria e os pobres maioria; a opulência pertence a alguns, mas a liberdade pertence a todos. Tal é a causa das discórdias perpétuas entre uns e outros na questão do governo.

8. É preciso, sobretudo, fixar os limites da oligarquia e da democracia, e o que se chama justo em uma ou em outra. Porque todos os homens atingem certo grau de justiça, mas não vão muito longe, e não dizem tudo o que é justo, própria e absolutamente falando. Por exemplo, parece que a igualdade seja justiça, e o é, de fato; mas não para todos; só o é entre aqueles que não são iguais. Surge essa distinção sem se perguntar para quê, e dela se julga muito mal. Isso resulta do fato de ser por si próprio que se julga, e quase sempre se é mau juiz em causa própria.

9. Segue-se que, quando o que é justo para certas pessoas tenha sido determinado com igual precisão sob as relações das coisas e sob a relação das pessoas, como já o dissemos no nosso Tratado da Moral[(93)], talvez se concordará com igualdade no que se relaciona à coisa; mas será contestada com igualdade no que se refere à pessoa, exatamente pela razão que acabamos de dar, isto é, porque se julga mal em causa própria; e também porque, cada um por seu vez dizendo o que é justo até um certo ponto, imagina que o que diz é absolutamente justo. Porque uns, não sendo iguais em certos aspectos, em fortuna, por exemplo, julgam que não o são em qualquer outro aspecto; e os outros, por serem iguais em alguma coisa, por exemplo em matéria de liberdade, convencem-se de que o são em tudo; mas de ambas as partes não se diz o mais essencial[(94)].

10. Se a sociedade e a comunidade tivessem por único objetivo acumular fortuna, os associados só deveriam ter no Estado uma parte proporcional ao seu capital, e nesse caso o raciocínio dos partidários da oligarquia pareceria ter a maioria. Não é justo, efetivamente, que o que só tenha posto uma mina na sociedade, tenha, sobre cem minas, uma parte igual ao que fornece o resto da importância, tanto para a constituição do patrimônio como para o recebimento dos juros.

11. Contudo[95], não é somente para viver, mas para viver felizes, que os homens estabeleceram entre si a sociedade civil; por outra, poder-se-ia dar o nome de cidade a uma associação de escravos e mesmo de outros seres animados; não que ela não mereça esse título, mas que os membros todos não participariam da felicidade, nem da faculdade de viver na medida dos seus desejos. A sociedade civil deixa de ter por fim uma aliança ofensiva e defensiva para comércio. Porque então os habitantes do Tirreno[96], os cartagineses e todos os povos que se unem por tratados de comércio deveriam ser considerados cidadãos de um só e mesmo Estado, pois que são ligados por convenções sobre importações, por tratados que os protegem das violências, e por alianças cujas condições foram estipuladas por escrito. Aliás, eles não têm magistraturas comuns para todos os interesses; uns as têm de uma espécie, outros de outra; uns não se importam absolutamente com o modo pelo qual os outros operam; nem procuram saber se algum dos cidadãos compreendidos nos trabalhos é injusto em sua conduta privada ou dado a qualquer vício. A única coisa que os preocupa é que um povo não faça a outro qualquer injustiça. Todos que sonham fazer boas leis só atendem à virtude ou à corrupção política. É claro que a virtude deve ser o primeiro cuidado de um Estado, quando ele quer merecer esse título, em lugar, e daí passa a lei a ser uma simples convenção; é, como disse o sofista Licofron[97], uma garantia mútua para todos os direitos, mas uma garantia capaz de tornar os próprios cidadãos bons e virtuosos.

12. Eis o que prova claramente que assim acontece: se, pelo pensamento, se reunissem as localidades diversas em uma só, se, por exemplo, se encerrassem dentro de uma só muralha as cidades de Mégara e Corinto, não se faria, com isso, uma só cidade, ainda que se desse aos habitantes o direito de se unirem por casamento, assim contraindo os laços mais estreitos da sociedade civil; o mesmo acontece, ainda, se se supõe que os homens sejam separados uns dos outros, mas, no entanto, bastante aproximados para ter comunicações entre si; que eles tenham leis que os obriguem a não se prejudicar absolutamente uns aos ou-

tros nos negócios e nos preços, um sendo carpinteiro, outro lavrador, outro sapateiro; que sejam em número de dez mil, e que nada tenham de comum entre si além do câmbio e de uma aliança defensiva em caso de ataque; isso ainda não será uma cidade.

13. E por que razão? Não é porque os laços da sociedade não sejam bem apertados. Se a natureza dessa reunião é tal que cada qual julgue a sua casa como uma cidade, e que a união não passe de uma liga para repelir a injustiça e a violência, não se pode dar-lhe o nome de cidade, quando é olhada de perto, visto que essa reunião se assemelha a uma separação. Fica provado, pois, claramente, que o que constitui a cidade não é o fato de habitarem os homens os mesmos lugares, não se prejudicarem uns aos outros e terem relações comerciais – embora tais condições sejam necessárias para que a cidade exista; mas, por si sós, elas não fazem a característica essencial da cidade. A única associação que forma uma cidade é a que faz participarem as famílias e os seus descendentes da felicidade de uma vida independente, perfeitamente ao abrigo da miséria.

14. Contudo, essa felicidade não será conseguida se não habitarem os homens um só e único lugar, e se não se recorrer aos casamentos. E eis aí o que originou, nos Estados, as alianças de famílias, as fratrias, os sacrifícios comuns e os divertimentos que acompanham tais reuniões. Todas essas instituições são obra de uma benevolência mútua. É a amizade que conduz os homens à vida social. O escopo do Estado é a felicidade na vida. Todas essas instituições têm por fim a felicidade. A cidade é uma reunião de famílias e pequenos burgos associados para gozarem em conjunto uma vida perfeitamente feliz e virtuosa. É preciso, pois, admitir em princípio que as ações honestas e virtuosas, e não só a vida comum, são o escopo da sociedade política.

15. Assim, mais importam ao Estado aqueles que melhor contribuem para formar uma tal associação, que os que, iguais ou superiores aos outros em liberdade e em nascimento, são desiguais em virtude política, ou ainda os que têm mais fortuna e menos virtude. Isso prova que os que discutem as diversas formas de governo só dizem uma parte da verdade.

CAPÍTULO 6

1. Mas qual será o soberano do Estado? Essa é uma questão difícil de resolver. Porque há de ser a multidão, os ricos ou os homens famosos por seu talento e virtude, ou apenas um homem que será o mais virtuoso de todos, ou ainda um tirano? Todas essas questões parecem apresentar as mesmas dificuldades. O quê! Os pobres, porque sejam em maioria, podem usurpar os bens dos ricos? Não é isso uma injustiça? – Não, certamente, dirão, porque o soberano achou que era justiça. Então que nome se deve dar ao último grau de injustiça? Tomemos todos os cidadãos em massa; se, por sua vez, uma segunda maioria vier usurpar os bens da minoria, é claro que isso trará a destruição da cidade. E, no entanto, a virtude ao menos não destrói aquele que possui, a justiça não é um princípio de destruição do Estado. Fica provado, pois, que essa pretendida lei do soberano jamais poderia ser justa.

2. Seria preciso também, pela mesma consequência, que todas as ações do tirano fossem justas. Sabe-se, no entanto, que ele abusa da força para empregar a violência, como acontece com a multidão em relação aos ricos. Mas, então, será justo que a minoria e os ricos tenham o poder? No entanto, e eles operam do mesmo modo, se eles saqueiam a multidão e lhe roubam os haveres, será isso justiça? Então também seria justiça do outro lado. Vê-se que tudo é vicioso e injusto de outra parte.

3. Mas deverão os homens superiores mandar e ser senhores de tudo? Será preciso, nesse caso, que os outros sofram uma espécie de degradação, pois que não gozarão das regalias ligadas às frações públicas; porque consideramos também as magistraturas como regalias, e sendo sempre as mesmas pessoas que se encontram no poder, é forçoso que os outros se privem de tais regalias. Pode ser, dirão, que sob todos os pontos de vista seja um mal confiar o poder a um homem só, sempre sujeito a paixões próprias da sua natureza, ao invés de o confiar à lei. Mas, sendo a lei oligárquica ou democrática, que se ganhará em presença de todas essas dificuldades? Sempre tornarão a ser as mesmas.

4. Falaremos, além disso, dos outros casos que podem se apresentar. Deve se entregar a soberania à multidão, de preferência aos homens mais eminentes, sempre em minoria? Essa solução

apresenta ainda alguns embaraços, mas talvez também encerre a verdade. Porque é possível que os formam a multidão, embora não seja cada um deles um homem superior, mas prevaleçam quando reunidos, sobre os homens mais eminentes, não como indivíduos, mas como massa (do mesmo modo que os banquetes de despesas comuns sãos mais belos que aqueles cuja despesa é paga por uma única pessoa). Cada indivíduo, em uma multidão, tem a sua parte de prudência e virtude. Da união desses indivíduos faz-se, por assim dizer, um só homem que possui uma infinidade de pés, mãos e sentidos. O mesmo acontece em relação aos costumes e à inteligência. Aí está porque a multidão julga melhor as obras dos músicos e dos poetas; porque um aprecia uma parte, outro outra, e todos reunidos apreciam o conjunto.

5. O homem eminente difere do indivíduo tirado da multidão como a beleza difere da fealdade, como um quadro, obra-prima de arte, difere da realidade; ele tem a vantagem de reunir, em um só objeto, o conjunto das formas belas esparsas na natureza, visto que dos seres isolados, alguns há que têm os olhos mais belos que os poderia representar o pincel, ou qualquer outra parte do corpo mais atraente que o é no quadro. É verdade que em qualquer espécie de povo, em qualquer espécie de multidão a diferença entre a multidão e o pequeno número de homens distintos é sempre a mesma? Isso é incerto, talvez mesmo aconteça que possa afirmar ser impossível. O mesmo raciocínio se poderia aplicar também aos animais. De fato, que diferença existe, por assim dizer, entre outros homens e animais? Mas nada impede que, relativamente a tal multidão, nossa observação seja justa.

6. Ela pode servir também para resolver a primeira questão que foi apresentada e a que a ela se liga imediatamente: qual deve ser a autoridade dos homens livres e da massa dos cidadãos, isso é, daqueles que não são nem ricos nem distinguidos por seu talento ou por sua virtude? Dar-lhes acesso às magistraturas mais importantes, não é seguro; deve-se temer que eles cometam injustiças por falta de probabilidade, ou erros por falta de luzes. Por outro lado, há perigo em excluí-los de todos os cargos. Todo Estado em que a multidão é pobre e sem qualquer regalia, deve forçosamente andar repleto de inimigos. Resta, pois, dar à multidão uma parte nas deliberações públicas e nos juramentos.

7. É por isso que Sólon e alguns outros legisladores mandam que essa classe de cidadãos seja encarregada de eleger os magistrados e obrigá-los a prestar contas de sua gestão, sem contudo permitir aos indivíduos o acesso às magistraturas. Reunidos em assembleia geral, todos eles têm uma inteligência suficiente; uma vez que sejam misturados a homens de mais talento e virtude, prestam serviço ao Estado. É assim que os alimentos impuros, misturados a alimentos sãos, fornecem uma alimentação mais nutritiva que se a qualidade dos primeiros tivesse sido aumentada. Mas, tomando à parte, cada cidadão dessa classe é incapaz de julgar.

8. No entanto, pode-se fazer a esse sistema político uma primeira objeção e perguntar se, tratando-se de apreciar o mérito de um tratamento médico, não será preciso recorrer àquele que mais se encontra em condições de cuidar e curar o enfermo, isto é, o médico. O mesmo acontece em todos os outros casos que exige arte e experiência. Se, pois, é a médicos que um médico deve prestar contas, é preciso também que nas outras profissões cada qual seja julgado por seus pares. Médico significa ao mesmo tempo o prático, depois o teórico, e em terceiro lugar todo homem instruído na arte da Medicina. O mesmo se pode dizer de quase todas as outras artes; concedemos o direito de julgar o teórico da mesma forma que o prático.

9. Em segundo lugar, poder-se-ia aplicar o mesmo raciocínio às eleições; pois uma boa escolha só é possível àqueles que sabem. É aos que conhecem a Geometria, por exemplo, que compete escolher o geômetra, e aos marinheiros cabe escolher o piloto. Os ignorantes podem combinar, por vezes, certos trabalhos, mas não o fazem melhor que os que o conhecem. Não seria preciso, pois, conceder à multidão o direito de eleger os magistrados nem de lhes exigir contas da sua administração.

10. Mas pode ser também que esse raciocínio não seja muito justo, pelo motivo que indicamos anteriormente, a não ser que se conceba uma multidão completamente embrutecida. Porque cada um dos indivíduos que a compõe será, sem dúvida, pior juiz que os entendidos; mas, reunidos, julgarão melhor, ou, pelo menos, não julgarão pior. Aliás, há coisas das quais o melhor juiz não é aquele que as faz. Aprecia-se o produto de certas artes sem delas conhecer a prática. Não compete apenas ao arquiteto que construiu uma casa

apreciar-lhe o conforto, mas o que dela se serve o julgará melhor ainda; esse é o chefe da família. O piloto julgará melhor de um leme que o carpinteiro, e a delicadeza de um repasto será melhor apreciada por um conviva que pelo cozinheiro. É assim, talvez, que poderia ser resolvida de um modo satisfatório a objeção apresentada.

11. Eis aqui uma grande dificuldade que se prende à mesma objeção: é que parece estranho que homens da última classe sejam investidos de um poder maior que os cidadãos, por seu talento e por sua virtude. Ora, o exame das contas e a escolha das magistraturas constituem o maior de todos os poderes e, como dissemos, alguns governos o concedem às classes inferiores, que o exercem de um modo soberano na assembleia pública. No entanto, para ser admitido nessa assembleia, para deliberar e julgar, não é preciso, por assim dizer, um rendimento muito considerável, nem há limite de idade, ao passo que para administrar os dinheiros públicos, comandar os exércitos e exercer as magistraturas mais importantes, é preciso um sentimento elevado.

12. Pode-se resolver a dificuldade do mesmo modo, e talvez a ordem das coisas seja bem conhecida. Porque o soberano não é um juiz, um senador, ou um membro da assembleia, mas o tribunal, o senado e o povo. Cada indivíduo não é mais que uma parte desses três campos; entendo por uma parte cada senador, cada cidadão, cada juiz. É justo, pois, que a multidão tenha um poder maior, visto que é ela que constitui o povo, o senado e o tribunal. Além disso a renda de todos é superior à de cada indivíduo tomado à parte, ou do pequeno número daqueles que exercem as grandes magistraturas.

13. Eis aí que temos a dizer de preciso sobre este assunto, mas a primeira questão que demonstra, sobretudo, que as leis verdadeiramente boas e úteis devem ser soberanas, e que o magistrado (seja um ou vários homens) só deve ser soberano nos casos em que as leis não se possam aplicar de um modo claro, porque não é fácil resolver claramente de um modo geral, sobre todos os assuntos. Aliás, não se sabe ainda quais devem ser as leis verdadeiramente boas e úteis, e essa questão permanece sempre indecisa. É necessário que os governos sigam às leis; boas ou más, justas ou injustas, como eles próprios o sejam. A única coisa clara é que as leis

devem ser, sobretudo, de acordo com o governo, e uma vez firmado esse princípio, é natural que os bons governos possuam leis justas, e os governos corrompidos tenham leis injustas.

Capítulo 7

1. Em todas as ciências e em todas as artes o alvo é um bem; e o maior dos bens acha-se principalmente naquela dentre todas as ciências que é a mais elevada; ora, essa ciência é a Política, e o bem em Política é a Justiça, isso é a utilidade geral. Pensam os homens que a Justiça é uma espécie de igualdade e concordam, até certo ponto, com os princípios filosóficos que expusemos em nosso tratado de Moral. Nele aplicamos o que é a Justiça, e a que ela se aplica; e dissemos que a igualdade não admite diferença alguma entre aqueles que são iguais. Mas se deve continuar na ignorância do que seja a igualdade. É, de fato, um assunto um tanto obscuro, que interessa à Filosofia Política.

2. Talvez, dirão, seja preciso que as magistraturas não se repartam igualmente, e sim na proporção da superioridade dos homens em todo o gênero de mérito, mesmo que no mais não haja diferença alguma entre eles. De fato, havendo uma diferença, o direito substitui o mérito. Mas se tal é verdade, aqueles que tem sobre os outros uma vantagem qualquer, a frescura da cútis, por exemplo, ou a elegância de talhe, devem gozar também os direitos políticos mais extensos. Aqui o erro é muito notório? Não o será menos relativamente a ciências e talentos de outro gênero. Quando vários tocadores de flauta têm um mérito igual, não é aos mais nobres que se devem dar as melhores flautas, porque eles não as tocarão melhor; ao mais hábil é que se deve dar o melhor instrumento.

3. Se ainda não se compreende claramente o que eu quero dizer, talvez se compreenda melhor seguindo este raciocínio. Suponho que um homem superior na arte de tocar flauta seja inferior a outro quanto a nobreza ou beleza. Embora qualquer desses atributos seja mais precioso que o talento de tocar flauta, e que sob esses dois aspectos ele antes ceda a seus rivais que os supere pelo talento, é a ele, contudo, que se devem dar as melhores flautas; de outro modo seria querer que contribuíssem para a boa

execução musical a superioridade da fortuna e do nascimento, que no entanto para ela nada contribuem.

4. Aliás, segundo esse método de raciocinar, todos os gêneros de superioridade seriam comparáveis entre si: se a estatura de tal homem superasse a de outro, em geral a estatura poderia ser comparada à fortuna e à liberdade. Assim, se um tem superioridade em estatura e outro em virtude, e se a estatura é mais considerada que a virtude, todos os objetos poderão ser postos em paralelo. De fato, se tal grandeza ultrapassa uma outra, é claro que bastará reduzi-la para que ambas se igualem.

5. Ora, como isso é impossível, é com razão que em matéria de direitos políticos, não se consideram todas as espécies de desigualdades, quando há contestação quanto às magistraturas. Porque, se uns são lentos e outros lestos na corrida, não é essa razão para que se concedam mais benefícios políticos a estes que àqueles. Nos jogos ginásticos, a sua superioridade receberá a consideração que merece. Mas aqui as qualidades essenciais à sociedade política devem forçosamente ser objeto exclusivo da discussão. Também é a justo título que os nobres, os homens livres e os ricos aspiram às dignidades; porque é bem necessário que haja num Estado homens livres e cidadãos bastante ricos para pagar o censo legal, visto que não há cidade que seja formada só de pobres, como não há que seja composta apenas de escravos.

6. Por outro lado, se é preciso que um Estado tenha cidadãos dessa classe, é claro que ele necessita também de justiça e de virtude guerreira, sem o que não pode ser bem administrado; porque, se as primeiras condições são necessárias à sua existência, as outras não o são menos à sua boa administração. Todos esses elementos, ou pelo menos alguns, parecem disputar-se, a justo título, a vida de cidade; mas quanto à sua felicidade, é a educação e a virtude que deverão disputá-la com mais justiça, como foi dito acima.

7. Demais, não sendo necessário que os que são iguais ou desiguais aos outros (exceto em um só ponto), sejam igualmente repartidos por toda espécie de coisas, todos os governos que estabelecem sobre essa base a igualdade e a desigualdade devem forçosamente ser corrompidos. Dissemos anteriormente que todos os cidadãos têm razão de crer que possuem direitos, mas não direitos sempre absolutos; dir-se-ia que os ricos, porque possuem mais ex-

tensão territorial (mas o território é bem comum), inspiram geralmente mais confiança nas transações comerciais; os nobres e os homens livres, classes vizinhas uma da outra, por serem cidadãos mais perfeitos que os que não possuem título de nobreza (de fato, a nobreza é acatada entre todos os povos). Depois, porque é natural que os filhos dos melhores cidadãos sejam mais generosos, se é fato que a nobreza manda.

8. Do mesmo modo diremos que a virtude também pode reclamar seus direitos: porque podemos afirmar que a justiça é uma virtude social, que forçosamente arrasta consigo todas as outras. Finalmente, a maioria também tem exigência a impor à minoria; porque, se for tomada de forma global, ela tem comparativamente mais força, mais riqueza. Se, pois, se supõem reunidos em uma mesma cidade, de um lado todos os homens insignes, todos os ricos e nobres, e de outro lado uma multidão política que também tem seus direitos políticos, poderá dar-se o caso de uma disputa para saber quem deve ou não exercer a autoridade?

9. Em todos os governos que temos examinado, não cabem embaraços quanto à escolha daquele a quem deve pertencer o poder; porque a diferença das pessoas nas quais reside a soberania é precisamente o que as distingue umas das outras; aqui, por exemplo, o poder soberano está com os ricos; lá, com os homens insignes, e assim por diante em todos. Examinaremos, no entanto, como se deve resolver a questão quando essas diversas condições se encontraram ao mesmo tempo.

10. Em primeiro lugar, se o número dos homens de bem é muito reduzido, como se deve tomá-lo? Sob qual aspecto se deve considerar o seu pequeno número? Relativamente à sua tarefa, examinando se eles são capazes de governar a república, ou se o seu número, tal como é, basta para que eles formem por si mesmos uma república? Mas aqui aparece uma dificuldade em relação a todos aqueles que têm pretensão às honras políticas. Pareceria que os que pensam que as suas riquezas lhes dão o direito de mandar, não alegam boas razões. E o mesmo acontece com aqueles que reclamam essas honras como um direito de nascimento. Porque é evidente que, se um dia apresentasse um cidadão mais rico, é ele só, que todos os outros em conjunto, é evidente, dizemos, segundo os mesmos princípios de Justiça, que só a ele pertenceria o direito

de mandar em todos. E, do mesmo modo, o que tivesse a superioridade de nascimento deveria superar todos os seus rivais que só tivessem para fazer valer a qualidade de homens livres.

11. Provavelmente dir-se-á a mesma coisa nos Estados aristocráticos, em relação à virtude; porque, se se encontrar um homem que, por si só, seja mais virtuoso que todos os homens de bem que tomam parte no governo, é ele só, em virtude dos mesmos princípios de Justiça, que deveria ser o senhor. Suponhamos, entretanto, que a multidão deva exercer a soberania por ser mais forte que a minoria. Se um só ou vários homens, mas em número menor que a massa do povo, forem mais fortes que todos os outros cidadãos, a eles deverá pertencer a soberania, de preferência à multidão.

12. Ora, tudo isso parece provar que não existe justiça nem razão nas prerrogativas pelas quais certas classes pretendem dever mandar e todas as outras obedecer-lhes. Àqueles que pretendem que a virtude ou a riqueza lhes dá o direito de mando, a multidão poderá opor uma razão muito justa: nada impede que a multidão seja melhor e mais rica que a minoria, não individualmente, mas em massa.

13. Essas considerações antecipam a resposta a uma questão difícil que é o objetivo das pesquisas de alguns homens políticos, e que eles frequentemente apresentam. Perguntam se o legislador que deseja dar as leis mais justas deve ter em vista o interesse dos melhores cidadãos, ou da maioria, quando um povo se encontra nas circunstâncias que acabamos de indicar(98). Aqui a palavra Justiça refere-se ao mesmo tempo ao interesse geral da cidade e ao interesse particular dos cidadãos. O cidadão, em geral, é aquele que manda e obedece, alternadamente; mas existe uma diferença conforme a natureza da Constituição: na melhor de todas é aquele que pode e quer ao mesmo tempo mandar e obedecer, conformando a sua vida às regras da virtude.

Capítulo 8

1. Se um cidadão tem uma tal superioridade de mérito, ou se vários cidadãos, não muito numerosos, no entanto, para formarem por si sós uma cidade, são de tal modo superiores que não se possa comparar nem o mérito nem a influência de tal ou tais cidadãos ao mérito ou à influência política dos demais, não será mais

necessário considerá-los como fazendo parte da cidade. Colocá--los num pé de igualdade, a eles que sobressaem aos outros pelo próprio mérito e influência política, seria prejudicá-los. Parece, de fato, que um ser dessa espécie deve ser considerado como um deus entre os homens.

2. Vê-se, pois, que as leis só são necessárias para os homens iguais por nascimento e aptidões; quanto aos que a tal ponto se elevam acima dos outros, para esses não há lei; eles próprios são a sua lei. Aquele que pretendesse impor-lhes regras cairia no ridículo; e talvez mesmo lhes assistisse o direito de dizer lhes o que os leões de Antistenes[99] responderam às lebres que advogavam a causa da igualdade entre os animais. É por essa razão que se estabeleceu o ostracismo nos Estados democráticos, talvez mais que todos os outros por seu crédito, pela sua fortuna, pelo número de amigos ou por um tempo determinado.

3. Assim nos ensina a Mitologia que foi por motivo análogo que os argonautas abandonaram Hércules: Argos declarara não poder levá-lo com os outros por ultrapassar o seu peso o dos demais passageiros[100]. Nem se deve crer que os que censuram a tirania e o conselho de Periandro a Trasíbulo tenham razão completa. Diz-se que Periandro[101] nada respondeu ao arauto enviado por Trasíbulo para pedir-lhe conselho, tendo se limitado a nivelar num campo de trigo cortando as espigas que se elevam sobre as outras. O arauto nada compreendeu desse gesto; mas contou o fato a Trasíbulo, e este muito bem compreendeu que devia expulsar todos os cidadãos que tivessem qualquer preeminência.

4. Não são só os tiranos que têm interesse em fazê-lo, nem são eles os únicos que assim operam. O mesmo acontece nos Estados oligárquicos e nos Estados democráticos: o ostracismo produz aproximadamente os mesmos resultados, impedindo os cidadãos de sobressair-se e exilando-os. É assim que tratam as repúblicas e as nações aqueles que são senhores da autoridade soberana, como provaram os atenienses por sua conduta em relação aos samianos[102], habitantes de Quio e aos lésbicos: consolidado que viram o seu poder, humilharam-nos desprezando todos os tratados. O rei dos persas submeteu mais de uma vez os medos[103], os babilônios e outros povos ainda orgulhosos da sua antiga dominação.

5. De resto, a questão que aqui tratamos aplica-se em geral a todos

os governos, mesmo aos bons governos. Assim operam os que são corrompidos e só visam ao interesse particular, e do mesmo modo se conduzem os que têm em vista o interesse geral. É o que se vê claramente nas outras artes e ciências. Assim, um pintor não permitirá em seu quadro um pé que ultrapasse as proporções do resto do corpo, qualquer que seja, aliás, a perfeição com que esse pé seja pintado; um construtor de navio não empregará uma proa ou outra parte qualquer de um barco em desproporção com o resto; um corifeu não admitirá uma voz forte e mais bela que todas as outras vozes de coro.

6. Nada impede que os monarcas operem como os outros Estados, se o fazem com a intenção de tornar sua autoridade útil ao Estado que governam. Assim, o raciocínio em que se apoia o ostracismo contra as superioridades reconhecidas não é totalmente destituído de equidade política. Contudo, melhor será que o legislador, desde o início, estabeleça a constituição de modo a não vir a precisar de um tal remédio. Mas se o legislador só redige em segunda mão a Constituição, ele pode experimentar esse meio de reforma. Não é assim que as repúblicas o têm empregado: elas não sonharam com interesse geral, e o ostracismo só foi para elas uma arma de partido. Vê-se, pois, que nos governos corrompidos ele só serve ao interesse particular, e só é justo sob esse aspecto; talvez se compreenda com a mesma clareza que ele não é absolutamente a expressão da Justiça.

7. A cidade perfeita nos apresenta um problema bem difícil de resolver. No caso de uma superioridade manifestamente reconhecida, não quanto às vantagens comuns, tais como a força, a riqueza ou um grande número de partidários, mas à virtude, que se deverá fazer? Porque afinal não se poderá submetê-lo à autoridade. Seria o mesmo que querer mandar em Júpiter e com ele repartir o poder. Assim, pois, o único partido que resta a tomar é que todos constam de boa vontade, o que parece natural, em obedecer e dar autoridade sempre, nos Estados, aos homens melhores.

Capítulo 9

1. Talvez convenha, após essa digressão, passar ao exame da realeza; incluímo-la já no número dos bons governos. Vejamos, primeiramente, se o interesse de um Estado ou de um país que queira ser bem administrado é submeter-se à autoridade de um

rei; se existe outra forma de governo preferível a essa; finalmente se existem Estados aos quais ela convenha e outros aos quais não convenha. Mas, em primeiro lugar, trata-se de examinar se só existe uma realeza, ou se há diversas.

2. É fácil compreender que a realeza é múltipla e que nem sempre ela apresenta a mesma forma. A realeza tal como existe em Esparta, parece ter por característica principal o ser subordinada à lei, sem ter uma autoridade absoluta. Mas, quando o rei sai do território, ele é o chefe supremo de tudo o que se refere à guerra. São também os reis que se pronunciam de um modo soberano sobre todas as questões religiosas. Essa realeza é como um generalato supremo e vitalício; porque o rei não tem o direito de matar, a não ser numa única atribuição do poder real, como os reis antigos aos quais a lei dava o direito de ferir de morte, nas expedições militares. Há disso uma prova em Homero: Agamenon suportava as injúrias nas assembleias gerais; mas em campanha ele tinha até o direito de matar. Assim dizia:

"Àquele que eu achar fora do combate, de nada lhe servirá fugir aos cães e aos abutres, porque eu tenho o direito de morte[(104)]."

3. Eis, aí, pois, uma primeira espécie de realeza: um generalato vitalício. Ela é hereditária ou eletiva. Uma segunda espécie de realeza se encontra entre alguns povos bárbaros. Ela tem aproximadamente os mesmos poderes que a tirania, mas é legítima e hereditária. Sendo os bárbaros por natureza mais servis que os gregos, e os da Ásia, além disso, mais que as da Europa, suportam o poder despótico sem queixas. As realezas das quais esses povos sofrem o jugo são, pois, tirânicas, apesar da dupla garantia da hereditariedade e da lei. Também a guarda que cerca esses monarcas é real e não tirânica. Porque é constituída de cidadãos que se amam para velar pela segurança do rei, ao passo que o tirano é guardado por estrangeiros. Uma reina legitimamente e sem constrangimento, e outra contra a vontade dos cidadãos, a guarda de uma é formada pelos próprios cidadãos, e a da outra é armada contra os cidadãos. Eis aí, pois, duas espécies de monarquia.

4. Houve antigamente entre os helenos outra espécie de reinado que se chamavam oesinetas. Era, por assim dizer, uma tirania eletiva, deferindo da dos bárbaros, não pelo fato de não ser legal mas por não ser hereditária. Os oesinetas recebiam o poder ora vitalício,

ora por um tempo ou fim determinado. Foi assim que os mitilênios elegeram outrora Pitacos para os defender contra os exilados, à testa dos quais se encontravam Atimenides e o poeta Alceu.

5. Alceu atesta, em uma das suas mordazes poesias, que eles escolheram Pitacos, o inimigo mortal de sua pátria, o inimigo de "uma cidade que absolutamente não sente a sua vergonha nem o peso dos seus males", e o terem todos em conjunto aplaudido a sua eleição. Os oesinetas, pois, eram e são despóticos por surgirem da tirania; mas também surgem da realeza porque são eletivos e o sufrágio dos cidadãos é livre.

6. Uma quarta espécie de monarquia é aquela que existia nos tempos heroicos, fundada na lei, no consentimento dos súditos, e além disso hereditária. Os primeiros benfeitores dos povos pela invenção das artes, pelo valor guerreiro ou por terem reunido os cidadãos e lhes terem conquistado terras foram nomeados reis pelo livre consentimento dos seus súditos, e transmitiram a realeza a seus filhos. Eles tinham o comando supremo durante a guerra, e dispunham de tudo que se referia ao culto, com exceção das funções sacerdotais. Além disso, julgavam as causas, uns prestando o julgamento, outros sendo deles dispensados. A prestação do julgamento se fazia erguendo o cetro.

7. Os reis tinham, pois, nos tempos antigos, um poder que se estendia sem interrupção sobre todos os negócios internos e externos da cidade e da nação. Mas depois, seja porque eles próprios tivessem abandonado uma parte da sua autoridade, seja porque o povo lhes tivesse tomado algumas das suas atribuições de Estado houve onde só lhes deixaram o cuidado de presidir aos sacrifícios públicos, e outros onde só lhes ficaram funções às quais se podem de fato chamar reais, como o comando do exército quando a guerra se fazia fora do território.

Capítulo 10

1. São, pois, em número de quatro, as diferentes espécies de realeza: uma, a dos tempos heroicos, livremente aceita mas limitada a certas atribuições. Por que o rei era general, juiz e senhor de tudo o que se referia ao culto dos deuses. A segunda é a dos bárbaros; ela é absoluta, hereditária, e fundada na lei. A terceira, aquela que se cha-

ma Oesinetia, é uma tirania eletiva; a quarta é a lei de Lacedemônia; é, para bem falar, um generalato perpétuo e hereditário. Tais são as características que distinguem essas realezas umas das outras.

2. Mas existe uma quinta, na qual um único homem é senhor de tudo, como toda nação ou todo Estado dispõe da coisa pública – de acordo com as regras do poder doméstico. Do mesmo modo que a administração, por assim dizer, econômica, de uma ou várias cidades e nações. Aliás, só temos a considerar duas espécies de realeza: essa e a lacedemônia. As outras são como intermediárias, porque nelas os reis têm menos poder que na monarquia absoluta, e mais que na Lacedemônia. A questão se reduz quase só ao exame desses dois pontos: será vantagem ou desvantagem para os Estados terem um general inamovível, seja esse general hereditário ou eletivo? Em segundo lugar, será útil ou não que um só homem seja senhor de tudo?

3. A questão de um tal generalato é mais uma questão de regulamento que de constituição. Porque pode existir em todos os governos um poder desse gênero. Assim, deixemos essa questão, por ora. Mas a outra espécie de realeza constitui realmente uma forma distinta. É, pois, a realeza absoluta que precisamos examinar, lançando um rápido olhar nas dificuldades que ela apresenta. O ponto principal dessa pesquisa é saber se é mais vantajoso ser submetido à autoridade de um homem perfeito ou à de leis perfeitas.

4. A opinião dos que encontram mais vantagem no governo de um rei está baseado no fato de as leis só exprimirem de um modo geral, sem nada prescreverem para os casos particulares. Ora, em qualquer arte, é loucura seguir as regras à risca, como se faz no Egito, por exemplo, onde não se permite ao médico fazer uma prescrição antes do quarto dia da moléstia; se ele opera mais cedo, é por sua conta. É claro, pois, pela mesma razão, que a obediência ao pé da letra e no texto da lei não se faz o melhor governo. No entanto, é preciso que esse modo geral de agir se encontre também nos que exercem o poder, e, por outro lado, aquele que é completamente inacessível às paixões e às moléstias é preferível ao que lhes é sujeito por natureza. A lei é inflexível; a alma humana, ao contrário, está forçosamente sujeita às paixões.

5. Mas, dirão, o homem saberá melhor que a lei decidir sobre os casos particulares. Vê-se então que ele se torna ao mesmo tempo

legislador, e que haverá regras que não terão a autoridade absoluta da lei, sempre que se afastam de seu espírito geral, posto que, sob outros aspectos, devem ter a mesma autoridade. Sempre que for impossível à lei pronunciar-se de um modo justo e absoluto, melhor será que todos os cidadãos, ou apenas os mais virtuosos dentre eles resolvam? Hoje são os cidadãos reunidos em assembleia que julgam, deliberam, pronunciam; e todos esses julgamentos se referem a casos particulares. Sem dúvida, cada indivíduo comparado à multidão tem menos mérito e virtude, pois uma cidade composta de uma multidão de cidadãos tem mais valor, do mesmo modo que um banquete ao qual cada um traz sua parte é mais belo e menos simples que aquele que é custeado por uma só pessoa. É por isso que, na maioria das vezes, a multidão é melhor juiz que um só indivíduo, qualquer que ele seja.

6. A multidão possui ainda a vantagem de ser mais incorruptível. A água se adultera tanto menos facilmente quanto maior for a sua quantidade; do mesmo modo a multidão é mais difícil de corromper pelo pequeno número. Quando um homem se deixa dominar pela cólera ou qualquer outra paixão semelhante, forçosamente o seu julgamento será alterado; mas é bem difícil que todos ao mesmo tempo se deixem inflamar pela cólera e seduzir pelo erro. Suponhamos uma multidão de homens livres, nada fazendo que seja contrário à lei, exceto nos casos em que ela seja forçosamente falha. Se isso não é fácil em uma grande multidão, compondo-se essa multidão, entretanto, só de pessoas de bem, como homens e como cidadãos, será um só indivíduo, tomado entre esses senhores da República, mais incorruptível, ou o será mais a própria multidão, visto que todos os que compõem são homens de bem? Não é evidente que a vantagem estará do lado da maioria? Mas, dirão, os que a compõem são divididos nos seus sentimentos; um homem só não pode sê-lo. Poder-se-ia dar por resposta que se imaginaram os homens que compõem a multidão tão virtuosos como o indivíduo que a elas se opõe.

7. Se se deve dar o nome de aristocracia à autoridade de diversos homens, todos virtuosos, e de realeza à dominação de um só, segue-se que, em todos os Estados, a aristocracia é preferível à realeza, seja a ela acrescentado o poder absoluto, seja separando,

contanto que se possam encontrar vários homens semelhantes em virtude. É provavelmente por essa razão que, de princípio, os povos eram governados por reis, pois era raro encontrar-se homens de uma virtude eminente, principalmente numa época em que as cidades só possuíam um número muito reduzido de habitantes. Era também a benevolência que fazia os reis; porque a benevolência é a virtude dos homens de bem. No entanto, quando se encontrou um grande número de cidadãos que se assemelham em virtude, não se pôde permanecer por mais tempo nessa situação; procurou-se algo que fosse comum a todos, e estabeleceu-se o governo republicano.

8. Depois, quando os homens corrompidos começaram a se enriquecer à custa do público, era muito natural que surgissem as oligarquias, pois que se havia cercado a riqueza de grande consideração. Mais tarde as revoluções transformaram a oligarquia em tirania, e a tirania em democracia. Porque, à medida que o vergonhoso amor à riqueza seduzia o número de homens que ocupavam o poder, a multidão foi se tornando mais forte, até que se insurgiu e se apossou, por sua vez, da autoridade. Além disso, uma vez crescidos os Estados, talvez não seja fácil formar-se outro governo que não seja a democracia.

9. Mas, afinal, supondo-se que o que de mais vantajoso existe para os Estados seja ou serem eles governados pelos reis, que se fará dos seus filhos? Deverá a dignidade real ser hereditária em uma família? Mas se eles forem tais como os que se tem encontrado será uma hereditariedade bem funesta. Por outro lado, não transmitirá o rei o poder soberano a seus filhos? Mas é isso uma coisa difícil de crer; é supor uma virtude acima da natureza humana.

10. É ainda difícil determinar o grau de poder que deve ser conferido a um monarca. Deve aquele que é chamado a reinar cercar-se de certa força para poder obrigar à obediência os que o repudiam? Ou até que limite lhe será permitido exercer o poder soberano? Supondo-se que ele só exerça um poder legítimo e nada faça de própria vontade contra a lei, ainda assim lhe será preciso um poder suficiente para proteger as próprias leis. Talvez não seja difícil determinar o que convém a um tal rei, pois vê-se que ele

deve dispor da força, e de uma força bastante grande para que ele seja mais forte que cada indivíduo isolado, ou mesmo muitos indivíduos reunidos, mas menos forte que o povo inteiro. É assim que os antigos davam guardas aos chefes por eles colocados à testa do Estado, e aos quais chamavam oesinetas ou tiranos, e quando Dionísio pediu guardas, alguém aconselhou os siracusanos a dar-lhes nessa proporção.

Capítulo 11

1. No entanto é chegado o momento de falar do rei que tudo faz segundo a sua vontade; examinemos essa questão. Nenhuma das realezas que se chamam legítimas constitui, eu repito, uma espécie particular de governo; porque em qualquer parte se pode encontrar um generalato inamovível, como na democracia e na aristocracia. Por vezes, mesmo, a administração é confiada a um só homem. Existe uma magistratura deste gênero em Epidauros, o mesmo no Ponto, onde no entanto ela tem poderes menos amplos sob certos aspectos.

2. A monarquia que se chama absoluta é aquela na qual o rei dispõe de tudo segundo a sua vontade, como senhor absoluto. Pessoas existem que julgam ser contrário à natureza o fato de um só homem ser senhor absoluto de todos os cidadãos, em um Estado que se compõe de indivíduos iguais; porque, dizem, a natureza deu forçosamente os mesmos direitos e os mesmos privilégios àqueles que ela fez semelhantes e iguais. A igualdade na alimentação e no vestuário, quando as constituições e as estaturas diferem, são prejudiciais ao corpo. O mesmo acontece em relação aos direitos: a desigualdade ao lado da igualdade é uma falta igualmente prejudicial.

3. Assim, não é mais justo mandar que obedecer: convém fazer uma e outra coisa alternadamente. Tal é a lei; e a ordem é a lei. É melhor, pois, que seja a lei que ordene, antes que o faça um cidadão qualquer. O mesmo raciocínio exige que, sendo preferível confiar a autoridade a um número reduzido de cidadãos, deles se façam os servidores e os guardiões da lei. É preciso que haja magistratura; mas assegura-se que não é justo que um só homem exerça uma magistratura suprema quando todos os outros são iguais.

4. Aliás, crendo que a lei não possa tudo exemplificar, poderá um homem fazê-lo com precisão? Quando a lei tem assentado com zelo as regras gerais, ela abandona os detalhes à inteligência e à apreciação mais justa dos magistrados, para que eles julguem e decidam. Autorizados mesmo a corrigir e retificar, caso a experiência lhes prove ser possível fazer melhor que as disposições escritas. Assim, querer que a lei mande é querer que Deus e a razão mandem sós; mas dar a superioridade ao homem é dá-la ao mesmo tempo ao homem e à fera. O desejo tem qualquer coisa de bestial. A paixão corrompe os magistrados e os melhores homens. A inteligência sem paixão, tal é a lei.

5. O exemplo que tiramos das artes não nos parece provar que seja ruim seguir os preceitos da Medicina, e que mais vale confiar-se aos médicos que praticam a arte. A amizade jamais os conduz a fazer prescrições despropositadas. Eles se contentam em receber o preço do seu trabalho após a cura do enfermo. Ao passo que aqueles que exercem os poderes políticos comumente operam por ódio ou por amizade. E, naturalmente, se fossem os médicos suspeitos de se fazerem comprar pelos inimigos dos seus doentes a ponto de lhes prejudicar a saúde, melhor seria não se fazer tratar segundo os preceitos da arte.

6. Há mais: o médico doente chama para perto de si outros médicos, e os professores de Ginástica convidam para o seus exercícios outros professores, pois não podem fazer um julgamento infalível, visto que terão que pronunciar-se em seu interesse, e não poderão ter incapacidade. É evidente que procurando a justiça, eles procuram o meio-termo; ora, esse meio termo é a lei. Além disso, leis existem que têm mais autoridade e importância que as leis escritas: as leis fundadas nos costumes. Se o monarca é um guia mais seguro que a lei escrita, sê-lo-á menos que a lei que é a expressão dos costumes.

7. Por outro lado, não é fácil um homem só ver tudo ou quase tudo. Será preciso que ele tenha, sob as suas ordens, diferentes pessoas para o auxiliarem no poder; mas então, por que não nomeá-las logo, ao invés de deixar que um só homem as nomeie deste modo? Além disso, conforme dissemos anteriormente, se o homem de bem merece mandar por ser melhor, e se dois homens de bem valem mais que um só, como diz essa passagem de Homero:

"Dois[105] bravos companheiros, quando marcham juntos..."

e nessa promessa que Agamenon dirige ao céu:

"Ter dez companheiros sábios como Nestor"[106],

fica provado, em consequência, não ser justo que o poder fique nas mãos de um só. Alguns Estados possuem ainda magistrados encarregados de resolver, como os juízes, nos casos em que a lei não se pode pronunciar; porque, sempre que o possa, ninguém contestará, por certo, que ela julga e decidir de modo mais perfeito.

8. Mas, como há coisas que podem ser incluídas na lei, e outras que não podem, eis o que justifica a pergunta se vale mais dar a soberania à melhor lei ou ao homem mais perfeito. De fato, aquilo que se leva a ser julgado não pode ter sido regulado por lei. Nem se encontra nela aquilo que se contesta. Não se pretende negar que o homem deva pronunciar-se sobre esses assuntos; somente deseja-se que a decisão pertença a vários e não a um só. Todo magistrado, instruído e formado pela lei, não poderá deixar de bem julga.

9. Talvez pareça estranho que um homem que só tem dois olhos e duas orelhas, para ver e ouvir, duas mãos e dois pés para trabalhar, possa julgar as coisas de um modo mais são que um grande grupo de pessoas dispondo de um grande número de órgãos; porque vemos os monarcas do nosso tempo multiplicarem seus olhos, suas orelhas, suas mãos e pés, dividindo a autoridade com aqueles que são devotados à sua autoridade e à sua pessoa. Se os auxiliares não forem amigos do monarca, não agirão segundo suas intenções; se o forem, defenderão sua pessoa e seu poder. Ora, um amigo é nosso igual e nosso semelhante. Se o rei pensa que eles devem mandar é porque acha que os que são seus iguais e seus semelhantes devem mandar com ele mesmo. Tais são, aproximadamente, as objeções que fazem os adversários do governo monárquico.

10. Mas, talvez seja assim para um povo, e para outro não seja. A natureza admite o governo absoluto, governo real e a forma republicana, baseada na justiça e no interesse comum, mas a tirania não se conforma com a natureza, nem as outras formas alteradas e corrompidas, que, por conseguinte, são absolutamente contrárias a ela. Pelo menos fica patente, em tudo o que dissemos, que entre

homens iguais e semelhantes não é justo nem benéfico que um seja o senhor de todos; nem quando não haja absolutamente leis, que ele só seja, por assim dizer, a lei; nem quando as haja; supondo-o virtuoso entre homens igualmente virtuosos; nem supondo-o sem virtude entre os homens depravados como ele; finalmente, nem mesmo quando ele supere todos os outros em virtude, exceto de certa maneira. Qual é essa maneira? Eu vou dizê-la, embora já a tenha dito anteriormente.

11. Começamos por determinar o que é um governo monárquico, aristocrático ou republicano. Ora, um povo feito para ser governado por reis é aquele que, por natureza, pode suportar a denominação de uma família dotada de virtudes superiores que fazem parte do Estado. Um povo aristocrático é aquele que suporta naturalmente a denominação de homens livres cujo talento e virtude os levam ao governo dos cidadãos. Um povo republicano é aquele no qual todos os cidadãos são naturalmente guerreiros, sendo capazes de obedecer e mandar segundo uma lei que garante mesmo aos pobres, de acordo com os seus méritos, a parte do poder que lhes cabe.

12. Assim, pois, quando se encontra uma família inteira ou um só indivíduo que possua virtudes por tal forma eminentes que ultrapassem as de todos os outros, então é justo que essa família seja elevada ao poder real, tornando-se senhora de tudo, ou que se faça rei a esse indivíduo tão eminente. Como já se disse, assim acontece não só em virtude do direito que proclamam todos os fundadores de governos aristocráticos, oligárquicos, e mesmo democráticos, pois todos afirmam os direitos da superioridade, mas ainda em virtude do que nós já dissemos anteriormente.

13. Ora, dissemos que certamente não é equitativo fazer perecer ou exilar pelo ostracismo um homem de uma virtude tão eminente, nem pretender que ele obedeça por sua vez, porque não é da natureza que a parte prevaleça sobre o todo, e o todo é precisamente aquele que tem uma superioridade tão grande. Resta, pois, só um partido a tomar: obedecer a tal homem e reconhecer-lhe uma força soberana, não por um tempo determinado, mas para sempre. Tratamos da monarquia e de suas diferentes espécies, examinando se ela é vantajosa, a quais povos convém, e como. Terminamos aqui esta discussão.

Capítulo 12

Dissemos que existem três bons governos; o melhor é forçosamente aquele que é administrado pelos melhores chefes. Tal é o Estado no qual se encontra um só indivíduo sobre toda a massa dos cidadãos, ou uma família inteira, ou mesmo um povo inteiro que seja dotado de uma virtude superior, uns sabendo obedecer, outros mandar com vista à maior soma de felicidade possível. Demonstramos também que, no governo perfeito, a virtude do homem de bem é forçosamente a mesma que a do bom cidadão. É, pois, evidente também que com os mesmos meios e as mesmas virtudes que constituem o homem de bem, constituir-se-á igualmente em Estado aristocrático ou monárquico. Assim, a educação e os costumes que formam os cidadãos serão pouco mais ou menos os mesmos que formam o rei e o cidadão.

Decididos esses princípios, precisamos falar do melhor governo, da sua natureza e do modo pelo qual ele pode se estabelecer. É preciso que aquele que deseja examinar um tal assunto seriamente, como ele merece... (lacuna de texto)*

* Parte do texto grego original deste capítulo foi extraviado no decorrer dos séculos e por isso não pôde ser transmitido pelos copistas medievais que preservaram e nos legaram as obras filosóficas da Antiguidade greco-latina. Outra hipótese aventada é que um primeiro copista tenha saltado esta parte, e o original por ele utilizado tenha se perdido. (N.E.)

Livro Quarto

Sinopse

Da vida perfeita - O autor demonstra que a vida perfeita é aquela que toma a virtude por guia e que ela é rica em bens - A vida perfeita é a mesma tanto para os indivíduos em particular como para a cidade em geral - Resposta a algumas questões relativas à mesma ideia - Da extensão da cidade - Das comunicações com o mar e da navegação - Natureza ou caráter que convém aos cidadãos - A fundação de uma cidade requer lavradores, artesãos, guerreiros, homens ricos, padres e juízes - Disposição e proporção a observar entre eles - Opiniões dos antigos filósofos sobre esse assunto - Divisão do terreno - Lavradores - Posição topográfica da cidade; suas muralhas - Dos templos e das praças públicas - Das qualidades civis necessárias à felicidade da cidade - Da educação - Da verdadeira maneira de formar os cidadãos - Do erro dos filósofos que dirigem as leis e a política das leis aos objetos da guerra e não às artes da paz - Preceitos sobre o casamento - Da maneira de alimentar e educar os filhos até a idade de 7 anos.

Capítulo 1

1. Quando se quer inquirir, com o devido cuidado, qual é o maior governo, forçosamente deve-se começar por expor o gênero de vida que se há de preferir a todos os demais. Porque, enquanto não estiver esclarecido esse ponto, de modo algum se chegará ao conhecimento da melhor forma de governo. De fato, aqueles cidadãos cujos haveres, quaisquer que eles sejam, são bem administrados, devem naturalmente viver muito felizes, desde que não surjam circunstâncias imprevistas extraordinárias. Deve-se, pois, antes de tudo, estar de acordo sobre o gênero de vida que todos os homens – para servir-me desta expressão – devem preferir, e depois resolver se esse gênero de vida é o mesmo para os indivíduos em particular e para a sociedade em geral.

2. Como julgamos ter falado bastante, nos nossos livros esotéricos(107), do gênero de vida perfeita, agora só nos falta fazer a aplicação dos nossos princípios. Ninguém contestaria que os bens que se podem fruir, dividindo-se de fato de uma só maneira – bens exteriores, bens do corpo e bens da alma – o homem verdadeiramente feliz deve reuni-los todos. Não, ninguém consideraria felizes aqueles que não possuíssem coragem, nem sabedoria, nem sentimentos da justiça, nem inteligência, aqueles que o voo de uma mosca fizesse tremer, que não evitassem os excessos quando desejassem comer ou beber, que, por um quarto de Óbolo, entregassem seus melhores amigos, e quanto à inteligência fossem tão estúpidos e falhos como uma criança ou como um homem louco.

3. Indubitavelmente todos estão de acordo sobre as coisas que acabamos de dizer; mas já não há entendimento sobre a questão da quantidade e do excesso. Por pouca virtude que se tenha, sempre se acredita tê-la bastante; mas em questão de riqueza, bens, poder, glória e todas as outras coisas desse gênero, os homens não sabem impor um limite aos seus desejos. No entanto, dir-lhes-emos que neste caso a observação dos fatos facilmente demonstra que se podem adquirir e conservar as virtudes, não pelos bens exteriores, mas os bens exteriores pelas virtudes, e que a felicidade da vida, coloquem-na os homens no prazer ou na virtude, ou em ambas as coisas, encontra-se antes entre aqueles que cultivam ao

excesso a pureza dos costumes e a força da inteligência, mas que sabem moderar-se na aquisição dos bens exteriores, que entre os que adquiriram em superabundância esses bens, desprezando os bens da alma.

4. É fácil ainda disso se convencer, consultando-se apenas a razão, porque os bens exteriores têm seus limites, com tudo que é instrumento ou meio; todas as coisas que consideram úteis são exatamente aquelas cuja superabundância é forçosamente prejudicial, ou pelo menos inútil. Dá-se o contrário com os bens da alma; mais sejam possuídos, mais utilidade deles se tirará se, contudo, se deve contar com o útil para algo, quando se compara com a honestidade. Evidencia-se em geral que a perfeição de cada uma das coisas que se comparam, sob o ponto de vista da sua superioridade relativa, está em relação com a distância que separa as próprias coisas cuja natureza se compara. Se, pois, a alma tem para nós, de um modo absoluto e mesmo relativo, maior valor que a riqueza e que o corpo, é forçoso que a perfeição de cada uma dessas coisas esteja na mesma relação. Acrescentemos, finalmente, que na ordem da natureza é em consideração à alma, e para ela, que os bens exteriores são aceitos, e que os homens sensatos não os devem preferir por outro motivo – ao passo que não é devido a esses bens que a alma deve ser considerada.

5. Convenhamos, pois, que para o homem não existe maior felicidade que a virtude e a razão, e que, ao mesmo tempo, por isso ele deve regular a sua conduta. Disso temos por fiador ao próprio Deus, cuja felicidade não depende de nenhum bem exterior, mas de si próprio, da sua essência e da sua infinita perfeição. Além disso, aí se encontra exatamente o que se faz a diferença entre a felicidade e a sorte: os bens estranhos à alma são devidos a algo de fortuito e ao acaso, ao passo que um homem não se pode tornar justo e prudente só por obra do acaso. Uma consequência baseada nas mesmas razões é ser o Estado perfeito ao mesmo tempo feliz e próspero. Ora, é impossível ser feliz quando não se pratica o bem, e o bem jamais é possível tanto para um homem quanto para um Estado sem a virtude e a razão. Ora, na sociedade civil, a coragem, a justiça a razão produzem, sob a mesma forma, o mesmo efeito que no indivíduo, do qual elas fazem um homem justo, sensato e prudente.

6. Não levemos mais longe essas ideias preliminares; era impossível nelas deixar de tocar, e, por outro lado, não podemos dar todo o desenvolvimento que elas comportam; pertencem a outro estudo. Concluamos somente que a vida perfeita, para o cidadão em particular e para o Estado em geral, é aquela que acrescenta à virtude muitos bens exteriores para poder fazer o que a virtude ordena. Quanto às objeções, deixemo-las de lado para continuar nosso inquérito, salvo para examiná-las mais adiante, se o que dissemos não basta para convencer certas pessoas.

Capítulo 2

Resta-nos examinar se a felicidade do indivíduo é ou não a mesma que a do Estado. É evidente que é a mesma, e ninguém deixará de concordar com isso. Todos aqueles que fundamentam a felicidade do indivíduo na riqueza, declaram o Estado feliz quando ele é rico; os que estimam antes de tudo o poder tirânico, dirão que um Estado feliz é aquele cuja dominação se estende sobre o maior número possível de súditos; se se aprecia o indivíduo principalmente por sua virtude, considerar-se-á o Estado mais virtuoso como o mais feliz.

Mais aqui surgem duas questões que bem precisam ser reexaminadas. Em primeiro lugar, será mais proveitoso ocupar-se dos negócios públicos e deles participar, ou liberar-se de todo político viver como estranho no Estado? Depois, qual a melhor constituição e o modo de administração perfeita – que todos tomem parte do governo ou deles se excluam certas pessoas, admitindo a maioria? Como esta última questão pertence à Ciência e à Teoria Geral da Política, e aquela que se ocupa da escolha de um gênero de vida está para fora, e além disso como esta teoria geral é o objeto atual de nossas pesquisas, consideremos a primeira questão como acessória, e nos prenderemos à segunda, que é o verdadeiro objeto deste tratado.

É preciso, pois, que o melhor governo seja aquele que possua uma constituição tal que todo cidadão possa ser virtuoso e viver feliz; isso é evidente. Mas aqueles mesmos que são unânimes em dizer que a vida mais desejável é a que toma a virtude por guia, divergem na questão de saber se a vida civil e ativa é preferível à vida contemplativa e desembaraçada de todo cuidado das coisas exteriores, a única que parece a certas pessoas digna de um filósofo. Porque há esses gêneros de vida que os mais zelosos partidários da virtude parecem ter escolhido de preferência nos tempos antigos, como nos nossos dias – quero dizer a vida política e a vida filosófica.

Não é uma questão de pouca importância saber de que lado se encontra a verdade; porque é preciso que, se eles forem sábios, o cidadão em particular e o Estado em geral se inclinem para o melhor objetivo. Pensam uns que, se o poder é despótico, é o cúmulo da injustiça querer submeter os povos vizinhos, e que, se é político, não há injustiça, mas o obstáculo a que se possa gozar por si próprio da paz e da felicidade. Outros se encontram, ao contrário, que acreditam ser a vida ativa e política a única que convém ao homem, porque os simples particulares não poderiam ter mais ocasiões de praticar as virtudes de todo gênero, do que os homens que se ocupam dos negócios públicos e que governam. Tal é, pois, de uma parte, a opinião de certas pessoas.

Outros sustentam que só há felicidade no exercício da força absoluta. De fato, em alguns Estados a constituição e as leis têm por fim submeter os povos vizinhos. Eis que, ao passo que as matérias da legislação se acham, por assim dizer, em extrema confusão em quase toda parte, observa-se que, se alguma coisa existe que as leis tenham especialmente em vista, essa coisa é a dominação. Assim, em Lacedemônia e em Creta, é por assim dizer apenas à guerra que a educação e a maioria das leis se referem. E o mesmo entre todas as nações que podem satisfazer seus pendores para a dominação, é sempre esse gênero de força que mais se aprecia, como entre os citas, os persas, os trácios e os celtas.

Por vezes também as próprias leis estimulam o valor militar: em Cartago, por exemplo, faz-se um caso de honra o levar nos dedos tantos anéis, quantas campanhas se tenha feito. Havia em Macedônia uma lei que obrigava todo soldado que não tivesse morto um inimigo, a levar um cabresto na cintura. Os citas não permitiam àquele que não tivesse morto ao menos um inimigo, beber na taça que circulava entre os convivas durante um banquete solene. Entre os iberos, nação belicosa, plantam-se no túmulo de um guerreiro tantas hastes de ferro quantos forem os inimigos que matou. Outros povos, finalmente, possuem muitos outros hábitos semelhantes, que são impostos pelas leis ou pelos costumes.

Contudo, se sobre isso se quiser refletir, parecerá bem estranho que a função de um homem hábil na ciência de governar seja procurar os meios de submeter e dominar os povos vizinhos com ou sem o seu consentimento. Como se poderia considerar como um ato de boa política ou de boa legislação o que nem ao menos é legal? Ora, é legal usurpar um domínio por todos os meios justos ou injustos. Pode-se ter para si a força, mas não o direito.

Nada de semelhante vemos nas outras ciências: não é função do médico ou do piloto convencer ou constranger, um, os seus doentes, outro, seus passageiros. Acredita-se geralmente que a política e o despotismo se confundem: aquilo que não se julga justo nem útil para o próprio, não se sente vergonha de aplicar aos outros; quer cada qual, em seu país, um domínio justo, mas para com os estrangeiros, pouco importa a justiça.

Seria estranho que a natureza não tivesse destinado certos seres a dominar e outros a não dominar. Assim, sendo que, não se deve procurar submeter à dominação todos os homens indistintamente, mas somente aqueles que são destinados à subordinação, do mesmo modo que, para um festim ou um sacrifício, não se vai à caça de homens, e sim de animais que é permitido caçar para esse fim, isto é, os animais selvagens que são próprios para comer. Aliás, seria possível a um Estado encontrar a felicidade em si próprio, graças à sabedoria de seu governo. Suponhamos um Estado isolado do resto do universo e possuindo boas leis. Certamente, a constituição desse Estado, e as suas leis, não serão elaboradas tendo a guerra por objeto, nem a conquista dos países inimigos, devemos mesmo acreditar que disso ele não terá a menor ideia. É evidente, pois, que todas as suas instituições guerreiras devem nos parecer belas e admiráveis, não como o ideal supremo de todas as coisas, mas como se fará participar todo o Estado, e os homens que o compõem, e, de modo geral, qualquer outra sociedade, dos benefícios de uma vida honesta e de toda a felicidade que disso lhe advém. Sem dúvida, as circunstâncias trarão alguma diferença nas instituições e nas leis. É ainda à legislação que compete determinar, quanto a povos vizinhos, as relações que entre eles deverão existir, e os direitos recíprocos que se devem cumprir. Mais adiante examinaremos com o devido cuidado qual deve ser objetivo do melhor governo.

Capítulo 3

1. Concorda-se que a ida que se conforma com a virtude é a mais desejável. Mas difere-se de opinião quanto ao uso dela se deve fazer. Repelem uns as magistraturas civis, julgando que a vida do homem absolutamente livre é completamente diferente da vida do homem político, devendo aquela obter a preferência; os outros só apreciam a vida de honrarias e dignidades. A prática da virtude e a felicidade são idênticas. Dizemos que essas duas opiniões são verdadeiras sob certos aspectos e sob outros não. Que a vida do homem livre e independente de qualquer obrigação seja melhor que a do homem que exerce a autoridade de senhor, é verdade. Porque não há grande mérito em saber empregar um escravo como escravo, e o talento de ordenar o que é necessário nos detalhes da vida nada tem de difícil.

2. Mas é um erro pensar que toda a autoridade seja uma autoridade de senhor. A autoridade sobre os homens livres não difere menos da autoridade sobre os escravos, que a condição do homem livre por natureza difere da do escravo por natureza; temos mostrado suficientemente essa diferença desde o início deste tratado. Erra-se em apreciar mais a inação que a ação; porque a felicidade consiste na ação, e, além disso, as ações dos homens justos e sábios têm sempre por fim uma porção de coisas dignas e belas.

3. Mas – contestarão – segundo as nossas definições, por tornar-se alguém senhor absoluto de tudo talvez seja o mais desejável; porque assim poderá praticar o maior número possível de boas ações. É, pois, quando se possa alcançar o poder, não se deve deixá-lo a outrem, e sim arrebatá-lo para si, sem pensar nos laços que unem um pai a seus filhos, os filhos ao pai, ou, de um modo geral, os amigos entre si; sem nada entender, já que se deve preferir o que há de mais excelente; e nada há mais excelente que fazer o bem e ser feliz.

4. Haveria talvez alguma verdade nessa linguagem, se o mais desejável de todos os bens pudesse ser o resultado da usurpação e da violência. Mas talvez também seja isso impossível, e nesse caso a

hipótese é falsa. Nem é possível praticar belos atos sem que se sobressaia tanto sobre os seus semelhantes quanto o homem sobre a mulher, o pai sobre os filhos, o senhor sobre o escravo. Aquele que uma vez tenha transgredido as leis da virtude, nunca depois poderá fazer qualquer coisa bela bastante para compensar o erro da sua infração. De fato, entre criaturas semelhantes, o justo e o belo consistem em uma espécie de alternativa e de reciprocidade, porque nisso está o que constitui a igualdade e a paridade, ao passo que a desigualdade entre iguais e a diferença entre semelhantes são contra a natureza; ora, nada daquilo que é contra a natureza poderia ser belo. Eis por que, se se encontra um homem que sobressaia aos outros pelo mérito e pela força das faculdades que sempre o conduzem ao bem, é a esse que é belo tomar por guia, é a esse que é justo obedecer. É preciso possuir não só a virtude como também o poder de pô-la em ação.

5. Mas, se essas reflexões são justas, e se é preciso admitir que bem obrar e ser feliz são a mesma coisa, segue-se que, para o Estado em geral, e para cada homem em particular o modo de viver mais perfeito é a vida ativa. Aliás, não é necessário, como imaginam muitos, que essa atividade sobressaia a todas as outras, nem que se dela são o resultado; esses são sobretudo os que se concentram em si mesmas. Bem-fazer é o seu alvo, e, por conseguinte, essa vontade dirige as ações, que nós consideramos os verdadeiros autores e produtores dos exteriores.

6. De resto, não é necessário que as cidades que subsistem por si mesmas sem relação com exterior, e que preferem esse modo de existir, sejam completamente inativas. Há uma grande correlação entre as diferentes partes que compõem o Estado, e pode-se observar qualquer coisa de semelhante no homem tomado individualmente. De outra forma, o próprio deus e o universo mal seriam dignos de nossa admiração, pois que a sua ação nada tem de exterior, e neles mesmos se concentra. É visível, pois, que a existência perfeita é forçosamente a mesma, tanto para o homem tomado individualmente, como para os Estados e para os homens em geral.

Capítulo 4

1. Depois dessas observações preliminares e das considerações expostas anteriormente sobre as outras formas de governo, convém continuar o nosso trabalho dizendo, primeiramente,

quais devem ser as bases de uma república constituída a gosto, por assim dizer. Não é possível estabelecer a melhor forma de governo sem os meios e recursos que devem concorrer para a sua perfeição. É por isso que devemos supor as suas bases tais como as desejamos, mas sem que elas nada tenham de impossível; quero me referir ao número dos cidadãos e à extensão do território.

2. O trabalhador em geral – o tecelão, o condutor de navios – tem necessidade de material, mais belo será o trabalho que dele resultará. Do mesmo modo, o homem de Estado, e o legislador precisam de material particularmente próprio às suas atividades. Ora, o primeiro cuidado de um homem de Estado é prover uma multidão de homens que pelo número e pela qualidade sejam naturalmente tais como devem ser, e quanto ao terreno, é preciso também que tenha extensão e qualidades determinadas.

3. No mais, acredita-se geralmente que, para que uma cidade seja feliz, é preciso que ela seja grande; mas se isso é verdade então não se sabe o que é que faz uma cidade grande ou pequena; julgamo-la grande pela importância do número. Há uma tarefa imposta a toda cidade, e aquele que melhor possa realizá-la é que se deve considerar como sendo a maior. Assim poder-se-ia dizer que Hipócrates, não como homem mas como médico, é maior que outro homem de estatura mais elevada que a sua.

4. E mesmo se for preciso julgar da grandeza de uma cidade tendo-se em vista os números, não se trata de qualquer espécie de número, pois que as cidades encerram forçosamente uma porção de escravos, domiciliados e estrangeiros; mas deve-se contar apenas os que dela fazem parte integrante e que são os próprios elementos de que se compõe. É o excesso dessa população que assinala uma grande cidade: dela saem muitos artesãos, mas poucos guerreiros. Não é possível que essa seja uma grande cidade; um grande Estado e um Estado muito populoso não são a mesma coisa.

5. Os fatos vêm provar que é difícil, senão impossível, bem governar um Estado cuja população é muito numerosa; pelo menos sabemos que nenhum daqueles que têm a reputação de ser bem governados pode aumentar sem medida a sua população. Isso é evidente, e a razão o confirma. Porque a lei é uma certa ordem, e as boas leis impõem facilmente a boa ordem. Ora, uma população muito numerosa não se pode prestar ao estabelecimento da ordem

a não ser por obra de uma forma divina que é como que o laço e apoio de todo o universo.

6. Além disso, o número e a grandeza constituem o belo; é preciso, pois, considerar perfeito e belo o Estado que acrescenta à grandeza o número, encerrado em justos limites, como acabamos de dizer. Os Estados têm também certa medida de grandeza, como todas as outras coisas: animais, plantas, instrumentos. Demasiado pequena ou demasiado grande, cada uma dessas plantas, perderá suas propriedades; ora será despojada completamente das suas qualidades naturais, ora sofrerá um aviltamento absoluto. Um navio de um palmo não será igual a um que meça dois estágios. Conforme as suas dimensões, por exiguidade ou por excesso de grandeza, tornar-se-á impróprio para a navegação.

7. O mesmo acontece com uma cidade; aquela que possuir muito poucos habitantes não poderá bastar-se a si mesma; ora, o natural da cidade é bastar-se a si própria. A que tiver uma população demasiado grande poderás sem dúvida satisfazer a todas as suas necessidades, mas já como nação, e não como cidade. Não é fácil nela organizar uma ordem política. Que general poderá comandar uma multidão excessiva? Que arauto se fará ouvir por ela, se não possuir uma voz de Stentor? A cidade se forma logo que se compõe de uma multidão suficiente para ter todas as comodidades da vida, segundo as regras da associação política. É possível que a cidade cujo número de habitantes exceda essa medida seja ainda uma cidade numa escala maior; mas, como dissemos, esse excesso tem limites. E quais são esses limites? Os próprios fatos no-los ensinarão facilmente. Os atos políticos provêm daqueles que mandam ou daqueles que obedecem: a função daquele que governa é mandar e julgar. Para julgar dos direitos de cada um, e para distribuir as magistraturas segundo o mérito, é preciso que os cidadãos se conheçam e se apreciem mutuamente; quando isso é impossível, as magistraturas e os julgamentos vão mal, forçosamente o que acontece em uma cidade muito populosa.

8. Além disso, então se torna fácil aos estrangeiros e aos domiciliados imiscuir-se no governo; porque não é difícil fugir à vigilância uma multidão excessiva de habitantes. É claro, pois, que o melhor limite da população de uma cidade é que ela encerre o maior número possível de habitantes para satisfazer às necessidades da

vida, mas sem que a vigilância cesse de ser fácil. Terminemos aqui o que tínhamos de dizer sobre a grandeza da cidade.

Capítulo 5

1. O mesmo acontece aproximadamente em relação ao terreno. É evidente que o mais favorável, na aprovação de todos, é aquele que melhor satisfaça a todas as necessidades, e que, por conseguinte, seja o mais fértil em qualquer gênero de produção. Possuir tudo e nada precisar é a verdadeira independência. A extensão e a grandeza do terreno devem ser tais aqueles que o habitam possam nele viver livre e sobriamente, sem serem obrigados a privações. Temos ou não temos razão? É o que precisamos examinar com mais cuidado, adiante, quando tratarmos da propriedade em geral, da abundância dos recursos necessários a uma cidade, e do uso que delas se deve fazer: assuntos muito debatidos à tendência das opiniões para dois excessos opostos – de um lado a avareza sórdida, de outro o luxo desenfreado.

2. Quanto à disposição do terreno, não é difícil indicá-la. Segundo o conselho daqueles que têm a experiência da guerra, o terreno deve ser de acesso difícil aos inimigos, e apresentar uma porta fácil para seus habitantes. Além disso, assim como a massa da população, conforme dissemos, ele deve ser fácil de vigiar. A facilidade da vigilância do território faz a facilidade da defesa. Quanto à posição da cidade, se se quer que ela ofereça todas as vantagens que se podem desejar, convém que seja favorável do lado do mar e do lado da terra. Já demos a conhecer qual deve ser posição da cidade, dizendo que é precioso que ela tenha comunicações fáceis com todos os pontos do território, para a remessa de socorros. Em seguida, deve-se facilitar os meios de transporte das colheitas, sortimentos de madeira e todos os produtos do país.

3. Muito se discute por saber se as comunicações por mar são uma vantagem ou um inconveniente para os Estados regidos por boas leis. Pretende-se que a estada dos estrangeiros, educados sob a influência de outras leis, não é destituída de perigo para a manutenção da boa ordem e da medida a observar relativamente à cifra de população; que a familiaridade com o mar, dando ensejos aos cidadãos de saírem de seu meio e receberem estrangeiros, traz uma

porção de comerciantes, e que, afinal, tal influência é contrária à boa administração do Estado.

4. Por outro lado, é incontestável que, exceto esses inconvenientes, as comunicações por mar oferecem as maiores vantagens à cidade e ao país, pela segurança e pela facilidade de obter as coisas necessárias. Para resistir mais facilmente à invasão, é preciso estar habilitado a receber socorros e poder defender-se dos dois lados – por terra e por mar; e para prejudicar ao inimigo, se não se conta com os dois lados à sua disposição. Eles podem receber, por meio da importação, os produtos indispensáveis que lhes faltam, e exportar os que têm em grande abundância. É para a própria utilidade que a cidade deve fazer o comércio, e não a dos outros Estados.

5. Aqueles que fazem da sua cidade um mercado aberto a todos, só têm em vista o lucro; ora, se não é preciso que uma cidade procure esse gênero de vantagem, ela não deve transformar-se em mercado público. Sabemos que ainda em nossos dias várias províncias e cidades possuem ancoradouros e portos maravilhosamente situados em frente à cidade, nela não tocando, nem sendo muito afastados, e, além disso, fortificados por muralhas e outras proteções do gênero. É evidente que, se essas comunicações oferecem qualquer perigo, pode-se facilmente afastá-lo por meio de leis que apontem aqueles a quem a entrada no porto será proibida para o comércio.

6. Quanto à força marítima, vê-se bem o melhor é possuí-la até certo ponto. Não se deve estar apenas em condições de se defender; é preciso também estar apto a socorrer os vizinhos, e por vezes mesmo inspirar-lhes sérios temores, por terra como por mar. Sob o ponto de vista de eficácia e grandeza da força marítima, é preciso considerar o gênero de vida daqueles que compõem a cidade. Se ela é ambiciosa em relação aos negócios internos, é preciso que suas forças navais estejam em relação com a importância de seus empreendimentos.

7. Além disso, não é necessário conferir aos estados o grande número de homens que a marinha emprega; eles não devem fazer parte da cidade. Os guerreiros que comandam e dirigem a equipagem são homens livres, tirados da infantaria. Quando o número de camponeses e lavradores é considerável, é preciso que haja também abundância de marinheiros. Sabemos que assim acontece entre povos, por exemplo, entre os habitantes de Heracleia(108); eles possuem numerosas frotas, embora sua cidade seja menor que as

outras. Terminamos assim o que havia a dizer sobre o terreno, os portos, as cidades, o mar e a força naval.

Capítulo 6

1. Já indicamos quais devem ser os limites no número dos cidadãos que exercem o direito de cidade: digamos agora quais são as qualidades que eles devem possuir. Disso se pode fazer uma ideia aproximada, dirigindo as vistas para os estados mais célebres da Grécia e para as diferentes nações que se distribuem sobre toda a terra habitada. Os povos que habitam os países frios e as diferentes regiões da Europa são geralmente corajosos, mas inferiores em inteligência e iniciativa. É por essa razão que eles sabem conservar a sua liberdade, mas são incapazes de organizar um governo, e não podem conquistar os países vizinhos. Os povos da Ásia são inteligentes e industriosos, mas falta-lhes a coragem, e é por isso que eles não saem da sua sujeição e escravidão perpétuas. A raça dos gregos, ocupando as regiões intermediárias, reúne essas duas espécies de caracteres: é forte e inteligente. Por isso ela permanece livre, conserva o melhor dos governos, e poderia mesmo submeter à sua obediência todas as nações, se fosse fundida num só Estado.

2. Observa-se a mesma diferença nos povos gregos comparados entre si: alguns se encontram que só receberam da natureza uma única dessas duas qualidades: outros receberam ambas numa feliz combinação. É claro, pois, que os homens pendem facilmente à virtude. É o que dizem alguns escritores políticos, quando pretendem que os guerreiros, que são os guardiães do Estado, devem ser benevolentes para com aqueles que eles conhecem, e severos para com os que não conhecem. É o coração que produz a amizade; é nele que se encontra essa faculdade que faz com que amemos.

3. A prova disso é que o coração se revolta muito mais contra os amigos e os íntimos, que contra os desconhecidos, quando se julga ofendido. É com razão, pois, que Arquilóquio[(109)], queixando-se de seus amigos, diz a seu coração:

"Não foste tu ofendido por um dos teus amigos?"

O princípio da autoridade parte dessa mesma faculdade entre os homens; o coração é altivo; ele não se submete. Erra-se, no entanto, ao dizer que os homens dignos são severos para com os desconhecidos; devem sê-lo contra quem quer seja; os corações magnânimos só são maus diante da injustiça. Eles experimentam uma indignação mais viva contra um amigo, como já o dissemos, se acreditam que este acrescenta a injustiça à ofensa.

4. E não é sem razão: quando só constam com o bom procedimento, dele se veem privados independentemente do prejuízo que lhes causa. Eis por que se disse:

"O ódio fraternal é o mais implacável..."

e:

"Quem ama em excesso sabe odiar em excesso"[(110)].

Assim, a classificação dos cidadãos que podem tomar parte no governo, o seu número e as qualidades que eles se devem exigir, a extensão do território não se deve procurar reunir, acham-se mais ou menos determinados: porque não se deve procurar nas causas que só se podem explicar com auxílio da palavra, a mesma precisão que naquela que tocam diretamente aos sentimentos.

Capítulo 7

1. Do mesmo modo que nos outros compostos formados pela natureza, não são idênticas as partes sem as quais o todo não poderia existir, e por conseguinte partes essenciais, assim é evidente que não devem ser idênticas a partes necessárias à existência das sociedades, nem que qualquer espécie de associação formando como um único corpo. Uma parte essencial da cidade deve ser uma só coisa, embora comum a todos os associados, seja porque eles delas participam igualmente, como a subsistência, a extensão de território ou outra coisa qualquer desse gênero.

2. Mas desde que uma coisa exista por causa de outra, e esta em virtude de sua relação com aquela, nada há de comum entre ambas, a não ser no fato de a primeira agir e a segunda receber a ação; quero dizer que nada existe de comum, por exemplo, entre a ferramenta e o trabalhador, relativamente à obra produzida. Nada

de comum entre a casa e o arquiteto, embora seja a casa o objeto da arte do arquiteto. Sem dúvida, a cidade precisa da propriedade, mas a propriedade não faz parte da cidade. A propriedade contém, mesmo, muitos seres animados; mas a sociedade é uma reunião de seres semelhantes, que tem por fim a vida mais perfeita possível.

3. Sendo a felicidade uma coisa muito excelente, e consistindo no exercício da virtude; além disso, acontecendo frequentemente que uns têm uma grande parte de felicidade e outros uma parte pequena ou mesmo nada, eis aí, evidentemente, a causa de toda essa diversidade de Estados e governos. Todos procuram a felicidade cada qual a seu modo, e a diferença na vida dos indivíduos produz a diferença dos governos. Convém examinar quantas coisas existem sem as quais uma cidade não poderia existir. Porque então encontraremos, necessariamente, aquilo que nós chamamos a parte essencial de uma cidade.

4. Vejamos, pois, o número desses elementos; será esse o meio de esclarecer a questão. Primeiramente os meios de subsistência, em seguida as artes, porque muitos instrumentos e materiais são precisos para prover às necessidades da vida; em terceiro lugar as armas, porque aqueles que fazem parte da sociedade devem ter armas perto de si contra os cidadãos que desobedecem à autoridade e os inimigos de fora que tentem uma invasão injusta; as finanças que possam permitir-lhes prover às próprias necessidades e às exigências da guerra; em quinto lugar, ou melhor, em primeiro lugar, o serviço das coisas divinas, denominado culto; em sexto lugar – e esse é o mais essencial –, o julgamento a tomar sobre os interesses gerais da república e sobre os direitos recíprocos entre os cidadãos.

5. Tais são, pois, as coisas sem as quais nenhuma cidade, por assim dizer, poderia passar; porque a cidade não é uma multidão tomada ao acaso, mas bastando-se a si mesma, como dissemos, para as necessidades da vida. Se um desses elementos vem a faltar, é absolutamente impossível que tal associação se baste a si mesma. É, pois, necessário que uma cidade se componha desses diversos elementos postos em atividade. Por conseguinte, é preciso lavradores para forneceram os víveres, artesãos, soldados, ricos, pobres e juízes encarregados de julgar sobre o direito dos cidadãos e sobre o interesse geral do Estado.

Capítulo 8

1. Agora que temos determinado as diferentes ordens de atividades, resta-nos examinar se todos os cidadãos devem exercê-las em comum. É preciso que todos sejam lavradores, artesãos, que deliberem e julguem, ou então é preciso confiar a homens especiais cada uma das funções que nós enumeramos, ou melhor ainda, é preciso que dessas funções, umas sejam privadas, outras públicas. Mas isso acontece em toda espécie de governo: como dissemos, é possível que todos os cidadãos tenham direito a tudo, mas apenas certas pessoas a determinados cargos. Aí está precisamente o que faz as diferentes espécies de governos: nas democracias, os cidadãos exercem os diversos cargos; acontece o contrário nas oligarquias.

2. Mas já que estamos a examinar qual a constituição política perfeita, sendo essa constituição a que mais contribui para a felicidade da cidade, e, por outro lado, visto que já foi dito que a felicidade não poderia existir sem a virtude, é claro que em um Estado perfeitamente governado e composto de cidadãos que são homens justos no sentido absoluto da palavra, e não relativamente um sistema dado, os cidadãos não devem exercer as artes mecânicas nem as profissões mercantis; porque esse gênero de vida tem qualquer coisa de vil, e é contrário à virtude. É preciso mesmo, para que sejam verdadeiramente cidadãos, que eles não se façam lavradores; porque o descanso lhes é necessário para fazer nascer a virtude em sua alma, e para executar os deveres civis.

3. Resta falar ainda da classe dos guerreiros, assim como a classe que delibera sobre os interesses da cidade e julga os processos dos particulares nas questões de direito. Essas duas classes parecem ser a parte essencial da cidade. Será preciso também confiar a outras mãos as duas ordens de funções que lhes concernem, ou reuni-las nas mesmas mãos? A resposta é clara: deve-se até certo ponto separá-las, porque essas funções se referem a idades diferentes, umas exigindo prudência, outras vigor; reuni-las, porque é inadmissível que homens que podem empregar a violência e a força fiquem sempre em estado de submissão. Aqueles que possuem as armas têm o poder de manter ou derrubar o governo.

4. Só será, pois, um partido a seguir: confiar ambas as funções aos mesmos homens, mas não na mesma ocasião. A natureza dá

vigor à juventude e a prudência a uma idade mais avançada. É útil, pois, e parece justo, seguir a mesma distinção na distribuição dos empregos: é o meio de fazê-la na proporção do mérito.

5. Também é necessário que os cidadãos dessas duas classes possuam bens de raiz; porque a abastança deve ser o privilégio dos cidadãos; ora, aqueles a têm essencialmente. O artesão não tem o direito de cidadão, nem as outras classes cujas funções sejam um obstáculo à virtude. Eis uma consequência clara dos nossos princípios: a felicidade é forçosamente inseparável da virtude, e não se poderá dizer de uma cidade que ela seja feliz, quando só se ocupa de uma parte, e não da totalidade dos cidadãos. Vê-se, pois, que as propriedades devem pertencer aos cidadãos, já que é necessário que os lavradores sejam escravos, bárbaros ou servos.

6. Entre as funções que enumeramos, resta-nos falar das dos padres. Já se sabe que situação eles devem ter no Estado. De um agricultor ou de um artesão, não se pode fazer um padre; porque é por cidadãos que os deuses devem ser adorados. Pois que o corpo político se divide em duas partes – a que leva as armas e a que as libera, pois que é preciso render um culto aos deuses e deixar que os cidadãos já fatigados pela idade repousem à sombra dos altares, é a esses anciãos que se devem confiar as funções sacerdotais. Dissemos de quantas partes se compõe a cidade, e quais são os elementos sem os quais não poderia existir. É preciso que os Estados tenham lavradores, artesãos e mercenários. Mas as partes essenciais da cidade são a classe dos guerreiros e a dos cidadãos que tem o direito de deliberar. A diferença que os distingue é que as funções são perpétuas em uma e alternadas em outra.

Capítulo 9

1. Parece, aliás, não ser de hoje, nem de uma época muito recente, que a Filosofia Política descobriu a necessidade de se dividir a cidade em muitas classes, sem confundir a classe dos guerreiros com a dos lavradores. O Egito e Creta conservam ainda esse costume; nos egípcios, ele remonta à legislação de Sesóstris(111) e nos cretenses à de Minos(112).

2. A instituição dos banquetes comuns também parece muito antiga: em Creta, data do reinado de Minos, e na Itália de uma

época bem mais anterior. Os sábios desse país pretendem que um certo Italus foi rei da Enótria, que os habitantes dessa região trocaram o seu nome de enotrianos[113] pelo de italianos, e que se chamou Itália a essa parte das costas da Europa que está compreendida entre o golfo Silético[114] e o golfo Lamético[115], os quais só distam entre si uma meia jornada de caminho.

3. Italus, dizem, tornou os enotrianos agricultores, de nômades que eram antes, deu-lhes leis e entre eles estabeleceu o costume dos banquetes públicos. Por isso alguns cantões desse país conservam ainda hoje os banquetes públicos e algumas de suas leis. Os opici, antigamente e ainda hoje denominados ausônios, ocupavam a costa do mar Tirrênio e do lado de Iapígia, e nas costas do mar Jônio habitavam os caonianos a região denominada Síris. Sabe-se que os caonianos eram originários da Enótria.

4. E daí, pois, que primeiro surgiu o uso dos banquetes públicos. Mas a divisão dos Estados por classe vem do Egito, porque o reinado dos Sesóstris é bem anterior ao de Minos. De resto, há motivo para crer que, no decurso dos séculos, quase todos os inventos têm sido várias vezes descobertos, ou melhor, uma infinidade de vezes. É natural que o homem aprenda das próprias necessidades as coisas que lhe são necessárias, e estas uma vez descobertas, não é menos verossímil que os aperfeiçoamentos e a facilidade de meios se encarreguem do seu desenvolvimento. É por crer, assim, que o mesmo acontece em relação às instituições políticas.

5. Tudo é bem velho, a prova está na história do Egito. Porque os egípcios são os mais antigos de todos os povos, e sempre eles tiveram leis e uma organização política. Eis porque se deve aproveitar convenientemente as instituições firmadas, e esforçar-se por descobrir aquelas que ainda resta achar. De resto, já dissemos que o território deve pertencer àqueles que possuem as armas, e que tomam parte do governo. Dissemos também por que eles devem formar uma classe distinta da dos lavradores, e finalmente quais devem ser a extensão e a natureza do território.

6. Agora vamos falar da divisão das propriedades e das espécies e qualidades dos lavradores, pois que pensamos que a propriedade não deve ser comum, como o pretendem alguns escritores; mas que a amizade ente os cidadãos poderá tornar o seu uso comum;

que, finalmente, não é preciso que os cidadãos se privem dos meios de subsistência.

Os banquetes comuns são geralmente admitidos; essa instituição é considerada benéfica nos Estados organizados. Diremos a seguir por que essa opinião é também a nossa. Mas é preciso que todos os cidadãos nela tomem parte, e no entanto não é fácil aos pobres tirar dos próprios recursos a contribuição exigida pela lei e ao mesmo tempo satisfazer as outras necessidades da família.

7. Os gastos que o culto dos deuses exige são ainda uma despesa comum de toda cidade. É necessário, pois, que o território se divida em duas partes, sendo uma propriedade comum, e outra pertencendo a particulares. Casa uma dessas duas partes deve subdividir-se, ainda, em outras duas. A fração da parte comum, para o culto dos deuses e para as despesas com os banquetes públicos; a fração da parte reservada aos particulares, para a vizinhança fronteira e para a da cidade, a fim de que a separação dos lotes de cada indivíduo ligue todos os cidadãos a uma e outra posição.

8. De fato, é esse o meio de satisfazer a igualdade, a justiça e a necessidade de concórdia em caso de guerra contra os povos vizinhos. Em todos os lugares onde isso não se estabeleça, uns poucos se inquietam com as hostilidades que se cometem na fronteira, outros a temem até à pusilanimidade. Existe também entre alguns povos uma lei que proíbe aos proprietários vizinhos das fronteiras tomar parte em deliberações referentes a quaisquer guerras que estejam prestes a romper, como se o seu interesse particular pudesse impedir-lhes de bem deliberar. É preciso, pois, dividir assim o território, pelos motivos que expusemos.

9. Quanto àqueles que deverão cultivar as terras, é estritamente necessário que eles sejam escravos, não pertençam a mesma nação, e não sejam muito corajosos. Serão assim úteis trabalhadores, e não será preciso temer-se que eles se revoltem. Em seguida se lhes associarão alguns servos bárbaros, cujo caráter se aproximará daqueles de quem acabamos de falar. Os que se acharem nas propriedades particulares pertencerão aos proprietários, e os que estiverem na porção comum do território pertencerão ao Estado. Diremos mais adiante como se deve tratar os escravos, sendo a melhor maneira mostrar a liberdade a todos como preço de seus trabalhos.

Capítulo 10

1. Acima ficou dito que a cidade deve ter comunicações fáceis com a terra e com o mar, e, tanto quanto possível, com todos os pontos do território. Mas, para que a sua situação seja, em relação a si mesma, tão vantajosa quanto se possa desejar, é preciso levar em consideração quatro coisas: em primeiro lugar, a salubridade, com condição indispensável. As cidades situadas para o lado do oriente e expostas aos ventos do levante são mais saudáveis; em seguida, as que são situadas ao norte, porque o inverno aí é mais ameno.

2. Sob os outros aspectos, a cidade deve ter uma situação favorável às ocupações dos cidadãos e dos guerreiros. Assim, é preciso que os guerreiros dela possam facilmente sair, e que, ao contrário, seja difícil ao inimigo nela penetrar e fazer-lhe o bloqueio. É preciso também que tenha água e recursos naturais em abundância. E se ficar privada dessa vantagem, pode-se obtê-la cavando grandes reservatórios para águas pluviais, a fim de que não falte água, se as comunicações com o resto do país forem interrompidas pela guerra.

3. Pois que se deve garantir a saúde dos habitantes – e aquilo que para ela mais contribui é a situação da cidade em lugar determinado, e a uma exposição prevista – pois que é preciso, em segundo lugar, servir-se apenas de águas salubres, lutar-se-á por esses dois pontos sem o menor desfalecimento; porque o que mais frequente e comumente serve à necessidade do corpo é justamente o que mais contribui para a saúde. Tal é a influência natural da água e do ar. Também, nos Estados sabiamente administrados, observar-se-á se as águas naturais não são todas iguais, e se não são abundantes – separar-se-á as que servem para a alimentação e as que se usam para outros fins.

4. Os lugares fortificados não convêm todos igualmente às diversas espécies de governos. Uma cidadela, por exemplo, convém mais à oligarquia e à monarquia; um país plano, à democracia; nem um nem outro convém para a aristocracia; ela prefere várias posições fortificadas. A disposição das habitações particulares parece mais agradável e geralmente mais cômoda se elas forem bem alinhadas, e edificadas de acordo com o estilo moderno e o sistema

de Hipodamos. Mas, em caso de guerra, a segurança pública estará melhor garantida pelo método contrário, tal como se fazia nos tempos antigos. Então os estrangeiros tinham dificuldade em sair da cidade e os agressores em descobri-los.

5. É por essa razão que há motivo para empregar os dois sistemas, e isso é possível fazendo-se como os vinhateiros, que plantam a vinha em forma especial. Alinhar-se-á a cidade, não em toda a sua extensão, mas apenas em algumas partes, e por quarteirões. Reunir-se-ão assim vantagens de segurança e de elegância. Aqueles que dizem que as cidades que têm pretensões ao valor militar não precisam de muralhas, sustentam um velho preconceito, e isso eles verificam quando os fatos expõem à luz do dia o erro das cidades que se impuseram esse falso ponto de honra.

6. Sem dúvida não é honroso, quando se tem a lidar com inimigos de igual força ou pouco superiores em número, só procurar salvação atrás de muralhas inexpugnáveis; mas como é possível, e como acontece que aqueles que atacam possuam uma superioridade à qual o valor humano e a coragem de um punhado de bravos são incapazes de resistir, não se pode duvidar, quando se tratar de garantir a defesa, evitar a derrota e repelir a ofensa, de que as muralhas mais fortes sejam a melhor defesa, sobretudo agora que se aperfeiçoaram(116) com tanta arte as flechas e as máquinas que servem para os cercos.

7. Ter a pretensão de não circundar a cidade de muralhas é criar um país fácil de ser invadido; e nivelar todas as eminências que se encontram é o mesmo que proibir que se cerquem por meio de muros as casas particulares, com receio de dar um motivo de cobardia àquele que as habitam. Nem se deve esquecer que uma cidade cercada de muralhas pode ou não servir-se delas, ao passo que, se absolutamente não as possui, a escolha é possível.

8. Se assim é, pois, deve-se não só construir muralhas em volta da cidade, mas ainda delas cuidar, a fim de que sirvam ao ornamento e à suntuosidade do lugar, e que nelas se encontrem todos os meios de defesa contra ataques inimigos, e mesmo contra os sistemas adotados em nossos dias. Aqueles que atacam procuram empregar todos os meios que lhes proporcionem vantagem. Do mesmo modo, os que precisam defender-se, devem, de tudo, aproveitar os meios já estabelecidos, em seguida procurar e inventar outros. E a

primeira de todas as vantagens é que nem sequer se sonhe mesmo em atacar aqueles que estão prontos a resistir. Mas, convindo que a multidão dos cidadãos seja dividida em várias seções para os banquetes públicos, e que as muralhas sejam guarnecidas de fortaleza e torres, é evidente que a própria natureza das coisas convida a realizar alguns desses banquetes nos próprios fortes. Tal é, pois, a ordem que se deve estabelecer em todos esses pontos.

Capítulo 11

1. Convém que os edifícios consagrados ao culto dos deuses e os que são reservados para os banquetes públicos dos primeiros magistrados sejam reunidos num local adequado ao seu fim, a menos que a lei dos sacrifícios ou o oráculo de Pítia não prescrevam um local especial e determinado. Esse local deve ser bastante visível para que a majestade dos deuses possa nele manifestar-se, e bem fortificado para que ele nada tenha a temer de parte das cidades que se lhe avizinham.

2. É também conveniente que abaixo desse local se encontre a praça pública, construída como aquela que em Tessália se chama a praça da Liberdade. Essa praça será desembaraçada de tudo aquilo que se vende e que se compra: os artesãos, os lavradores e aqueles que exercem profissões desse gênero não deverão dela se aproximar, a não ser que os chamem os magistrados. Ela não deixará de oferecer um espetáculo agradável, se as salas de exercícios dos homens de idade nela forem construídas. Convém, de fato, que os próprios exercícios sejam separados segundo a idade, que certos magistrados vigiem sem cessar as salas dos jovens, e que os anciãos sejam admitidos na dos magistrados. A presença e as vistas dos magistrados inspiram a verdadeira modéstia e a reserva que convém aos homens livres.

A praça destinada a servir de mercado para as mercadorias de toda espécie deve ser separada da Praça da Liberdade, e de tal modo situada que seja fácil a ela transportar tudo que vem por mar e os produtos do país.

3. Dividindo-se a multidão dos cidadãos em duas classes – os padres e os magistrados, é conveniente que os banquetes públicos dos padres se realizem na vizinhança dos edifícios sagrados. Mas,

para os magistrados encarregados de se pronunciar sobre os contratos, ações criminais, citações de Justiça, e outros negócios desse gênero, e para todos os magistrados que atendem ao policiamento dos mercados e da cidade, as salas de refeições devem ser estabelecidas perto da praça pública e do quarteirão mais frequentado. Tal será a vizinhança do mercado: queremos que a praça situada na cidade alta seja consagrada ao repouso, e que o mercado sirva a todas as transações entre os particulares.

4. É preciso ainda observar no campo uma análoga àquela que acabamos de descrever. Os magistrados que se chamam Hiloros ou Agrônomos precisam de salas para as refeições públicas, fortes para se defender e templos consagrados aos deuses e aos heróis. Aliás, é inútil insistir sobre os detalhes mais preciosos. Não é difícil conceber essas ideias, e sim pô-las em execução. Para curso da sorte. Assim, deixemos de lado, por ora, maiores detalhes sobre este assunto.

Capítulo 12

1. Trata-se agora de dizer sobre o assunto do próprio governo, quais são aqueles que devem compor a cidade, e que qualidades devem possuir para que ela seja feliz e bem administrada. Duas condições são necessárias para alcançar o bem geral: primeiramente, que haja um ideal e que o fim que se propõe seja louvável; depois, que se encontrem quais são os atos que podem conduzir a esse fim. Essas duas condições podem ou não concordar-se. Ora, o fim é excelente, mas erra-se o meio de atingi-lo. Umas vezes têm-se todas as possibilidades de alcançá-lo, mas o fim proposto é mau. Outras vezes erra-se ao mesmo tempo o fim e os meios, como acontece com a Medicina, quando julga mal do estado de saúde do corpo, e não encontra os meios de atingir o fim que se propõe. Ora, nas artes e nas ciências, é preciso apontar magistralmente ao alvo e aos meios que a ele conduzem.

2. É claro que todos os homens aspiram à virtude e à felicidade; mas uns podem atingi-las, outros não (assim o quer o acaso ou a natureza). A virtude necessita de certa quantidade de meios, que deve ser pequena para aqueles que são mais bem dispostos, e maior para os que têm disposições menos favoráveis. Outros, finalmente, extraviam-se desde os primeiros passos na procura da

felicidade, embora possuam todas as faculdades exigidas. Já que o objeto que nós nos propomos é a procura da melhor constituição, já que a melhor constituição é aquela da melhor administração da cidade, e que a melhor administração da cidade é a que lhe proporciona a maior soma de felicidade, segue-se que é preciso antes saber o que é a felicidade.

3. Dissemos na Moral[(117)] (se, contudo, esse tratado não for destituído de utilidade), que a felicidade é o resultado e o desenvolvimento completo da virtude, não relativa, mas absoluta. Ora, por virtude relativa entendo aquela que se aplica aos atos necessários, e por virtude absoluta e que se dirige unicamente ao belo. Por exemplo, em matéria de ações de justiça, as punições e os castigos são atos de virtude, mas necessários, isto é, belos porque são necessários. Valeria mais, no entanto, que nem o indivíduo nem o Estado tivessem necessidade de qualquer coisa semelhante. Por oposição, os anos que tem por objetivo a honra e abundância dos bens da alma, são os que há de mais belo no sentido absoluto. Os atos da primeira espécie nada mais fazem que libertar o homem de algum mal; os da segunda, ao contrário, produzem e obtêm bens verdadeiros.

4. É possível que um homem de bem mostre energia e dignidade na pobreza, nas enfermidades e nas outras circunstâncias penosas da vida, mas a felicidade nele não se encontra menos em circunstâncias contrárias. Na Moral, definimos o homem virtuoso como sendo aquele cuja virtude eleva os bens interiores à altura de bens absolutos. É evidente que a maneira pela qual deles faz uso é forçosamente nobre e bela no sentido absoluto. Eis, no entanto, que o vulgar julga que os bens exteriores são causas de felicidade, como se o talento e a perfeição com que um músico toca a lira fossem devidos mais à qualidade do instrumento que à habilidade do artista. Resulta, do que a natureza deve dar, outras que o legislador deve procurar.

5. É por isso que nós queremos achar, nos elementos constitutivos do Estado, as condições que dependem da sorte; porque, segundo nossa opinião, o acaso manda muitas vezes. A cidade é virtuosa, não por obra do acaso, mas da ciência e da vontade. No entanto, uma república só pode ser virtuosa quando os próprios cidadãos que tomam parte no governo são virtuosos; ora, em

nosso sistema, todos os cidadãos tomam parte no governo. Assim, trata-se de ver como um homem pode tornar-se virtuoso. Sendo possível formar na virtude todos os homens ao mesmo tempo, sem tomar à parte cada cidadão, tal é o melhor partido; porque o geral arrasta o particular.

6. Três coisas fazem os homens bons e virtuosos: a natureza, os costumes e a razão. Primeiramente, é preciso que a natureza faça nascer homem e não outra espécie qualquer de animal. É preciso também que ela dê certas qualidades de alma e de corpo. Muitas dessas qualidades não têm utilidade alguma; porque os costumes fazem com que elas mudem e se modifiquem. Os costumes desenvolvem, por vezes, as qualidades naturais, dando-lhes uma tendência para o bem ou para o mal.

7. Os outros animais seguem principalmente o instinto da natureza; alguns mesmo, em pequeno número, obedecem ao próprio dos costumes. O homem segue a natureza e os costumes. Segue também a razão. Só ele é dotado da razão. É preciso, pois, que haja acordo e harmonia entre essas três coisas. Porque a razão leva os homens a fazerem muitas coisas contrárias ao hábito e à natureza, quando eles se convencem de que é melhor fazer de outra forma. Dissemos anteriormente quais são as qualidades que eles devem ter para que o legislador possa formá-las facilmente; o resto é função da educação. Ora é o hábito, ora são as lições dos mestres que ensinam aos homens o que eles devem fazer.

Capítulo 13

1. Visto[(118)] que toda a sociedade política se compõe de homens que mandam e homens que obedecem, é preciso examinar se os chefes e os subordinados devem ser sempre os mesmos, ou se devem trocar de função. É evidente que a educação deve responder por essa grande divisão. Se houvesse, pois, entre uns e outros, tanta diferença como julgamos existir, de um lado entre os deuses e os heróis, e os homens do outro lado, primeiro na relação do corpo e depois na alma, de modo que a superioridade dos chefes sobre os súditos fosse clara e incontestável, não se poderia negar melhor seria que os mesmos homens mandassem sempre ou obedecessem.

2. Mas como não é fácil encontrar esses mortais privilégios, e não sendo possível descobrir uma superioridade semelhante à que Silax[119] atribui aos reis indianos sobre os seus súditos, vê-se claramente que, por muitas razões, devem todos os cidadãos mandar e obedecer alternadamente. A igualdade é identidade de funções entre seres semelhantes, e é difícil ao Estado subsistir quando obra contra as leis da Justiça. Há entre os súditos um bloco de agitadores que o país encerra sempre, e é absolutamente impossível que o número daqueles que participam do governo seja bastante forte para resistir com vantagem a tantos inimigos.

3. De resto, é incontestável que os homens que ocupam o poder devem ter alguma superioridade sobre os que são governados. É ao legislador, pois, que compete examinar como poderá isso ser feito, e qual deverá ser a distribuição do poder. Já o dissemos: a própria natureza estabelece a distinção, fazendo com que haja numa mesma família pessoas idosas e outras mais jovens, as quais devem mandar ou obedecer. Aliás, todos aceitam de boa vontade a inferioridade ou a superioridade ou a superioridade que dá a idade, sobretudo quando se deve chegar, com os anos, à mesma prerrogativa.

4. Há, pois, um ponto de vista sob o qual se diz vantajoso que as mesmas pessoas mandem e obedeçam; mas, sob outros aspectos, melhor o será por outra forma, de tal modo que a educação seja uma só, e diferente, pois pretende-se que, para bem ordenar, é preciso começar por obedecer. Ora, a autoridade, como já foi dito, firma-se no interesse daquele que manda, ou no interesse do que obedece. No primeiro caso, ela é despótica; no segundo convém a homens livres. De resto, a diferença entre as coisas prescritas pela autoridade consiste não tantos nos anos por si, como no motivo ou no escopo desses atos; assim; é até honroso para os jovens livres prestar às vezes serviços que comumente se consideram servis. Sob o aspecto do belo e do que lhe é contrário, as ações não diferem tanto em si mesmas como no seu fim ou motivo. Já que nós dizemos que a virtude do cidadão e do magistrado é a mesma que a do homem de bem, e que o cidadão deve começar por obedecer antes de mandar, é ao legislador que compete achar o meio de tornar os homens virtuosos, regular os exercícios que podem conduzi-los à virtude, e determinar qual é o fim da vida perfeita.

5. A alma se compõe de duas partes: uma traz em si mesma a razão; a outra não a traz em si, mas pode obedecer à razão. É nessas duas partes que residem, na nossa opinião, as virtudes que caracterizam o homem de bem. Em qual dessas duas partes se encontra o alvo de nossas ações? Não pode haver hesitação quando se segue a ordem que nós adotamos. Acontece sempre que aquilo que é menos bom se faz com vistas àquilo que é melhor; esse princípio é verdadeiro na arte e na natureza. Ora, aquilo que é melhor, isso é a parte que possui a razão.

6. Esta, por sua vez, segundo o nosso sistema comum de divisão, decompõe-se em duas partes: a razão prática e a razão especulativa. É necessário, pois, dividir do mesmo modo a parte da alma que é o centro da razão, e estabelecermos entre os atos uma distinção analógica àquela das partes da alma. É preciso que os atos que pertencem à parte naturalmente melhor sejam preferidos pelos homens que podem possuir todas as partes da alma, ou apenas as duas que acabamos de mencionar, e o que se deve preferir a tudo é atingir o fim mais elevado.

7. Toda a vida se divide em atitude de repouso, em guerra e em paz. Entre as ações, há algumas que são necessárias e úteis, outras que se referem ao belo. É preciso, pois, estabelecer nesse assunto a mesma distinção que há entre as partes da alma e as suas ações, considerando a paz como o escopo da guerra, o repouso como o fim do trabalho, e o belo como o alvo da ações úteis e necessárias.

8. O homem político, que encara todas essas coisas, deve estabelecer um sistema de leis conforme com as duas partes da alma, e os seus atos; conforme, sobretudo, com o que é melhor ainda, isto é, com o seu fim. O mesmo fará quanto aos diferentes gêneros de vida e às diferentes ocupações; porque é preciso que os cidadãos que se entreguem à vida ativa estejam em condições de fazer a guerra, mas vale mais gozar da paz e do repouso. É preciso saber executar as coisas úteis e necessárias, mas também deve-se preferir-lhes o belo. Tal é a orientação que se deve dar aos cidadãos, desde a sua infância até as outras idades que tem necessidade de educação.

9. Os Estados gregos, que têm reputação de possuírem o melhor governo, e os legisladores que lhes têm dado as constituições, não parecem ter em vista, nas suas instituições, nem o fim mais honorífico, nem as virtudes de quaisquer gêneros, as leis, a educação;

ao contrário, rebaixam-se de um modo vergonhoso, protegendo as virtudes que mais se dirigem para a utilidade e para a ambição. Alguns dos autores que escreveram depois manifestaram mais ou menos a mesma opinião: fazem grande elogio ao governo dos lacedemônios, e admiram o fim que se propôs o legislador, do qual todas as instituições foram dirigidas para a guerra e para a dominação.

10. Tal sistema é fácil de repelir pelo raciocínio. Os próprios fatos aclararam, em nossos dias, o seu vício principal. Procurando a maior parte dos homens entender seu poder sobre vários Estados, porque o sucesso desses empreendimentos traz fartos recursos. Tribos[(120)] e todos aqueles que escreveram sobre o governo de Esparta, parecem ter votado grande admiração ao legislador dos lacedemônios, pois estes, exercitando-se incessantemente nos perigos, chegaram a submeter um grande número de Estados à sua autoridade.

11. No entanto, hoje que a força não está mais nas suas mãos, pode-se acreditar que eles não foram felizes, e que nunca tiveram um legislador. Porque é estranho que, observando-se fielmente as suas leis, podendo segui-las ainda sem obstáculos, tenham eles perdido as vantagens que os tornaram felizes. Faz-se uma falsa ideia da dominação, a qual se pretende que todo legislador deva dar grande valor; porque há, certamente, mais glória e virtude em mandar os homens livres, que em exercer um poder despótico sobre esses escravos.

12. Por outro lado, é preciso não julgar um Estado feliz e um legislador digno de grandes elogios pelo fato de terem exercitado os cidadãos de modo a vencerem e dominarem os povos vizinhos, porque nisso há um grande inconveniente. É claro que todo cidadão que possa se esforçar por submeter a própria pátria à sua autoridade. É o que reprovam os lacedemônios ao Rei Pausânias, por maior que fosse o poder ao qual ele fora elevado. Nenhum raciocínio desse gênero, nenhuma lei é política ou útil, ou de acordo com a justa verdade. Porque o legislador deve se esforçar por bem convencer aos homens que o que há de melhor e mais honroso para os simples particulares, também o é para o Estado.

13. Se se praticam os trabalhos da guerra, não se deve fazê-lo com o fim de subjugar os que não merecem, mas deve-se antes a eles se aliar, para não ser subjugados; depois, para procurar um poder que seja útil aos cidadãos, ao invés de os abater todos ao

jugo de despotismo; finalmente, para mandar sabiamente nos que foram feitos para ser escravos.

14. O legislador deve empenhar-se em redigir as regras da guerra e as outras partes da legislação, principalmente com vista à paz e ao repouso. É um princípio que os próprios fatos comprovam, de acordo com o raciocínio, a maior parte dos Estados que possuem ardor belicoso mantêm-se enquanto se faz a guerra, mas uma vez a sua dominação, perecem. A paz fá-los pender, como ao ferro, a têmpera que lhes fora dada. É culpa do legislador, que não lhes ensinou a desejar o repouso.

15. Já que o ideal do Estado e dos particulares é evidentemente o mesmo, e que um só é o fim do homem perfeito e da república perfeita, é claro que é preciso que haja virtudes próprias ao repouso. Já foi dito muitas vezes: a paz é o objeto da guerra, o repouso é o objeto do trabalho.

16. Mas as virtudes servem ao repouso como na vida ativa. Porque há muitas coisas das quais se faz uso tanto no repouso como na vida ativa. Porque há muitas coisas das quais se precisa para poder entregar-se ao repouso. É por essa razão que o Estado deve ser corajoso e rijo na fadiga; porque diz o provérbio: nada de repouso para os escravos. Aqueles que não sabem afrontar o perigo corajosamente serão escravos dos primeiros que se resolverem a atacá-los.

17. É preciso, pois, coragem e paciência na vida ativa, filosofia no repouso, e justiça nas duas circunstâncias, sobretudo quando se desfruta a paz, vivendo-se em plena causa. A guerra nos obriga a ser justos e prudentes, ao passo que o gozo da felicidade e as delícias do repouso na paz fazem-nos audaciosos.

18. Aqueles que merecem ter chegado ao auge da prosperidade gozando de tudo o que nós chamamos felicidade, precisam de muita justiça e prudência, como os sábios que os poetas nos mostram nas ilhas Venturosas. Ser-lhes-á preciso tanto mais filosofia, prudência e justiça, quanto mais calma possuam no gozo de todos os bens. Assim, claramente se compreende que um Estado que deseja ser feliz e virtuoso deve possuir essas virtudes. Se ele se envergonha de não poder usar os bens que possuem, fá-lo-á com mais razão não podendo usá-los quando existe a calma, e mostrando-se tão generoso e bravo nos trabalhos e na guerra, com servil e fraco no seio da paz e do descanso.

19. Também não é preciso praticar a virtude como na república dos lacedemônios. Essa não difere das outras no fato de não compreender da mesma maneira os maiores de todos os bens, mas por querer obtê-los principalmente por uma virtude especial que é a virtude guerreira. É claro que existem bens maiores que aqueles que se obtêm pela guerra, e é necessário preferi-los aos que as virtudes militares proporcionam, dando-lhes a preferência unicamente por si mesmos.

20. Mas como e por que meios a isso se chegará? É o que precisamos examinar agora. Indicamos anteriormente três condições essenciais: a natureza, o hábito e a razão; determinamos também quais as qualidades naturais que se devem desejar. Resta-nos considerar se é pela razão ou pelos costumes que deve começar a educação. A mais perfeita harmonia deve reinar entre as duas últimas, porque é possível que a razão se desvie na melhor natureza, e os próprios costumes podem produzir tais desvios.

21. Aliás, é evidente que aqui, como nas outras coisas, começa tudo pela procriação, e que o fim que se refere a um começo determinado e é o próprio começo de outro fim qualquer. Ora, a razão e a inteligência são no homem o fim da natureza, e assim é com relação a ambas que é preciso vigiar intensamente as condições do seu nascimento e a formação de seus hábitos.

22. Depois, sendo o homem formado de duas partes, a alma e o corpo, sabemos que a alma compreende igualmente duas partes: aquela que possui a razão e a que dela é privada, e que cada uma dessas duas partes tem as suas disposições ou maneiras de ser, das quais uma é o desejo, e outra a inteligência. Mas como, na ordem da procriação, o corpo está antes da alma, assim a parte irracional está antes da parte racional. Aliás, isso é evidente; porque a cólera, a vontade e mesmo os desejos, se manifestam nas crianças desde os primeiros dias da existência, ao passo que o raciocínio e a inteligência só se mostram naturalmente após certo desenvolvimento. Eis por que é necessário prestar os primeiros cuidados ao corpo, antes da alma; em seguida ao instinto. No entanto, só se deve formar o instinto pela inteligência, e o corpo pela alma.

Capítulo 14

1. Se, pois, o primeiro dever do legislador é garantir às crianças que se educam uma constituição robusta o mais possível, ele deve,

antes disso, ocupar-se do casamento e das qualidades que os esposos devem trazer à união. É preciso que o legislador examine essa sociedade atendendo às pessoas e ao tempo em que elas são destinadas a viver juntas, a fim de que as idades estejam numa relação conveniente, e que as faculdades não estejam em desacordo, podendo o marido ter filhos ainda, e a mulher não podendo, ou esta podendo, ao passo que o marido terá passado da idade; porque é isso que produz as pendências e discórdias entre os esposos.

2. É preciso em seguida atender ao nascimento sucessivo dos filhos, porque é inconveniente o fato de ser a idade dos filhos muito afastada em relação à dos pais. Se os pais forem muito idosos, não gozarão reconhecimento dos filhos, e estes não receberão dos pais a orientação necessária à sua educação. Nem devem ser as idades muito aproximadas: essa é uma fonte de grandes aborrecimentos. Então os filhos não respeitarão mais os pais que se fossem seus companheiros de idade, e essa aproximação trará muitas queixas recíprocas na administração doméstica. Finalmente, paras voltar ao ponto que traçamos no começo, essa sábia atenção tem por fim dar aos filhos uma constituição física que corresponde aos desejos do legislador.

3. Todas essas constituições acham-se mais ou menos encerradas em um só ponto a observar; porque, sendo fixado o limite da faculdade de ter filhos, para os homens, aos 70 anos quando muito, e aos 50 para as mulheres, deve-se orientar por esses limites extremos para determinar a idade em que convém fixar o início da união conjugal.

4. Ora, a união de esposos jovens não é favorável à boa constituição dos filhos. Observa-se que, em todas as espécies de animais, os que são produzidos por indivíduos jovens são fracos, imperfeitos, geralmente do sexo feminino, e de pequena estatura; donde se conclui, naturalmente, que o mesmo deve acontecer na espécie humana. A prova é que em todos os países onde há o costume de unir esposos jovens, os filhos nascem com uma constituição débil e pequena estatura. Por outro lado, as mulheres jovens sofrem mais nos seus partos, e muitas são as que veem a morte. É por isso, diz-se, que o oráculo respondeu aos tresenianos que a morte de tantas mulheres jovens provinha do fato de se casarem muito cedo, sem pensarem na colheita dos frutos.

5. Importa também, no interesse dos bons costumes, esperar uma idade mais preparada para casar as moças. Nota-se, de fato, que aquelas que conhecem cedo os prazeres do amor são mais propensas ao mau comportamento. Parece também que a união dos sexos é prejudicial ao desenvolvimento físico dos jovens, quando se casam antes da época em que tenham atingido o seu crescimento: existe, de fato, um tempo limitado no qual ele cessa.

6. Convém, pois, fixar o casamento das mulheres nos 18 anos, e o dos homens nos 37, ou pouco menos. Assim a união será feita no momento do máximo vigor, e os dois esposos terão um tempo mais ou menos igual para educar a família, até que cessem de ser próprios à procriação. Se o casamento for fecundado desde o princípio, como se pode crer, os filhos nascerão no momento em que começa o maior vigor dos pais, até o declínio da idade, para o marido, aos 70 anos.

7. Acabamos de dizer em que época se devem realizar esses casamentos. Quanto à estação do ano que convém preferir, é aquela que se escolhe ainda hoje mais comumente e com justa razão: é o inverno, pois, a época própria para essas uniões. De resto, é preciso que os esposos atendam ao que dizem os médicos e os naturalistas sobre a produção dos filhos: os médicos determinam com bastante precisão as épocas em que o corpo está melhor disposto; os naturalistas indicam os ventos mais favoráveis, e dão preferência aos ventos do norte sobre os do sul.

8. No entanto, a enumeração das qualidades físicas cuja influência é mais favorável à boa constituição dos filhos, parece-nos pertencer mais a um tratado especial sobre a educação; presentemente bastará dar algumas ideias sumárias e gerais sobre ela. O físico não tem necessidade de ser atlético nem para a vida pública, nem para saúde, nem para a procriação. Nem deve ele ser doentio, ou demasiado incapaz de suportar os trabalhos; ele deve resistir ao meio. É preciso, pois, que essa constituição média seja exercida e desenvolvida por trabalhos que nada tenham de violento, e que não seja orientada para um só fim, como o dos atletas, mas formada pelo hábito das ações que convém aos homens livres. É preciso, finalmente, que quase nenhuma diferença exista entre a constituição dos homens e das mulheres.

9. É necessário, ainda, que as mulheres grávidas tenham cuidado com a sua saúde, sem definhar na inação e sem contentar-se com uma alimentação pouco substancial. É fácil ao legislador obrigar todas as mulheres grávidas a irem todos os dias adorar em seus templos as divindades que presidem aos nascimentos. Por outro lado, convém deixar em seu espírito uma alma absoluta. A mãe é para a criança que ela traz no seio o que a terra é para as plantas: a comunicação é íntima.

10. Quanto a saber quais os filhos que se devem abandonar ou educar, deve haver uma lei que proíba alimentar toda criança disforme. Sobre o número de filhos (porque o número de nascimentos deve sempre ser limitado), se os costumes não permitem que sejam abandonados, e se alguns casamentos são tão fecundos que ultrapassam o limite fixado de nascimentos, é preciso provocar o aborto antes que o feto receba animação e vida. De fato, só pela animação e pela vida se poderá determinar se existe ou não existe crime.

11. Já que fixamos a idade em que a união do homem e da mulher deve começar, convém fixar também a duração do tempo da procriação. Como os filhos que nascem de pais muito jovens são incompletos de corpo e de espírito, assim os filhos dos velhos são de uma fraqueza extrema. Convém que o tempo da procriação dure seguindo um desenvolvimento, segundo poetas que medem o tempo de vida em setenta anos, chega geralmente na idade de 50 anos. Assim, quatro ou cinco anos depois desse limite, convém renunciar a pôr filhos no mundo, e desde então só haverá relações íntimas por motivo de saúde, ou por outros motivos semelhantes. Que a infidelidade do esposo ou da esposa seja considerada uma vergonha e uma infâmia, enquanto subsistem os laços do casamento; e se ficar provado que a falta foi cometida durante o período fixado para a procriação, que seja o culpado punido com o castigo que merece uma tal infâmia.

Capítulo 15

1. Após o nascimento dos filhos, deve-se compreender que o regime de alimentação produz uma grande diferença para o vigor de seus corpos. Examinando os outros animais e os povos que se empenham em formar homens para a guerra, vê-se que a alimentação

mais favorável ao corpo é o leite tomado em abundância, sem o uso do vinho, por causa das doenças que ele produz.

2. Também é útil dar aos movimentos toda a liberdade que se possa permitir a crianças dessa idade. Para evitar que seus membros delicados tomem uma falsa conformação, algumas nações ainda hoje se servem de máquinas que impedem o corpo de se tornar disforme. Convém também habituá-los ao frio desde a primeira infância; é o maior serviço que se pode prestar-lhes, a bem de sua saúde e dos trabalhos de guerra. Vários povos bárbaros têm mesmo o costume de mergulhar os filhos em um rio cujas águas sejam frias, ou cobri-los com roupas leves, como fazem os celtas.

3. A idade que segue até os 5 anos não deve ainda ser aplicada ao estudo nem aos trabalhos pesados, a fim de não interromper o crescimento. É preciso apenas bastante movimento para impedir o entorpecimento do corpo, e o melhor para isso é a ação e o exercício. Mas é preciso que esses exercícios não sejam indignos de uma condição livre, nem fatigantes, nem de uma facilidade exagerada.

4. Os contos de fábula que convém fazer-lhes ouvir nessa idade serão o objeto da vigilância dos magistrados encarregados da fiscalização das crianças. Todos esses jogos devem preparar o caminho aos exercícios que eles seguirão mais tarde; para a maioria, outras tantas imitações dos exercícios que eles farão depois de um modo sério.

5. É um erro proibir em nome da lei os gritos e o choro das crianças; porque esse é um meio de desenvolvimento, e um exercício para os órgãos. O esforço feito para reter o hálito fortifica o corpo, e é o que acontece às crianças quando gritam. Os fiscais vigiarão as recreações e o emprego do resto do tempo, de modo que as crianças estejam o menos possível na companhia dos escravos. É preciso, durante esse primeiro período até a idade dos 7 anos, que elas sejam educadas na casa paterna.

6. É razoável, pois, afastar das crianças dessa idade as coisas grosseiras que possam ferir os olhos e os ouvidos. Em uma palavra, o legislador deverá banir da cidade a indecência proposital como qualquer outro vício; que não há, longe dos maus exemplos, quem ouse praticar más ações. Assim, é estritamente necessário que, desde a mais tenra infância, os jovens nunca tenham ocasião de ouvir

ou dizer tais coisas. Se alguém se convence de haver dito ou praticado uma coisa proibida, deve, no caso em que seja um homem livre, mas não tenha tido o privilégio de ser admitido nos repastos comuns, ser punido pelo ferro em brasa e pelas chibatadas; se é um homem de idade avançada, deve-se, em punição de suas inclinações servis, infligir-lhe os castigos reservados aos escravos.

7. Já que condenamos as palavras indecentes, é claro que da mesma forma condenaremos as pinturas e as representações obscenas. Os magistrados zelarão, pois, cuidadosamente, por que nenhuma pintura represente ações desse gênero, a não ser nos templos dos deuses, para os quais a lei permite essas indecentes bobices. Além disso, a lei autoriza os homens de uma idade avançada a fazerem sacrifício a esses deuses, seja para eles próprios, seja para seus filhos e para suas mulheres.

8. O legislador deve também proibir àqueles que são demasiado jovens assistirem às representações satíricas e às comédias, antes que tenham atingido a idade em que poderão ser admitidos aos repastos comuns e fazer uso do vinho puro; então a educação os porá ao abrigo desses perigos. Agora tratamos esse assunto correndo, mas insistiremos mais adiante para resolver se é preciso interditar absolutamente todos os espetáculos aos jovens, ou se, depois das nossas dúvidas, deve-se permitir-lhes qualquer liberdade, e como. Ora mencionamos isso apenas por ser coisa necessária.

9. Talvez Teodoro[(121)], o ator trágico, tivesse razão em dizer que jamais permitiria, mesmo a um ator medíocre, aparecer antes dele em cena, porque os espectadores deixam-se facilmente impressionar em favor da voz que primeiro ouvem. Ora, é exatamente isso que acontece nas nossas relações com os homens, e relativamente, às coisas que nos cercam: as primeiras impressões são sempre as que mais agradam. Eis por que é preciso tornar estranhas aos jovens todas as coisas desprezíveis, principalmente as que constituem a fonte do vício e da malquerença. Uma vez chegados à idade de 5 anos, eles deverão, nos dois anos seguintes, até os 7, assistir como espectadores aos exercícios que terão de aprender depois.

10. De resto, há dois períodos nos quais se pode dividir a educação das crianças: a partir do sétimo ano, até a adolescência, e

desde a adolescência até 21 anos. Aqueles que cantam os períodos da vida pelos números setenários, estão quase sempre errados. É melhor, nesta divisão, conformar-se à mancha da natureza; ora, o fim da arte e da educação em geral é substituir a natureza e completar aquilo que ela apenas começou. Primeiramente, pois, trata-se de examinar se convém estabelecer algum sistema sobre a educação das crianças; depois, se há vantagem em submetê-las a uma vigilância comum ou educá-las em particular na casa paterna, como é uso ainda hoje na maioria dos Estados; em terceiro lugar, qual deve ser essa educação.

Livro Quinto

SINOPSE

A educação dos jovens deve ser ministrada em comum - Diferença entre as artes liberais e as artes mecânicas - Da Literatura, da Ginástica, da Música e do Desenho - A utilidade não deve ser o único objetivo da educação - Da Ginástica e da Música.

CAPÍTULO 1

1. Ninguém contestará, pois, que a educação dos jovens deve ser um dos principais objetos de cuidado por parte do legislador; porque todos os Estados que desprezaram prejudicaram-se grandemente por isso. De fato, o sistema político deve ser adaptado a todos os governos, e costumes adequados a cada governo o conservam e mesmo o mantêm sobre uma base sólida. Assim, os costumes democráticos ou aristocráticos são o mais seguro fundamento da democracia; e os costumes mais puros dão sempre o melhor governo.

2. Demais, em toda espécie de talento ou de arte, há coisas que é preciso conhecer antecipadamente, e hábitos que é preciso contrair, para estar em condições de executar os trabalhos que exigem; assim é evidente que o mesmo deve acontecer com as ações virtuosas. Mas como existe um objetivo único para a cidade, segue-se

que a educação também deve ser única para todos, administrada em comum, e não entregue aos particulares como se faz hoje, dirigindo cada qual a educação de seus filhos, e dando-lhes o gênero de instrução que melhor lhe parece. No entanto, aquilo que é comum a todos deve também ser apreendido em comum. Ao mesmo tempo, é preciso não imaginar que cada cidadão se pertença a si próprio, e sim que todos os cidadãos pertencem à cidade; porque todo indivíduo é membro da cidade, e o cuidado que se põe em cada parte deve, naturalmente, harmonizar-se com o cuidado que cabe ao todo.

3. Quanto a isso, pode-se louvar aos lacedemônios, que empregam o máximo de atenção na educação dos filhos, exigindo que ela seja administrada em comum. É evidente, pois, que ao legislador cabe ocupar-se da educação, e dirigi-la. Porque não se está de acordo quanto aos fatos, e já não mais se estende quanto às matérias que os jovens devem aprender para chegar à virtude e à vida perfeita. Não se sabe bem se convém ocupar-se da inteligência ou das qualidades morais.

4. O sistema atual de educação dificulta esse exame; não se sabe ao certo se se devem ensinar as artes úteis à vida, ou os preceitos de virtude, ou a ciência de pura recreação. Todas essas têm os seus partidários, e nada está bem determinado sobre a virtude; os princípios viriam sobre a própria essência da virtude, de tal forma que as opiniões divergem sobre os meios de exercê-la.

Capítulo 2

1. Aliás, não é difícil perceber que, entre as coisas úteis, é preciso que se esteja a par principalmente daquelas que são de incontestável necessidade. É igualmente óbvio que nem todas devem ser ensinadas, pois há muitas de uso liberal, outras que não convêm a homens livres. Deve-se, pois, ministrar aos jovens apenas os conhecimentos úteis que lhes imponham um gênero de vida sórdida e mecânica? Ora, deve-se considerar como mecânica toda arte, toda ciência que impossibilita os exercícios e a prática da virtude afetando o corpo dos homens livres, ou a sua alma, ou a sua inteligência. Eis por que nós chamamos mecânicas todas as artes que alteram as inclinações naturais do corpo, e todos os trabalhos que

são mercenários; porque não deixam ao pensamento nem liberdade, nem dignidade.

2. Mas nada há de servil em cultivar certas ciências liberais, pelo menos até certo ponto. Só uma aplicação exagerada e a pretensão de atingir a perfeição nesse gênero podem produzir os inconvenientes que mencionamos. Aliás, há muita diferença conforme o fim que se tem em vista, aprendendo ou praticando as ciências. Porque, quando o único objeto é a utilidade própria, ou dos amigos, nada há nisso de mesquinho; mas o próprio trabalho que se faz para outrem parece possuir algo de mercenário e servil. As ciências e as artes que hoje estão em moda apresentam, pois, essa dupla tendência, como já ficou dito.

3. Hoje a educação compreende, geralmente, as seguintes partes: a Gramática, a Ginástica e a Música, a elas se acrescentado às vezes o Desenho. A Gramática e o Desenho são considerados úteis à vida, e de uso múltiplo. A Ginástica serve para formar a coragem. Quanto à Música, poder-se-ia duvidar da utilidade de ensiná-la. Porque hoje ela só é ensinada como arte de recreação, ao passo que antigamente fazia parte da educação; a própria natureza, como muitas vezes dissemos, não só procura os meios de bem empregar o tempo da atividade, como também de proporcionar nobres distrações; porque, digamos mais uma vez, é a natureza que começa tudo.

4. Se o trabalho e o repouso são ambos necessários, o repouso é, sem dúvida, preferível ao trabalho, e geralmente é preciso procurar o que se deve fazer para aproveitá-lo. Não se trata, certamente, de simples prazeres, porque disso se deduziria ser para nós, o prazer, o objetivo da vida. Ora, se é impossível que assim seja, é antes no trabalho que se deve procurar distração, porque é precisamente quando se está fatigado que se precisa de repouso, e, aliás, os prazeres foram inventados só para descansar. O trabalho acarreta sempre esforço e fadiga. Eis por que é preciso, quando se recorre aos prazeres, espreitar o momento favorável para deles fazer uso, como se só se quisesse empregá-los a título de remédio. O movimento que o exercício comunica ao espírito liberta-o e descansa-o pelo prazer que lhe proporciona.

5. Parece que existe no próprio descanso uma espécie de prazer, felicidade e encanto unidos à vida, mas que se encontram somente nos homens livres de todo trabalho, e não nos que se

acham ocupados. Porque estar ocupado em algo é trabalhar para fim que ainda não se atingiu; e na opinião de todos os homens, a felicidade é o objetivo sobre o qual se apoia sem cuidado, o pleno prazer. É verdade que esse prazer não é o mesmo para todos; cada qual dispõe a seu modo e segundo o seu caráter. O homem perfeito concede a felicidade perfeita, compondo-a das virtudes puras. Do que se depreende claramente que para saber compreender os lazeres da vida liberal, é preciso que se aprendam certas coisas, se desenvolvam, e que esses estudos tenham por fim o próprio indivíduo que goza desse repouso, ao passo que o trabalho aplicado às coisas necessárias refere-se mais particularmente aos outros que a nós próprios.

6. É por isso que os antigos não classificaram a Música entre as matérias da educação, como coisa útil como a literatura o é para o comércio, para a economia, para o Estado e para a maioria dos atos da vida civil, como o Desenho que parece útil para um melhor julgamento dos artistas, e finalmente como a Ginástica para a saúde e para a força – porque não nos parece que nenhum desses benefícios provenha da Música. Resta, pois, que ela seja útil para as horas de descanso, o que a faz ser admitida como parte da educação.

Compreendeu-se neste nome aquilo que se considera como uma distração dos homens livres. É por essa razão que Homero(122) diz:

"Um daqueles que se convidam para o festim solene..."

ou ainda, citando outros personagens seus, acrescenta que eles chamam para o festim:

"Um cantor(123) cuja voz encantará todos os hóspedes."

Ou afinal que faz dizer a Ulisses que a Música é a distração mais agradável, quando os homens se entregam ao prazer.

"No palácio, sentados ao redor de esplêndido banquete. Escutam o poeta..."(124)

Capítulo 3

1. É incontestável, pois, que existe uma educação que deve ser ministrada aos jovens, não por ser útil ou necessária, mas por ser liberal e digna. Mas haverá só uma ciência desse gênero? Haverá mais? Quais são? Como se deve ensiná-la? É o que teremos a dizer mais adiante. Tudo o que até aqui dissemos, como preliminar, é que os antigos nos prestaram o seu testemunho às partes essenciais da educação; disso nos dá a Música uma prova evidente. Vê-se ainda que é preciso ensinar aos filhos certas coisas úteis, não só porque sejam úteis, como a Literatura, mas porque proporcionam o meio de adquirir muitos outros conhecimentos.

2. O mesmo se pode dizer do desenho. Não o estudam para se assegurar contra erros nas aquisições particulares, e evitar de enganar-se nas compras e vendas de imóveis, mas para chegar a uma concepção mais delicada da beleza dos corpos. Aliás, em tudo só procurar a útil e o que menos convém a homens livres que têm um espírito elevado. Demonstramos que se devem formar os hábitos nos filhos antes de formar a sua razão, e o corpo antes do espírito. Disso se depende que se lhes deve ensinar a ginástica e a pedotríbica[(125)]: uma, para dar ao corpo graça e vigor; outra para educá-lo nos exercícios.

3. Em nossos dias, no entanto, nos Estados que passam por prestar os maiores cuidados à educação das crianças, muitos se empenham em dar-lhes uma constituição atlética, assim aviltando as formas e o desenvolvimento do corpo. Os lacedemônios, ao contrário, de modo algum cometeram tal falta, mas à força de acostumar os jovens às fadigas, por ser esse o meio de dar-lhes uma coragem indômita, fazem-nos ferozes. Mas, como temos dito muitas vezes, não nos devemos prender a um só objetivo, e, sobretudo, não àquele que devemos ter principalmente em vista. Mesmo quando a coragem militar fosse o principal objetivo, não se pode alcançá-la por esse meio; porque, nos outros animais, assim como no homem, a coragem não parece acompanhar os temperamentos mais ferozes, e sim os mais dóceis.

4. Muitos povos têm o hábito do homicídio e são antropófagos, como os beniocos que habitam as costas do Ponto Euxino, várias nações do interior que se assemelham e são ainda mais fe-

rozes; mas esses não passam de malfeitores que não conhecem a verdadeira coragem. Sabe-se ainda que os próprios lacedemônios, enquanto empregaram todo o seu tempo de trabalhos e fadigas corporais, tiveram superioridade sobre os outros povos, mas hoje estão bem atrasados em exercícios de ginásio e de campo de batalha. É que eles não deviam a sua superioridade ao seu modo de exercitar os jovens, mas sim ao fato de se baterem contra inimigos que não se exercitavam.

5. É preciso, pois, colocar em primeiro lugar a honra, e não a felicidade. Os lobos e os animais selvagens não arrostariam um perigo em nome da honra; só o homem bravo disso é capaz. Mas os que esforçam demasiado a criança nessa parte da educação, e a deixam na ignorância absoluta das coisas que é preciso saber, só fazem de seus filhos péssimos artistas, por quererem torná-los úteis à sociedade para um só gênero de trabalho; esse mesmo a seus filhos fazem pior que os outros, como prova a razão. Não se pode opinar, nessa questão, pelo que se passava antigamente, mas pelo que se passa hoje. Ora, hoje há rivais para a educação; antigamente não.

Capítulo 4

1. Que se deve fazer uso da Ginástica é um ponto com o qual se concorda. Até a época da adolescência, só se devem empregar exercícios pouco fatigantes, proibindo às crianças uma alimentação excessiva e todos os trabalhos pesados, a fim de que nada possa prejudicar o seu crescimento. Existe mesmo uma prova bem convincente de que tais inconvenientes se produzem: entre os atletas que tomam parte nos jogos olímpicos, encontrar-se-iam apenas dois ou três que, após terem sido proclamados vencedores em sua infância, também o sejam na idade madura, porque os exercícios violentos e os trabalhos pesados, na juventude, fizeram-lhes perder as forças.

2. Mas, a partir da puberdade, os jovens se entregarão, durante três anos, a outros estudos, e então convirá consagrar a época seguinte a trabalhos pesados e a um regime regular de vida; porque não se deve cansar o corpo e a inteligência ao mesmo tempo. Cada um desses dois gêneros de fadiga produz efeitos opostos: a fadiga

do corpo é prejudicial ao desenvolvimento do espírito, e a do espírito ao desenvolvimento do corpo.

3. Já apresentamos certas dúvidas sobre a Música; mas é bom a ela voltar agora, para fornecer alguns dados aos que desejarem tratar desse assunto. De fato, não é fácil apontar a influência que ela pode ter, e se é como prazer e descanso que deve ser considerada (o que também se poderia dizer do sono e do uso do vinho puro); porque essas duas coisas em si nada têm de grave, mas, como diz Eurípedes(126), são agradáveis, e ao mesmo tempo acalmam os nossos pesares. Eis por que ela se inclui na mesma categoria, e faz-se mais ou menos o mesmo uso destas três coisas – o sono, o vinho e a Música, chegando-se mesmo a acrescentar-lhes a Dança.

4. Será preciso crer que a Música contribua com qualquer coisa para a virtude (porque, assim como a Ginástica dá ao corpo certas qualidades, e Música traz ao caráter certos benefícios, acostumando-o aos prazeres honestos), ou então que ela contribui ao mesmo tempo para o prazer e para o desenvolvimento do espírito? Porque esse é um terceiro ponto de vista que é preciso acrescentar aos que já indicamos. Vê-se, pois, que não se deve fazer da instrução uma simples distração, pois que instruir-se não é distrair-se e o estudo vem acompanhado de algum aborrecimento. Não convém mesmo atribuir o prazer à infância como apanágio seu, nem as idades próximas, porque o fim não convém a nada do que é imperfeito.

5. Contudo, poder-se-ia julgar que aquilo que para as crianças é um negócio importante destina-se a diverti-las quando forem homens, chegados à madureza da idade. E sendo assim, de que vale adquirir a instrução para si, ao invés de fazer como os reis dos persas e dos medos, que só participam do prazer e do estudo pelo talento dos outros? E, de fato, é natural que aqueles que sempre se dedicam a um só trabalho, elevando-o a altura da arte, nele melhor sucedam que os que só lhe consagram o tempo necessário para aprendê-lo. Se cada qual precisasse fazer tais estudos, ser-lhe-ia igualmente preciso aprender a arte de temperar as iguarias da sua mesa, o que seria absurdo.

6. A mesma objeção surge supondo-se que a Música possa melhorar os costumes. Para que estudá-la, ao invés de gozar-lhe o verdadeiro prazer e poder julgar escutando outros? É o que se faz

em Lacedemônia. Sem conhecer a Música, os lacedemônios, diz-se, podem muito bem julgar das belezas e imperfeições da harmonia. O mesmo raciocínio surgirá se se considerar a Música como devendo servir de passatempo e divertimento aos homens livres; por que, pois, estudá-la, ao invés de gozar do talento dos outros?

7. Pode-se ainda considerar aqui a concepção que nós fazemos dos deuses: porque os poetas não nos representam Júpiter cantando e tocando lira. Pode-se chegar a dizer que a Música é uma arte servil, e que para exercê-la é preciso estar embriagado ou querer divertir-se. Aliás, talvez tenhamos ocasião de voltar mais adiante a esse assunto.

Capítulo 5

1. O primeiro ponto é saber se ela deve fazer parte da educação, ou se deve ser excluída, e se é uma ciência, um prazer, ou um simples passatempo. Ora, é com razão que se lhe dão essas três denominações, e ela parece reunir todas três. Porque o prazer tem por fim o descanso, e todo descanso é forçosamente agradável, visto que é uma espécie de remédio contra a fadiga produzida pelo trabalho. Admite-se geralmente que o passatempo deve reunir o honesto e o agradável; porque a felicidade se compõe dessas duas condições, e todos nós concordamos que a Música puramente instrumental ou acompanhada de canto é uma das coisas mais agradáveis.

2. Museu disse que o maior prazer dos mortais é o canto. É com razão, pois, que se admite a Música nas reuniões e nos divertimentos, pois que ela faz nascer a alegria. Esse motivo bastaria por si só para fazer que os jovens aprendessem Música. Porque todo prazer que não prejudica é conveniente não só como objetivo, mas também como distração. E já que acontece muito raramente aos homens atingirem o fim a que se propõem, ao passo que eles muitas vezes se distraem e têm necessidade de diversões, quando mais não seja para delas gozar o prazer de um momento, segue-se que é útil procurar um descanso nos prazeres que a Música proporciona.

3. Às vezes, no entanto, os homens tomam o prazer por objetivo; e, de fato, há talvez um prazer no objetivo, mas não um prazer qualquer, que a cada passo se encontra. Procurando-se este último

prazer, é ele confundido com outro, porque o fim dos atos particulares tem qualquer relação de semelhança com o fim geral que se tem em vista. Não é para o futuro que se deve almejar o fim do que quer que seja, e os prazeres de que falo não se referem a coisa alguma que deve estar no futuro; ao contrário, referem-se às coisas passadas, como os trabalhos e as penas. Poder-se-ia, pois, com acerto, presumir que é tal a coisa, que faz que se espere encontrar a felicidade em todos os prazeres.

4. Quanto a saber se é preciso estudar Música não só por ela própria mas também pela sua utilidade, como um meio de distração, parece(127)... É sempre necessário examinar se não é apenas um acidente; se a natureza dessa arte não será algo mais importante que o que faz crer o uso do qual falamos; se, independentemente do prazer geral que ela faz experimentar, e do qual todos os homens têm o sentimento (porque há na música um prazer que toca a própria natureza, que seduz todas as idades, todos os caracteres, e que torna o seu culto agradável) não se deve considerar a influência que ela pode exercer no coração e na alma. E essa influência seria incontestável, se fosse verdade que a Música tem o poder de modificar os nossos gostos a sua vontade.

5. Ora, que ela produz tal efeito é claramente provado pelas árias melodiosas de muitos músicos, principalmente de Olimpus(128). Essas árias, da aceitação de todos, despertam o entusiasmo na alma, e o entusiasmo não passa de um movimento especial da alma. Basta, mesmo, para experimentar uma viva emoção à qual ninguém escapa ouvir, repeti-las em ritmo e sem melodia. Pois que a Música é um prazer e a virtude consiste em gozar, amar e odiar como manda a razão, é claro que o primeiro dos nossos estudos e dos nossos hábitos deve-se julgar serenamente, e só colocar o prazer nas sensações honestas e nas ações virtuosas.

6. Ora, nada imita melhor os verdadeiros sentimentos da alma que o ritmo e a melodia, seja em se tratando de cólera, da meiguice, da coragem, da temperança, ou das afeições opostas e de outras sensações da alma. A prova disso está nos acontecimentos, pois que a Música desperta em nossa alma todas essas paixões. Quando se tem o hábito de sentir dor ou prazer, quando surgem coisas que se lhes assemelham, se está a ponto de experimentar os mesmos sentimentos em presença da realidade. Por exemplo, se

um homem sente prazer em apreciar o retrato de alguém, só porque esse retrato representa a forma exterior, forçosamente a vista da própria pessoa cujo retrato ele contempla ser-lhe-á agradável.

7. Os objetos que recaem sobre os outros sentidos, com o tato e o gosto, não têm analogia alguma com as afeições morais; os próprios objetos que são do domínio da vista só os reproduzem aos poucos. É o que fazem as figuras: despertam-nos pouco a pouco os sentimentos, e todos os homens são capazes de experimentar esse gênero de sensação. Essas não são imagens verdadeiras dos costumes, antes são alguns que se manifestam pelas figuras, pelas cores e pelas atitudes do corpo, quando ele se agita por qualquer paixão. Se se cogita da importância da escolha dos modelos, não são os quadros de Pauson que os jovens devem contemplar, mas os de Polignota[(129)], ou qualquer outro pintor ou estatuário que se aplique a representar os costumes.

8. Ao contrário, a Música é a imitação das afeições morais, e isso é evidente, porque existem diferenças essenciais na natureza dos diversos acordes. Aqueles que os ouvem se impressionam de diferentes modos a cada um de seus acordes: alguns destes, como o tom mixolídio[(130)], os predispõem à melancolia e a sentimentos concentrados: outros inspiram voluptuosidade e abandono como os tons moderados. Outra harmonia intermédia traz à alma paz e repouso; é só o tom dórico que produz esse efeito, ao passo que o frígio excita o entusiasmo.

9. É o que observam com razão os que se aprofundaram nessa arte da educação; porque apoiam-se, em seus raciocínios sobre esse assunto, no próprio testemunho dos fatos. O mesmo acontece quanto às diversas espécies de ritmos, os quais uns exprimem costumes calmos, pacíficos e outros perturbação e movimento; entre esses, uns marcam movimentos bruscos, outros movimentos mais dignos de um homem livre. É incontestável, pois, que a Música exerce um poder moral. E se ela pode ter essa influência, é também evidente que se deve a ela recorrer, ensinado-a aos jovens.

10. A juventude é precisamente a idade própria ao estudo dessa arte; porque é natural que os jovens não suportem aquilo que nada oferece de agradável. Ora, a Música é, por sua natureza, uma das coisas que em si mesmas trazem o agrado. Parece, de fato, que

existe na harmonia e no ritmo algo de análogo à natureza humana, e é por isso que muitos filósofos pretendem que a alma é uma harmonia, e outros que ela encerra e abraça a harmonia.

Capítulo 6

1. Será ou não preciso, conforme a dúvida que anteriormente emitimos, que os jovens aprendam Música exercitando-se no cano e tocando eles próprios os instrumentos? Eis a questão que nos resta agora responder. Não é difícil compreender que a influência moral da Música difere bastante, conforme a cultivamos nós próprios, ou não a cultivamos. Porque é difícil, ou mesmo impossível, ser bom juiz numa arte que não se pratique. Além disso, é preciso que as crianças tenham uma ocupação, e é justo considerar como sendo uma bela invenção de Arquitas[131] a matraca, que se dá aos meninos a fim de que, enquanto dela se sirvam, nada quebrem em casa; as crianças não podem ficar um só instante em repouso. A matraca é, pois, um brinquedo que convém aos pequerruchos, mas a instrução é o brinquedo daqueles que são mais idosos. Deve-se, pois, ensinar a Música aos jovens, e obrigá-los a cultivá-la eles próprios.

2. Não é difícil determinar o que convém às diversas idades, e acabar com as objeções daqueles que pretendem que esse gênero de estudo tem qualquer coisa de vil e de mecânico. Em primeiro lugar, pois que é preciso, para bem julgar uma arte, a ela se estar afeito. Deve-se praticá-la ao menos durante a juventude, podendo-se renunciar mais tarde a esse trabalho. E então se poderá apreciar a grandeza dessa arte e dela gozar graças ao conhecimento que se terá adquirido na juventude.

3. Quanto à censura que fazem alguns à Música, de ser uma ocupação baixa e servil, é fácil refutá-la, considerando até que ponto convém se ocupar da prática dessa arte, os homens cuja ocupação tem por fim a virtude política quais os acordes e ritmos que devem estudar, e que instrumentos lhes convém aprender a tocar. Porque há provavelmente algumas diferenças a considerar aqui, e nisso é que se encontra a resposta à censura da qual acabamos de falar. Nada impede, de fato, que a Música tenha certos tons próprios e produzam os excessos mencionados.

4. Também se compreende que é preciso que o estudo da Música em nada possa prejudicar as coisas que se tiver de fazer em seguida, nem aviltar o corpo, tornando-o incapaz de suportar as fadigas de guerra, ou impróprio para as funções civis; ela não deve ser a princípio um obstáculo à prática das forças do corpo, mais tarde aos trabalhos do espírito. Ora, é ao que se chegará, se não se procura preparar-se para as competições solenes entre os músicos, ou para realizar esses esforços que admiram e que são uma espécie de inutilidade, prodígios que foram introduzidos nos concursos, e depois passaram à educação. É preciso, no entanto, nela estar exercitado pelo menos o suficiente para sentir prazer nos canto e ritmos que têm uma beleza real, e não somente na Música comum e vulgar, que agrada até mesmo a certos animais e à multidão dos escravos e das crianças.

5. Claramente se compreende quais são os instrumentos dos quais se deve fazer uso. Não se deve introduzir na educação as flautas e os instrumentos feitos com arte, como a cítara, e outros do mesmo gênero, mas apenas aqueles que farão dos jovens autores inteligentes a tudo que se refere à educação musical e aos outros ramos dessa arte. Aliás, a flauta não é adequada a operar sobre as afeições morais. Só deve ser empregada quando os espetáculos têm mais por objetivo corrigir que instruir. Acrescentamos que o emprego da flauta tem algo de contrário à necessidade de instrução e impossibilita o uso da palavra. É por isso que os nossos antepassados proibiram o seu uso ao jovem e aos homens livres, embora de começo o tivessem admitido.

6. Após terem adquirido o descanso pela abastança e pela prosperidade, animados do mais generoso ardor pela virtude, orgulhoso de suas proezas antes e depois da guerra Médica, entregam-se a todos os gêneros de conhecimentos, sem distinção, a nenhum querendo desprezar: foi isso que os levou a elevar a arte de tocar flauta à altura de verdadeira ciência. Também se viu em Lacedemônia um magistrado tocador de flauta, e logo esse gosto se espalhou de tal forma em Atenas, que a maioria dos homens livres procurava adquirir esse talento. É o que se depreende do quadro que Trasipos consagrou aos deuses, quando fez os afrescos do coro dirigido pelo poeta Esfantidos[(132)].

7. Mas depois renunciou-se a essa arte, quando a própria aparência ensinou a melhor distinguir o que tende para a virtude e

o que para ela não tem tendência alguma. Aboliu-se também um grande número de instrumentos que antigamente se usavam, e todos os que exigem um prolongado exercício de mão.

8. Não sem razão imaginaram os antigos uma fábula a respeito da flauta. Contam que Minerva, que a inventara, não tardou a pô-la de lado. Sem dúvida não será deselegante dizer também que foi movida pela cólera que agiu a deusa, porque esse instrumento deforma a fisionomia. No entanto, é mais verossímil que tal se desse porque o estudo da flauta em nada contribui para o aperfeiçoamento da inteligência. Ora, acredita-se geralmente que Minerva preside as ciências e as artes.

Capítulo 7

1. Não aprovamos, pois, em matéria de instrumentos e de execução musical a perfeição que vai até a arte, e que é tal como a constatamos nos concursos solenes. Aquele que a procura não trabalha para se aperfeiçoar em virtude, mas para o gozo dos que escutam, e por prazer grosseiro e vulgar. É por isso que um tal talento não nos parece convir a homens livres, mas antes a mercenários; certamente ele só forma artesãos; porque a intenção é má, e dela eles fazem um objetivo. O espectador ignorante e grosseiro tem o hábito de transformar a Música a tal ponto que atribui aos artistas que se lhe exibem, um caráter particular, e mesmo deforma os seus corpos pelos movimentos forçados que o jogo dos instrumentos exige.

2. Trata-se agora de examinar, em matéria de harmonias e ritmos, se todas as harmonias e ritmos devem ser usados na educação, ou se existe alguma distinção a estabelecer; depois, se se deve admitir, para os que trabalham na arte musical, a divisão em dois gêneros, ou se não se deve admitir um terceiro. Sabe-se que a Música geralmente se compõe de melopeias e ritmos; mas não se deve ignorar o efeito de cada uma dessas coisas em relação à educação. Nem se deve preferir a Música perfeita à melopeia, ou o ritmo.

3. No entanto, pois que reconhecemos já ter sido o assunto tratado com sucesso por alguns sábios músicos de profissão, e por filósofos possuidores de um conhecimento suficiente de Música, dizemos que consultem suas obras àqueles que queiram detalhes

exatos e completos sobre essa matéria, e nos limitamos, no momento, a algumas considerações fundamentais muito sumárias.

4. De resto, aceitando a divisão dos cantos adotada por alguns filósofos, em cantos morais, práticos, próprios a despertarem o entusiasmo, e admitindo ainda uma harmonia especial a cada um deles, de modo que cada parte admita naturalmente um gênero da utilidade, e que, antes, ela deve ter vários. Com efeito, ela pode servir à instrução, à purificação (em nossos tratados sobre a Poética explicaremos o que entendemos por esse termo que aqui empregamos de um modo geral); finalmente, ao prazer, como meio de distração e repouso após uma atenção prolongada. Disso resulta claramente que se deve fazer uso de todas as espécies de harmonias, mas não de um só modo em todos os casos. Ao contrário, é preciso fazer servir os cantos morais à instrução, mas limitar-se àqueles que se chamam práticos, e os são próprios a despertar o entusiasmo, quando executados nos instrumentos por outras pessoas.

5. Essa maneira de impressionar-se tão viva e profundamente em certas pessoas, existe no fundo de todos os homens; só difere pelo mais ou pelo menos. Por exemplo, a piedade, o medo e também o entusiasmo. De fato, existem indivíduos que são particularmente inclinados a essas espécies de movimentos da alma; são os que se tornam calmos e absortos sob a influência das melodias sagradas, quando escutam uma música que lhes perturba a alma; dir-se-ia que encontram o remédio que poderia purificá-la.

6. Os homens predispostos à piedade, ao medo e, em geral, a paixões violentas, devem forçosamente experimentar o mesmo efeito; e também os outros, conforme a sua disposição particular com respeito às paixões; todos devem experimentar uma espécie de purificação e alívio acompanhada de uma sensação de prazer. É assim que os cantos que purificam as paixões dão aos homens uma alegria ingênua e pura, e, por essa razão, é com tais harmonias e cantos que os artistas que executam a música de teatro devem agir sobre a alma dos ouvintes.

7. No entanto, havendo duas espécies de espectadores, uns homens livres e bem-educados, outros grosseiros, artesãos, mercenários e semelhantes, é preciso também conceder a esses últimos diversões e representações próprias a distraí-los. Do mesmo modo

que suas almas são desviadas da via natural, suas harmonias se afastam das regras da arte; seus cantos têm uma rusticidade forçada e uma cor falsa. Cada qual só encontra prazer naquilo que se adapta à sua natureza. É preciso, pois, conceder aos que exibem a sua parte a tais ouvintes, a liberdade de fazer uso desses gêneros de música. Mas, na educação, como já foi dito, só se devem servir de cantos morais e harmonias convenientes.

8. Tal é a harmonia dórica, como já falamos; a ela é preciso acrescentar qualquer outra espécie de harmonia que tenha a aprovação dos filósofos que trataram desse assunto e que meditaram sobre a parte da educação que se refere à Música. É erradamente que Sócrates, na *República de Platão*, só permite a união da harmonia frígia à dórica, e isso após proibir o uso da flauta; porque as harmonias, que a flauta entre os instrumentos, despertam as paixões e produzem o entusiasmo.

9. A poesia comprova: porque todos os cantos consagrados a Baco e todos os movimentos dessa espécie são mais acompanhados de flauta que de qualquer outro instrumento; mas é nos cantos adaptados à harmonia frígia que eles tomam a característica que lhes convém especialmente; por exemplo, no ditirambo, que todo o mundo considera uma invenção frígia, aqueles que têm um conhecimento aprofundado desse gênero de poesia citam um grande número de exemplos que vêm corroborar essa asserção, entre outros de Filoxênio(133), que tendo se resolvido a fazer um ditirambo cujo tema eram as Fábulas, e tendo-o começado no tom dórico, não pôde acabá-lo assim, mas viu-se forçado, pela própria natureza de sua composição, a recair na harmonia frígia, que se adapta a esse gênero de poesia.

10. Quanto à harmonia dórica, concorda-se unanimemente em reconhecer-lhe um caráter de gravidade sustenida e de energia varonil; mas, por outro lado, como nós aprovamos sobretudo o que medeia entre duas espécies opostas, como é, em nossa opinião esse meio-termo que se deve procurar segurar, que tal é exatamente a relação em que se encontra a harmonia dórica com as outras harmonias, segue-se evidentemente que os cantos dóricos são os que se deve ensinar aos jovens. No entanto, há dois objetivos que se deve ter em vista – o possível e o conveniente – porque, de fato, deve-se procurar de preferência aquilo que é possível e conveniente

para cada indivíduo. Ora, essas duas condições determinadas pela idade. Por exemplo, é bem difícil a homens cujas forças estejam gastas pelo tempo executar cantos sustenidos e que exigem certo vigor. Ao contrário, a própria natureza sugere às pessoas dessa idade cantos que tenham uma espécie de suavidade e doçura.

11. Eis por que muitos daqueles que se ocupam da música censuram a Sócrates o fato deste desaprovar, na educação, o emprego dos cantos dessa tipo, sob o pretexto de que eles têm a característica da embriaguez. Longe de semelhar à embriaguez e ao entusiasmo báquico que ela desperta, esses cantos são, antes, a expressão da fraqueza da idade. Resulta disso que é bom, mesmo no interesse do futuro e da velhice que caminha, estudar essas harmonias e cantos. Poder-se-ia ainda acrescentar-lhe qualquer outro tom semelhante que conviesse à infância, como podendo por sua vez instruí-la e inspirar-lhe o sentimento de decência; o tom lídio tem esse duplo mérito, mais que todas as outras harmonias. Assim, há três coisas a observar em relação à educação: o meio-termo, a possibilidade e a conveniência.

Livro Sexto

Sinopse

Teoria geral do governo modelo - Questões a tratar - Da diversidade de partes de que se compõe a cidade - Da democracia - Da oligarquia - Do que comumente se chama Organização Política - Maneira de formá-la - Da tirania - Qual a melhor forma de governo - Relações de conveniência que devem existir entre as qualidades da constituição e as qualidades dos cidadãos - Dos corpos deliberativos - Dos magistrados e das magistraturas - Dos juízes e dos julgamentos.

Capítulo 1

1. Todas as artes, todas as ciências que não se prendem a um objeto parcial, mas que abraçam na sua perfeição todo um gênero. Assim é a Ginástica, que compete determinar que espécie de exercício é útil a este ou àquele temperamento, qual é o melhor dos exercícios (este deve ser forçosamente o que convém ao corpo mais bem constituído, e que se tenha desenvolvido de modo mais completo) e, finalmente, o que melhor convém à maioria dos indivíduos, e que por si só conviria a todos; porque nisso consiste a função própria da Ginástica. O próprio homem que não invejasse

nem o vigor de constituição, nem a ciência que proporciona a vitória nos jogos atléticos, ainda precisaria do pedótriba e do ginasta para chegar mesmo para chegar ao grau de mediocridade com o qual se contentaria.

2. Sabemos que o mesmo acontece com a Medicina, com a construção de navios, com o fabrico de roupas e, enfim, com qualquer outra arte. Claramente se depreende que é a única ciência que compete procurar em matéria de melhor forma de governo, o que ela é, quais as condições que lhe podem dar toda a perfeição desejada, livres de quaisquer obstáculos exteriores, e, finalmente, qual a que convém a este ou àquele povo; porque é impossível, talvez, a um grande número de povos ter a mais excelente. Assim, o legislador e o verdadeiro homem de Estado não devem ignorar qual é a forma perfeita de um modo absoluto, e qual a melhor em determinadas circunstâncias.

Finalmente, devem ser capazes de conceber uma mesmo fundada em dados hipotéticos. Porque é preciso que eles possam, segundo um estado de coisas dado, fazer uma ideia das causas que tenham podido produzi-los desde a sua origem, e meios que possam garantir-lhes a maior duração possível, tomando-a tal como é. Quero dizer, se se encontrar um Estado, por exemplo, que não seja bem administrado, que não seja provido de recursos necessários a sua existência e que o mesmo tira todo o partido possível daqueles que possui, mas que, ao contrário, deles faça mal uso.

3. Também é preciso que eles conheçam a forma de governo que melhor convém aos diversos Estados; porque a maioria dos escritores políticos que trataram desse assunto, dizendo coisas excelentes, cometeram erros em vários pontos importantes. Não se trata apenas de considerar a melhor constituição, nas ainda aquele que é praticável, e que ao mesmo tempo oferece aplicação mais fácil, e que melhor se adapta a todos os estados. Longe disso, dos escritores políticos, uns se prendem à forma mais perfeita e que exija recursos consideráveis, e outros, adotando uma forma de constituição mais comum, repelem todas as outras, só aprovando o governo de Lacedemônia, ou de qualquer outro estado particular.

4. Mas seria necessário introduzir uma forma de tal governo que se pudesse facilmente adotar, segundo o que já se achasse estabelecido, e dar-lhe uma aplicação geral; porque não há menos

dificuldade em reformar um governo, que em estabelecê-lo desde o princípio; como não há menos em desaprender, que em aprender pela primeira vez. É por essa razão que, independentemente dos talentos que indicamos acima, das formas de governo já existentes, é preciso que o homem de Estado possa reformar, como já ficou dito; ora, isso lhe é impossível, se ele ignora quantas formas diferentes de governo existem. Por exemplo; certas pessoas julgam que só existe uma espécie de democracia e uma de oligarquia; isso é um erro.

5. É preciso, pois, que não se ignore os caracteres distintivos dos governos, e as diversas combinações que deles se podem fazer; é preciso examinar com a mesma circunspecção as leis perfeitas em si mesmas, e as que convêm a cada constituição; porque as leis devem ser feitas para as constituições como as fazem todos os legisladores, e não as constituições para as leis. De fato, a constituição é a ordem estabelecida no Estado quanto às diferentes magistraturas, e a sua distribuição. Ela determina o que é a soberania do Estado, e qual é o objetivo de cada associação política. As leis ao contrário, são distintas dos princípios fundamentais da constituição; elas são a regra pela qual os magistrados devem exercer o poder, e submeter aqueles que estejam prontos a infringi-lo.

6. Evidentemente disso se depreende que, mesmo para elaborar simples leis, é preciso conhecer o número e as diversidades de constituições. Pois não é possível que as mesmas leis se adaptem a todas as oligarquias e a todas as democracias, se é verdade que existem para democracia, tanto como para a oligarquia, várias espécies, e não uma só.

Capítulo 2

1. Distinguimos, em nosso primeiro estudo das constituições, três constituições puras: a realeza, a aristocracia, a república, e três outras que são um desvio dessas: a tirania para a realeza, a oligarquia em relação à aristocracia e a democracia quanto à república. Já falamos da aristocracia e da realeza – porque estudar a melhor forma de governo é justamente explicar o significado dessas duas palavras, pois que a existência de cada uma dessas formas só se pode basear na virtude, e em tudo o que possa acompanhá-la. Determinamos também as diferenças existentes entre a aristocracia

e a realeza, e os caracteres distintivos pelos quais se pode reconhecer a realeza. Resta-nos tratar, em primeiro lugar, do governo designado pelo termo comum de república, e depois dos outros governos, isto é, da oligarquia, da democracia e da tirania.

2. É fácil compreender qual é o pior desses governos degenerados, e qual o que lhe segue; porque o pior deve ser, forçosamente, aquele que é uma corrupção do primeiro e do mais divino.

É preciso que a realeza só exista no nome, ou que se funde na incontestável superioridade daquele que reina; segue-se a tirania que é o pior dos governos, e também aquele que mais se afasta da república. Em segundo lugar vem a oligarquia; porque a aristocracia difere bastante dessa forma de república. Afinal, a democracia é o mais tolerável desses governos degenerados.

3. Um dos escritores(134) que tratam desse assunto chegou à mesma conclusão, embora se tenha firmado num ponto de vista diferente do nosso; porque ele afirmou que, entre todos os bons governos, tais como a oligarquia perfeita e os outros, a democracia é o pior, mas que é o melhor entre os maus.

4. Nós, ao contrário, afirmamos que esses governos são completamente viciados; não é correto dizer que tal oligarquia é melhor que tal outra: deve-se dizer que ela é menos ruim. Aí temos bastante sobre essa diferença de opinião. Ocupemo-nos, em primeiro lugar, em determinar quantos governos diferentes existem, e se há muitas espécies de democracia e de oligarquia. Procuraremos depois, qual é a mais comum, e a que se deve preferir depois da república perfeita. Finalmente, supondo-se que existe algum outro governo aristocrático bem constituído e conveniente para a maioria dos Estados, examinaremos o que pode ser ele.

5. Veremos em seguida, entre outras formas de governo, qual a preferível para este ou para aquele Estado; porque pode acontecer que a um seja a democracia mais necessária que a oligarquia, e a outro, ao contrário, convenha mais esta que aquela. Depois do quê, será preciso expor como o Estado deve a elas ligar-se; quando se quer estabelecer essas espécies de governo, isto é, cada espécie de democracia e de oligarquia. Por fim, quando tivermos tratado – poucas palavras, mas com a devida extensão – de todos esses assuntos, trataremos de fazer conhecer as causas gerais e particulares da queda da prosperidade de cada um desses governos, e os acontecimentos que preparam essas revoluções(135).

Capítulo 3

1. A causa que deu origem a essa multiplicidade de governo é que toda a cidade se compõe de várias partes; primeiramente, sabe-se que todas as cidades compreendem um certo número de famílias, que formam depois uma multidão de habitantes, dos quais uns serão ricos, fatalmente, e outros pobres, ao passo que outros ainda constituirão uma classe média. A classe dos ricos tem mais meios de se armar, e a dos pobres não possui armas. Vê-se ainda, em toda a cidade, uma parte do povo entre aos trabalhos agrícolas, outra ao comércio, e outra às profissões mecânicas. Finalmente, entre os notáveis de um país, há muitas diferenças no que concerne à riqueza e à extensão das propriedades; por exemplo, há muitos dentre eles que criam e sustentam cavalos, o que não é fácil fazer aos que não têm fortuna.

2. Eis por que, nos tempos antigos estabeleceu-se a oligarquia entre todos os povos cuja força principal residia na cavalaria. Ela era usada, de fato, nas guerras contra os povos vizinhos, como fizeram os eretrianos[(136)], os calcídios, os magnesianos que habitavam as margens do Meandro, e muitos outros povos da Ásia. Além das diferenças criadas pela fortuna, há outras trazidas por circunstâncias de nascimento ou de virtude, e mais atributos desse gênero que se encontram em uma sociedade política – quando dissemos quando tratamos da aristocracia, porque, então, determinamos de quantas partes se compõem as sociedades civis. Há casos em que todos os membros de cada classe participam do governo, outros em que isso é um privilégio da minoria, outras, finalmente, da maioria.

3. É claro, pois, que deve haver várias formas, de governo, diferentes umas das outras, visto que as partes de que se compõe a sociedade diferem entre si. O governo é a ordem estabelecida, na distribuição das magistraturas. Essas são distribuídas por todos os cidadãos, sob a influência daqueles que nelas tomam parte, ou segundo um princípio de igualdade comum, quero dizer, aos pobres e aos ricos, com direitos iguais. É necessário, pois, que haja tantos governos quantos são as combinações de superioridade ou de inferioridade entre as partes do Estado.

4. Admitem-se duas espécies principais de governos, como se

admitem duas espécies de ventos, os do Norte e os do Sul; os outros não passam de alterações desses. Assim, a duas formas de governo – a democracia e a oligarquia; porque considera-se a aristocracia como sendo uma espécie de oligarquia, e o que se denomina república não passa de uma democracia. Pois é assim que, entre os ventos, Zéfiro resulta do Boreo, e o Euros do Notos. O mesmo acontece com as harmonias, como dizem alguns autores: só se reconhecem dois tons – o dórico e o frígio, de modo que todas as outras combinações de harmonias são chamadas dóricas e frígias.

5. Tal é, pois, o modo pelo qual os homens se habituaram a considerar os governos. Mas talvez seja melhor e mais exato dizer, como já estabelecemos, que só existem dois, e mesmo um só governo sábio e bem regulado, do qual todos os outros não passam de desvios e de corrupções. Se a Música só admite uma harmonia perfeita, da qual todas as outras são simples combinações, a Política também só reconhece um governo perfeito, cuja forma é ora oligárquica, quando é mais concentrada e despótica, ora popular, quando tem atividades doces e moderadas.

6. Não se deve acreditar, como hoje é costume fazer, que a democracia existe unicamente em todo o Estado no qual a multidão é soberana, pois nas oligarquias e em toda parte é sempre a maioria que tem a força suprema; nem acreditar que haja oligarquia sempre que o poder esteja nas mãos da minoria. Porque, supondo-se que numa população de 1.300 cidadãos, haja mil ricos, os quais não concedem parte alguma na administração aos outros trezentos que são pobres, aliás livres e iguais aos ricos sob todos os outros aspectos, ninguém poderá afirmar que uma tal população viva debaixo de um regime democrático. Do mesmo modo, se os pobres, embora em minoria, fossem mais fortes que os ricos, apesar destes serem mais numerosos, ninguém chamaria a esse governo oligarquia, no caso em que o resto dos cidadãos, que possuíssem as riquezas, não tivesse parte alguma nos cargos.

7. Assim, é melhor dizer que existe a democracia quando o poder soberano está nas mãos dos homens livres e que existe oligarquia quando está nas mãos dos ricos. Mas acontece comumente que uns, isto é, os homens livres, são em maioria; e os outros, os ricos, são pouco numerosos. Certamente, se só se designassem para as magistraturas os homens de estatura elevada, como se diz que

é feito na Etiópia, ou os que possuem uma beleza notável, tal seria uma oligarquia; pois o número de homens de elevada estatura ou de grande beleza, é sempre pequeno.

8. No entanto, essas condições não bastam para determinar com precisão as diferentes formas de governos; mas, como a democracia e a oligarquia se compõem de várias partes, é preciso ainda distinguir e admitir o caso de homens livres, em minoria, terem autoridade sobre a maioria dos cidadãos, que, no entanto, não seriam livres. É o que se pode ver em Apolônia(137), nas costas do mar Jônio, e em Tera(138); pois em ambas as cidades, os cargos só eram concedidos aos que tivessem nascimento ilustre, aos descendentes dos fundadores da colônia, pouco numerosos, aliás, em comparação com o resto dos habitantes. Nem será uma democracia, se os ricos, por serem numerosos, mantiverem o poder, como antigamente em Colofon(139), onde a parte mais numerosa dos cidadãos possuía grandes propriedades antes da guerra que sustentaram contra os lídios. Mas a democracia só existe quando os cidadãos livres e pobres, formando a maioria, são senhores do governo; e, para que haja oligarquia, é preciso que a soberania pertença a uma minoria de ricos e de nobres.

9. Dissemos que há vários governos, e por qual razão. Agora dizemos que há mais do que nós contamos, quais são esses governos, e por quê; sempre partindo da observação que de início apresentamos. Admite-se que toda a cidade se compõe de várias partes; do mesmo modo que, quando se toma a tarefa de classificar as diferentes espécies do reino animal, começa-se por determinar as partes que forçosamente se encontram em todo animal, por exemplo, certos órgãos dos sentidos, tais como os da nutrição, que recebem e digerem os alimentos, a boca, o estômago, depois, os membros que servem a cada animal para a sua locomoção.

10. Se só existissem essas espécies de órgãos, mas com diferenças, por exemplo, se a boca, o estômago, os órgãos dos sentidos e da locomoção não se assemelhassem, as combinações que deles se poderiam fazer dariam forçosamente muitas espécies distintas de animais, porque não é possível que o mesmo animal tenha várias espécies de bocas ou de orelhas. Tomando todas as combinações possíveis desses órgãos, formar-se-ão classes de animais e tantas classes quantas forem as combinações dos órgãos necessários.

A mesma regra se aplica exatamente às formas políticas das quais falamos; porque os Estados não se compõem de uma só parte, mas de várias, como já foi dito muitas vezes.

11. Antes de tudo, existe pois uma classe numerosa que está encarregada de prover à subsistência dos cidadãos, os lavradores. A segunda classe é dos artesãos, entregues à praticas das artes sem as quais um Estado não poderia existir; e; dessas artes umas são de necessidade absoluta, outras servem ao luxo e aos prazeres que fazem a felicidade da vida. A terceira é a dos comerciantes, e por isso eu entendo todos os cidadãos que se ocupam em vender e comprar, que passam a vida nos mercados públicos e nas lojas. Os mercenários formam a Quarta classe. Na quinta classe encontram-se os guerreiros, que devem lutar pela defesa do Estado: ela não é menos necessária que as outras, se se quer impedir que o estado seja dominado por aqueles que queiram atacá-lo. De fato, é perfeitamente impossível que uma cidade baste-se livremente a si mesma; uma raça escrava é dependente.

12. Pode-se dizer, se esse assunto é tratado com elegância na *República de Platão*[140], não o é com bastante exatidão. Sócrates pretende que uma cidade se compõe de quatro classes absolutamente necessárias: os tecelões, os lavradores, os sapateiros e os pedreiros. Mas depois, julgando, sem dúvida, insuficientes essas classes, a elas acrescenta[141] os ferreiros, os criadores de animais usados no trabalho agrícola, os comerciantes e os retalhistas: tudo isso constitui o complemento da primeira cidade, tal como ele considera de início, como se uma cidade só existisse para a satisfação das necessidades materiais e não para um objetivo moral – como se a virtude não fosse mais necessária que sapateiro e lavradores.

13. Além disso, ele só admite a classe dos guerreiros no Estado no momento em que a formação do território põe os cidadãos em contato e em guerra com os povos vizinhos. No entanto essas quatro classes de cidadãos (ou outro número de classes, qualquer que seja) precisarão de alguém que administre justiça e se pronuncie sobre o direito de cada um. Se pois, se reconhece que a alma é, mais que o corpo, uma parte do homem, deve-se reconhecer também como, estando abaixo das profissões que nos dão os objetos indispensáveis à vida, a classe dos guerreiros e dos intérpretes da Justiça civil. É preciso mesmo acrescentar-lhe a classe que delibera

sobre os interesses gerais, nobre prerrogativa reservada à inteligência política. Que essas funções sejam atribuídas, cada uma por si, a determinadas pessoas, ou que sejam reunidas nos mesmos indivíduos, pouco importa ao nosso raciocínio, pois que, de fato, acontece frequentemente que o manejo das armas e a cultura das terras são confiadas às mesmas mãos. Assim, se esses dois últimos gêneros devem, do mesmo modo que os outros, ser considerados elementos da cidade, é visível que a classe dos guerreiros é também uma parte necessária.

14. Uma sétima classe será formada por aqueles que contribuem com sua fortuna para diferentes serviços públicos, e que se chamam ricos. É, pois, que uma cidade não poderia existir sem chefes, os administradores do Estado aqueles que exercem as diversas magistraturas formaram a oitava classe. É necessário, pois, que haja homens capazes de dirigir, e que se devotem, pelo bem da sociedade, a esse gênero de serviço, seja por todo o tempo de sua vida, seja em épocas alternadas. Restam ainda as funções das quais falamos a pouco – a de deliberar sobre os interesses gerais e a de resolver, em caso de disputa, sobre o direito dos cidadãos. Mas, se os estados têm necessidades dessas instituições, se precisam de uma instituição sábia e justa, a mesma necessidade reclama homens eruditos na ciência política.

15. Geralmente se pensa que as diversas funções públicas podem ser acumuladas, e que um mesmo cidadão pode ser ao mesmo tempo guerreiro, lavrador, artesão, senador e juiz; todos os homens proclamam sua parte de capacidade política e julgam-se em condições de exercer a maior parte das magistraturas. Mas não é possível que os mesmos indivíduos sejam ricos e pobres ao mesmo tempo, e é por essa razão que as duas classes mais distintas no Estado são a dos ricos e a dos pobres. Por outro lado, sendo uns geralmente pouco numerosos, e os outros muitos, são as partes do Estado que mais se opõem realmente, uma à outra. O predomínio de uma ou de outra determina as formas de governo, e assim só parece haver dois governos: a democracia e a oligarquia. Mas dissemos antes que há outra além dessas, e por quê. Agora mostramos que há várias espécies de democracia e de oligarquia.

Capítulo 4

1. É fácil compreendê-lo pelo que acaba de ser dito, porque o povo, e mesmo aqueles que se chamam de notáveis, compõe-se de várias classes diferentes. Por exemplo, no povo, há a classe dos agricultores, a dos artesãos, a dos comerciantes que compram e que vendem; há também a dos homens que exercem a indústria marítima, uns como guerreiros, outros como especuladores. Em muitos países, essa classe dos marinheiros compreende uma grande variedade de indivíduos: tais são os pescadores de Taranto e Bizâncio, os marinheiros de guerra de Atenas, os comerciantes do Egito e de Quio, os barqueiros de Tenedos. Nessa classe inferior acham-se os trabalhadores, aqueles que, tendo alguma fortuna, tem-na muito pequena para viver sem trabalhar; aqueles que só são cidadãos livres por parte de pai ou de mãe; finalmente, todos os que vivem em tais condições. Os cidadãos das classes altas se distinguem entre si pela fortuna, pela nobreza de família, pelo mérito, pela instrução e por outras vantagens do mesmo gênero.

2. A primeira espécie de democracia é aquela que tem a igualdade por fundamento. Nos termos da lei que regula essa democracia, a igualdade significa que os ricos e os pobres não têm privilégios políticos, que tanto uns como outros não são soberanos de um modo exclusivo, e sim que todos o são exatamente na mesma proporção. Se é verdade, como muitos imaginam, que a liberdade e a igualdade constituem essencialmente a democracia, elas, no entanto, só podem aí encontrar-se em toda a sua pureza, enquanto gozarem os cidadãos da mais perfeita igualdade política. Mas como o povo constitui sempre a parte mais numerosa do Estado, e é a opinião da maioria que faz a autoridade, é natural que seja essa a característica essencial da democracia. Eis aí, pois, uma primeira espécie de democracia.

3. A condição que as magistraturas sejam dadas segundo um censo determinado, contanto que pequeno, constitui outra espécie; mas é preciso que aquele que chega ao censo exigido tenha uma parte nas funções públicas, e delas seja excluído quando cessa de possuir o censo. Uma terceira espécie admite às magistraturas todos os cidadãos incorruptíveis; mas é a lei que manda. Em outra espécie, todo habitante, contanto que seja cidadão, é declarado

apto a gerir as magistraturas, e a soberania é firmada na lei. Finalmente existe ainda uma quinta, na qual as mesmas condições são mantidas, mas a soberania é transportada da lei para a multidão.

4. Eis o que acontece quando os decretos outorgam a autoridade absoluta à lei, coisa que resulta do crédito dos demagogos. Porque, nos governos democráticos, onde a lei é senhora, não há demagogos: são os cidadãos mais dignos que tem procedência. Mas uma vez perdida a soberania da lei, surge uma multidão de demagogos. Então o povo se transforma numa espécie de monarca de mil cabeças: é soberano, não individualmente, mas em corpo. Quando Homero diz[(142)] que a dominação de muitos é um mal, não se sabe se ele entende por isso a dominação de todo o povo, como nós o fazemos aqui, ou a dominação de muitos chefes reunidos que não forme, por assim dizer, mais que um chefe.

5. Um povo tal, verdadeiro monarca, quer reinar como monarca; livra-se do jugo da lei e torna-se despótica: o que faz que os aduladores aí sejam respeitados. Essa democracia é no seu gênero o que a tirania é para a monarquia. De ambas as partes, a mesma opressão dos homens de bem; aqui, os decretos; lá, as ordens arbitrárias. O demagogo e o adulador são como um só indivíduo; eles têm entre si uma semelhança que os confunde. Os aduladores e os demagogos têm igualmente uma influência muito grande, uns sobre os tiranos, outros sobre os povos que se reduzem a um tal estado.

6. Os demagogos são a causa de a autoridade soberana repousar nos decretos, e não nas leis, pelo cuidado que eles tomam de tudo conduzir ao povo; disso resulta que eles se tornam fortes, porque o povo é senhor de tudo, e eles próprios são senhores da opinião da turba, que só a eles obedece. Além disso, aqueles que tenham censura a fazer aos magistrados, pretendem que o povo compete decidir. Este consente de boa vontade em ser convocada a sua autoridade, e disso resulta a dissolução completa de todas as magistraturas.

7. Ora, pode-se sustentar com razão que um tal governo é uma democracia, e não uma república; porque não existe república em que as leis não reinem. É preciso, de fato, que a autoridade da lei se estenda sobre todos os objetos, que os magistrados se pronunciem sobre todas as pequeninas coisas, e julguem os processos. Por conseguinte, se a democracia deve ser contada entre

as formas de governo, é claro que um tal estado de coisas, no qual tudo se regula por decreto, não é mesmo, para bem dizer, uma democracia. Porque um decreto jamais pode ter uma forma geral como a lei. Tais são as diferentes espécies de democracias.

Capítulo 5

1. Uma das formas de oligarquia é aquela em que, para atingir as magistraturas, é preciso pagar um censo tal que impossibilita aos pobres, que formam a maioria, de consegui-las. Quem quer que o alcance, é admitido a participar do governo. Outra forma é aquela em que as magistraturas são acessíveis apenas aos que possuem um rendimento considerável, e os cidadãos que tenham tal rendimento a elas elevam, por sua escolha, aqueles que não podem alcançá-las pelo seu censo. Podendo a escolha ser feita entre todos os cidadãos, indistintamente, o governo tocará mais à aristocracia, mas restringindo-se a escolha a determinadas famílias, ele será absolutamente oligárquico. Outra forma de oligarquia é aquela em que o filho sucede ao pai as funções civis. Finalmente, existe uma quarta forma, quando na hereditariedade que acabamos de mencionar, a autoridade absoluta pertence aos magistrados, e não à lei. Esta última forma, nas oligarquias, corresponde à tirania nas monarquias, e à espécie de democracia que citamos em último lugar; deve-se a ela o nome de dinastia[143].

2. Tais são as diferentes formas de oligarquias e de democracia, mas não se deve ignorar que, em muitos Estados, embora a forma de governo não seja exatamente popular nas suas leis, no entanto a tendência dos costumes e dos hábitos faz que a administração neles seja popular, e do mesmo modo, em outros Estados onde a forma de governo estabelecida pelas leis é mais popular, a administração, por influência dos costumes e dos hábitos, mais se aproxima da oligarquia. É o que acontece sobretudo após resoluções havidas nos governos; porque não se fazem transformações bruscas, mas todos se contentam antes de tudo com pequenas vantagens que se disputam uns aos outros, de modo que as leis, antes estabelecidas, subsistem ainda algum tempo, mas o que empreendem a tarefa de fundar a forma de governo acaba por vencer.

3. É fácil compreender, pelo o que acabamos de dizer, que existem tantas espécies de democracia e oligarquia quantas nós estabelecemos; porque é forçoso que todas as classes nas quais vimos poder o povo dividir-se, participam do governo, em que umas a ele sejam chamados outras não. Quando a classe dos agricultores e daqueles que possuem uma fortuna medíocre tem a soberania do Estado, ela governa de acordo com as leis; porque os homens que compõem vivem trabalhando, mas não dispõem de muito tempo vago. Por isso, do momento que eles tenham estabelecido as leis só se reúnem em assembleia geral em caso de necessidade. Aliás, os outros cidadãos têm o direito de participar do governo, quando tenham adquirido o senso exigido pelas leis; porque seria próprio da oligarquia não conceder esse direito a todos igualmente. Quanto a viver sem fazer nada, isso é impossível, quando os cidadãos não possuem fortuna. Aí já temos, pois, uma espécie de democracia segundo as causas que determinamos.

4. A segunda espécie está determinada pelo modo de eleição que ela adotou. Todos aqueles que são irrepreensíveis, pelo nascimento, têm direito a participar dos negócios do governo, embora não tenham tempo para deles se ocupar. As leis ainda são soberanas nessa espécie de democracia, porque os cidadãos não possuem fortuna. A terceira espécie admite às funções públicas todos os homens livres, mas a razão que acabamos de expor inibe-os de exercer seu direito; forçosamente, pois, a lei ainda é soberana nesse governo. A quarta espécie é aquela que se estabeleceu por último nos Estados, segundo a ordem cronológica.

5. De fato, devido ao crescimento dos Estados em relação ao que eram na sua formação, e aos consideráveis rendimentos que usufruem, todos os cidadãos participam da direção dos negócios, em razão da preponderância obtida pela multidão; eles exercem os seus direitos de cidadãos, e administram, porque podem dispor do tempo necessário, até mesmo os pobres, recebendo uma retribuição. Aliás, é principalmente essa multidão que dispõe de mais tempo vago, porque o cuidado dos seus negócios privados não lhes traz o menor embaraço, ao passo que para os ricos ele é um obstáculo, a ponto de muitas vezes não tomarem parte alguma nos debates das assembleias gerais, nem mesmo nas funções judiciárias. Disso resulta que a multidão se torna senhora do governo e a lei perde a

soberania. Tais são as causas necessárias que determinam o número e o caráter das diferentes espécies de democracia.

6. Quanto à oligarquia, a primeira espécie é aquela em que a maioria dos cidadãos possui alguma fortuna, antes pequena que grande, e que nada tenha de excessivo, porque ela só dá àquele que a possui o direito de participar dos negócios públicos, e sendo considerável o número de cidadãos que possuem direitos políticos, precisa a soberania pertencer à lei, e não aos homens. Porque, quanto mais os cidadãos de um tal Estado se afastam da monarquia, mais a fortuna que eles possuem deixa de ser-lhes suficiente para viver na ociosidade, longe das preocupações e dos negócios, ou bastante pequena para que vivam à custa do Estado. É natural que eles concordem em ser dirigidos pela lei, ao invés de se fazerem eles próprios soberanos.

7. Ao contrário, se os que possuem fortuna forem em número menor que aqueles dos quais acabamos de falar, e se possuem fortunas maiores, chega-se à segunda espécie de oligarquia. O poder assanha a ambição e multiplica a cobiça. É por isso que os ricos escolhem nas outras classes um certo número de cidadãos, que chamam para a administração, e não sendo ainda bastante fortes para mandar sem a lei, são-no, no entanto, para fazer promulgar a lei que lhes concede uma tal prerrogativa.

8. Concentrando-se as fortunas, que se tornam maiores, em poucas mãos, ocupam as magistraturas por sua vontade, e em virtude de lei que adjudica aos filhos a sucessão dos pais. Finalmente, quando a influência devida por certas pessoas a uma fortuna imensa e a um número considerável de partidários torna-se absolutamente preponderante, resulta disso uma dinastia que em muito se aproxima da monarquia; são os homens, e não as leis, que detêm a autoridade soberana; esta é a quarta espécie de oligarquia, correspondente ao último grau da democracia.

9. Além da democracia e da oligarquia, há ainda duas outras formas de governos, sendo uma delas conhecida de todos, e que compreendemos nas quatro principais: monarquia, oligarquia, democracia e aristocracia. No entanto, ainda existe uma quinta, à qual se dá o nome de república, nome que também é comum a todas as outras. Mas, existindo muito raramente, escapa àqueles que empreendem a tarefa de enumerar essas diferentes formas de

governos, e só contam quatro, comumente, como faz Platão em seus dois tratados[144] sobre essa matéria.

10. É com razão, pois, que se dá o nome de aristocracia ao gênero de governo do qual falamos anteriormente[145]; é a única denominação adequada para designar o Estado no qual o poder se confia aos homens mais virtuosos, se se tomar esse nome no seu sentido absoluto, e não relativamente, como se faz quando se fala de pessoas de bem. De fato, é o único governo em que o homem de bem, no rigor da palavra, é o mesmo que o bom cidadão; ao passo que, nos outros governos; os bons cidadãos só são assim chamados de um modo relativo à constituição que os governa. No entanto, governos existem aos quais também se dá o nome de aristocracia, embora divirjam em alguns pontos dos que têm formas oligárquicas e do que se chama república. São aqueles nos quais, na escolha dos magistrados, leva-se em consideração não só a riqueza, mas ainda o merecimento pessoal e a virtude.

11. Quando o governo difere igualmente da oligarquia e da república, é chamado de aristocracia. Porque em Estados nos quais não se presta essencial e fundamental atenção à virtude, encontram-se no entanto cidadãos que conseguem granjear justa reputação nesse ponto, e que passam por ser homens honestos e virtuosos. Assim, nos países cuja constituição visa principalmente à riqueza, à virtude e ao interesse do povo, como em Cartago, o governo é aristocrático: e quando se tem por objetivo apenas duas dessas coisas, como em Lacedemônia, há um misto de aristocracia e de democracia. Eis aí, pois, duas espécies de aristocracia além da primeira e mais perfeita pela sua constituição; todas as formas das repúblicas propriamente ditas, quando tendem a se aproximar da oligarquia, constituem uma terceira espécie de aristocracia.

Capítulo 6

1. Resta-nos falar da forma comumente chamada república e da tirania. Se seguimos esta ordem de discussão, não é porque a república ou as espécies de aristocracia que citamos sejam governos degenerados, mas porque, não falar a verdade, todos os governos, sem exceção, não passam de desvios da constituição-modelo. Disso resulta serem eles classificados juntos, comumente, como

alterações nascidas umas das outras, conforme dissemos antes. Mas é com razão que nós só falamos da tirania em último lugar, pois, de todos os governos, é o que menos merece esse nome; e o objeto deste tratado é o governo. Após ter explicado a ordem que seguimos, vamos agora falar da república.

2. As características desse governo serão mais fáceis de reconhecer, agora que temos definido a oligarquia e a democracia, porque a república é, para bem dizer, um misto dessas duas formas. Mas comumente se dá o nome de república aos governos que têm certa tendência para a democracia, e o nome de aristocracia aos que mais se inclinam para a oligarquia, porque a educação e a nobreza dos sentimentos são mais comumente atributos dos ricos. Aliás, parece que os ricos possuem já esses bens que fazem com que a inveja arme muitas vezes a mão culpada da injustiça, esses bens que nos fazem merecer o nome de homens bons, honestos, excelentes.

3. Tendo a aristocracia por objetivo outorgar a preeminência aos melhores cidadãos, pretende-se também que a oligarquia se compõe de homens honestos e virtuosos. Parece impossível que o Estado que tem costumes aristocráticos não possua boas leis, e que, ao contrário, seja mal regido; e, do mesmo modo, é impossível que aquele que não possui boas leis tenha costumes aristocráticos. Um Estado bem dirigido não é aquele que tem boas leis, às quais não se obedece. Por um lado, é preciso que se obedeça às leis estabelecidas, e por outro que essas sejam sábias e fielmente observadas, porque também se pode obedecer a leis más. Aqui há duas maneiras de compreender: as leis são as melhores relativamente às circunstâncias, ou então elas são as melhores por si mesmas, num sentido absoluto.

4. A aristocracia consiste essencialmente na repartição dos cargos de um modo proporcional à virtude, porque a característica própria da aristocracia é a virtude, como a da oligarquia é a riqueza, e a da democracia, a liberdade. Mas, em todos esses governos, é sempre a opinião da maioria que manda. De fato, nas oligarquias, na aristocracia e na democracia, é a opinião da maioria daqueles que participam do governo que constitui a soberania. Também é aí que se encontra aquilo que, na maioria dos Estados, dá nome à forma do governo. Efetivamente, só se visa operar a mistura dos ricos e dos pobres, da riqueza parece substituir o mérito e a virtude.

5. Há três elementos que entre si disputam igualdade o governo: a liberdade, a riqueza e a virtude. Já não falo do quarto, ou da nobreza, que é uma sequência natural dos dois últimos, visto que não é mais que uma posse antiga da riqueza e de virtude. Sabe-se que é à combinação dos dois primeiros elementos, os ricos e os pobres, que se dá o nome de república, e que a combinação dos três elementos é mais particularmente o que se chama aristocracia, sem contar a verdadeira aristocracia da qual se tratou em primeiro lugar. Fizemos ver, pois, que além da monarquia, da democracia e da oligarquia, existem outras formas de governo; dissemos quais são essas formas, em que a aristocracia e a república diferem, tanto entre si como da aristocracia propriamente dita, e que elas têm entre si relações de analogia não muito distintas.

Capítulo 7

1. Mostremos agora, como consequência daquilo que dissemos, de que modo se forma, além da democracia e da oligarquia, o governo chamado república, e como deve ser ele constituído. Tal será demonstrar ao mesmo tempo como se definem a democracia e a oligarquia; porque é preciso em primeiro lugar tomar essas duas formas separadas, e depois, aproximando-as uma da outra, compor da sua reunião uma forma única, pouco mais ou menos como se faz das duas partes desses símbolos[146] que são um sinal de reconhecimento.

2. Ora, existem três maneiras de fazer esta composição ou mistura. Primeiramente, pode-se tomar a parte da legislação comum a cada uma dessas duas formas de governos; seja, por exemplo, o que concerne à administração da Justiça. De fato, nas oligarquias impõem-se uma multa aos ricos, quando estes descuram de exercer as funções de juiz; e nenhuma retribuição é dada aos pobres, quando a exercem; ao passo que, nas democracias, concede-se uma indenização aos pobres, e não se multa os ricos. Ora, adotando esses dois processos, ter-se-á um meio-termo comum às duas espécies de governos, e, por essa razão, adequado à república, já que será uma espécie de combinação das duas formas. Eis, aí, pois, um primeiro modo de combinação.

3. Outra maneira é tomar o termo médio entre os regulamentos

de uma e outra espécie de governo. Assim, uma concede o direito de deliberar nas assembleias gerais, sem qualquer condição de censo, ou então com um censo mínimo, ao passo que a outra exige, para o exercício, desse mesmo direito, um censo considerável. Sem dúvida, nada há de comum entre duas condições, mas pode-se tomar um termo médio entre os censos exigidos por cada uma dessas duas espécies de governos. A terceira maneira consiste em tomar, nas regras adotadas pelos dois governos, uma parte daquilo que prescreve a lei oligárquica, e uma parte do que exige a lei democrática. Por exemplo, considera-se uma instituição democrática a distribuição das magistraturas pela instituição oligárquica, adotar uma parte das instituições oligárquicas e das instituições republicanas; a oligarquia dará o sistema de magistraturas eletivas, e a democracia o princípio de não exigir condição alguma de remuneração. Tal é a forma de operar a mistura nessas duas formas de governo.

4. A característica da mistura perfeita é que se possa dizer de um só governo que ele seja uma democracia e uma oligarquia; porque é claro que aqueles que assim se exprimem não fazem mais que enunciar a impressão que neles produz a perfeita mistura das duas formas. Também é esse o resultado da exata proporção observada entre um e outro, porque cada um dos extremos parece, por assim dizer, nele se refletir: o que de fato acontece no governo de Lacedemônia.

5. Muita gente não vacila em citá-lo como uma democracia, porque há sua constituição muitos elementos democráticos; desses, em primeiro lugar, a educação das crianças, pois os filhos dos ricos são criados como os dos pobres, e a instrução é tal que mesmo os filhos dos pobres podem recebê-la. O mesmo acontece com a época seguinte da vida, e quando os jovens se tornam homens nada distingue sensivelmente o rico do pobre. Quanto ao que se refere à alimentação, acontece também a mesma coisa: todos são tratados igualmente nas refeições comuns – e sobre o modo de vestir-se, as vestes que os ricos usam são tais que não existe um único indivíduo entre os pobres que não possa obtê-las iguais. A isso acrescentamos que, das duas magistraturas mais importantes, uma

é conferida por escolha do povo, outra lhe é acessível; é ele que escolhe os senadores, e pode exercer as funções da eforia. Outros dizem que o governo de Esparta é uma oligarquia, porque neles se encontram várias instituições oligárquicas. Todas as funções lá são eletivas, sem haver uma só que seja conferida por sorte; alguns magistrados decidem soberanamente sobre a morte ou sobre o exílio dos cidadãos; e já não falamos de muitas outras instituições semelhantes.

6. Mas é preciso que em um governo no qual a mistura das duas formas seja perfeita, julgue-se reconhecê-las a ambas, sem nele encontrar nem uma nem outra; é preciso que ele se mantenha por si mesmo, e não por auxílio estranho. Quando digo por si mesmo, não quero dizer pela vontade de um grande número de estrangeiros que desejassem mantê-lo, por que isso poderia acontecer também a um mau governo; mas pelo acordo unânime de todos os cidadãos, dos quais nenhum desejasse outra constituição. Acabo de dizer de que modo convém a uma república ser constituída, assim como as outras formas políticas designadas sob o nome de aristocracia.

Capítulo 8

1. Resta-nos[147] afinal falar da tirania: não que tenhamos muita coisa a dizer sobre ela, mas para que essa parte do nosso assunto seja tratada do mesmo modo que as outras, visto que nós a contamos também entre as formas de governo. Ora, nos livros anteriores definimos a noção que deve ser ligada à realeza, quando examinando a espécie de governo que é especialmente designada por esse nome, procurávamos saber se é ou não útil e benéfica aos Estados confiados à sua autoridade, em quais circunstâncias e como.

2. No curso dos nossos estudos filosóficos sobre a questão da realeza, distinguimos duas espécies de tirania, pelo fato de a natureza de ambas se aproximarem bastante da realeza – isso por se basearem elas na lei, como na própria realeza. Algumas nações bárbaras escolhem para si reis absolutos, como os possuíam os antigos gregos; chamavam-se oesinetas[148]. Mas essas tiranias diferiam em certos pontos: eram reais, por se fundarem nas leis e na vontade dos súditos; mas também eram tirânicas, pelo fato de ser o poder absoluto e totalmente arbitrário.

3. Finalmente, existe uma terceira espécie de tirania, que parece merecer mais especialmente esse nome, e que corresponde à monarquia absoluta. Forçosamente essa tirania é uma monarquia absoluta que, sem responsabilidade alguma, e no interesse exclusivo do tirano, governa homens que valem tanto ou mesmo mais que ele. Essa monarquia jamais se importa com os interesses particulares dos súditos. E, no entanto, ela existe, apesar de não haver um único homem livre que suporte voluntariamente tal poder. Tais são as três espécies de tiranias, tais as causas que as produzem.

Capítulo 9

1. Mas qual é o melhor governo, e qual a vida mais feliz para a maioria dos Estados e dos indivíduos, comparando-se essas duas coisas, não há uma virtude sobre-humana, nem há uma educação que exija aptidões e recursos especiais, nem há uma constituição política organizada a gosto, por assim dizer, mas há um modo de viver que possa ser o da maioria, e uma forma de governo que a maioria dos Estados possa receber?

2. De fato, os governos que se chamam aristocracias, e dos quais acabamos de falar, estão longe das possibilidades da maioria dos Estados, ou se aproximam daquele que se chama república. Essas aristocracias e a república podem, pois, ser tratadas como uma só e única forma. Demais, os mesmos elementos entram em todo o exato julgamento sobre cada umas dessas duas questões, se com razão dissemos na Moral que a vida feliz é aquela que segue, sem obstáculos, a senda da virtude, e que a virtude é uma situação média entre dois extremos, segue-se necessariamente que a melhor vida está nessa condição média, visto que a mediocridade é possível para todo indivíduo.

3. Mas a mesma definição deverá por força aplicar-se também às qualidades e aos vícios do Estado e do governo, porque o governo é de algum modo a vida do Estado. Todo o Estado se compõe de três classes de cidadãos: os que são muito ricos, os que são muito pobres e aqueles que estão em uma posição intermediária com uns e outros. Assim, concordando-se em que a moderação e o meio-termo são preferíveis, disso resulta claramente que em matéria

de proveitos de toda a espécie, melhor é possuí-los em um certo grau de mediocridade.

4. De fato, os homens, em tal condição submetem-se facilmente à razão; mas, daquele que possui na mais alta acepção os bens de nascimento e de fortuna, ou, ao contrário, daquele cuja fraqueza e miséria chegam ao excesso, a obediência à razão é muito difícil de se obter. Uns, inflados de orgulho, são mais facilmente arrastados aos grandes atentados contra o governo; os outros voltam sua maldade para uma infinidade de desordem, porque só se cometem crimes por orgulho ou por malvadez. Eles não apreciam as magistraturas nem as funções de senador, ambos são perigosos para o Estado.

5. É preciso dizer também que com a superioridade excessiva que proporciona a força, a riqueza, um grande número de partidários devotados, ou qualquer outra vantagem semelhante, eles não sabem e nem mesmo querem obedecer aos magistrados. Esse espírito de indisciplina manifesta-se desde a sua infância na casa paterna, e a pouca energia com que são educados impede-lhes já obedecer nas escolas. Ao contrário, aqueles que vivem em extrema penúria desses benefícios tornam-se demasiados humildes, rasteiros. Disso resulta que uns, incapazes de mandar, só sabem mostrar uma obediência servil e que os outros, incapazes de submeter a qualquer poder legítimo, só sabem exercer uma autoridade despótica.

6. E, pois, a cidade não se compõe mais que de senhores e escravos, e não de homens livres. Uns, cheios de desprezo por seus concidadãos, os outros cheios de inveja: sentimentos esses que estão bem longe da benevolência e do caráter de sociedade que fazem o verdadeiro cidadão. Porque a benevolência é condição de toda a sociabilidade; por isso ninguém quer caminhar a par de seus inimigos. A cidade deve ser formada tanto quanto possível de cidadãos iguais e semelhantes; é o que se encontra nas situações médias. É preciso, pois, que o Estado mais feliz seja o Estado composto desses elementos que dele formam, repito, a base natural.

7. Os cidadãos dessa classe são precisamente aqueles que melhor se mantêm e conservam, porque eles não desejam os bens dos outros, como os pobres, e não são, como os ricos, objeto de inveja e de ciúme. A sua vida é menos cercada de perigo porque eles não

são tentados a prejudicar pessoa alguma, e ninguém procura prejudicá-los. Não se pode deixar, assim, de aprovar o desejo do poeta Fociledes[(149)]:

> *"A mediania nos cumula a todos de bens:*
> *Quero viver no meio dos meus patrícios."*

8. É evidente, pois, que a comunidade civil mais perfeita é a que existe entre os cuidados de uma condição média, e que não pode haver Estados bem administrados fora daqueles nos quais a classe média é numerosa e mais forte que todas as outras, ou pelo menos mais forte que cada uma delas; porque ela pode fazer pender a balança em favor do partido ao qual se une, e, por esse meio, impedir que uma ou outra obtenha superioridade sensível. Assim, é uma grande felicidade que os cidadãos só possuam uma fortuna média, suficiente para as suas necessidades. Porque, sempre que uns tenham imensas riquezas e outros nada possuam, resulta disso a pior das democracias, ou uma oligarquia desenfreada, ou ainda uma tirania insuportável, produto infalível dos excessos opostos. De fato, a tirania nasce comumente da democracia mais desenfreada, ou da oligarquia. Ao passo que entre cidadãos que vivem em uma condição média, ou muito vizinha da mediania, esse perigo é muito menos de se temer. Disso daremos a razão, aliás, quando tratarmos das revoluções que abalam os governos.

9. Pode-se convencer ainda de um outro modo em que o Estado no qual os cidadãos vivem na mediania é o mais bem admitidos e o mais feliz. De fato, é o único isento de desordens e sedições. Em toda parte onde a classe média é numerosa, há muito menos sedições que nos outros governos. A razão que faz com que os grandes Estados estejam menos expostos a perturbações é que a classe média neles é numerosa. Ao contrário, nos pequenos Estados, acontece facilmente que toda a massa dos cidadãos se divide em duas partes, porque quase todos são ricos ou pobres, quase nada ficando da classe média. É a classe média que garante às democracias uma estabilidade e uma duração que não tem a oligarquia. Ela é mais numerosa e chega mais facilmente aos cargos da democracia que na oligarquia. Mas se a multidão dos pobres que se torna excessiva,

sem que a classe média aumente na mesma proporção, surge o declínio, e o Estado não tarda a parecer.

10. O que prova a verdade dessa asserção é que os melhores legisladores pertencem à classe média; testemunhos: Sólon[150], como provam as suas poesias; Licurgo[151], que não era rei; Carondas[152]; e, por assim dizer, quase todos os outros. Vê-se, pois, claramente, por que quase todos os governos são democráticos ou oligárquicos. Como a classe média é neles quase sempre diminuta, quaisquer que sejam aqueles que a ultrapassam, ricos ou pobres, acontece sempre que os que saem da classe média atraem e arrastam consigo a forma de governo, disso resultando forçosamente uma democracia ou uma oligarquia.

11. Há mais: por efeito das discórdias e das lutas que surgem entre o povo e os ricos, qualquer que seja aquele dos dois partidos que triunfar sobre o outro, disso ele se aproveita para estabelecer um governo igual e no interesse de um como de outro, mas agarrou-se à dominação que é o preço da sua vitória e então uns estabelecem uma democracia, outros uma oligarquia. Assim, entre os dois povos[153] que dirigiam sucessivamente toda a Grécia, como cada um deles só considerava a constituição existente em seu país, um procurou sempre estabelecer a democracia em todos os Estados e o outro neles implantar a oligarquia, visando unicamente a seus interesses, e não aos interesses comuns a todos.

12. É por todas essas razões que jamais existiu uma força média de governo, uma verdadeira república, ou pelo menos ela só tem existido muito raramente e em um reduzido número de povos. Porque só se encontrou um homem[154] entre aquele que antigamente tiveram a autoridade sobre os seus concidadãos que concebeu a ideia de dar-lhes uma tal constituição. Os homens desde muito tempo contraíram o hábito de não poder suportar a igualdade; ao contrário, eles só procuram mandar ou resignar-se ao jugo daqueles que mantêm o poder. De todas as considerações se depreende claramente qual é o melhor governo, e por que ele é o melhor.

13. Entre as outras constituições (já que reconhecemos várias espécies de democracias e de oligarquias) não é difícil compreender qual é a que se deve colocar em primeiro plano, e aquela a qual se deve conceder o segundo, de acordo com o mesmo sistema de exame. Porque aquela que mais se aproxima da melhor

deve forçosamente ser preferida, e a que mais se distancia do meio exato deve ser a pior, a menos que se procure julgá-la em um caso determinado, porque, embora outra constituição seja muitas vezes preferida, nada impede que uma constituição diferente dessa possa ser mais benéfica a certos Estados.

Capítulo 10

1. Um assunto que se prende imediatamente àquele do qual acabamos de tratar, é o exame das qualidades e das condições da constituição que convém à natureza e ao caráter desse ou daquele. Deve-se considerar, antes de tudo, o princípio geral que se aplica a todos os governos. É preciso que a parte da cidade que quer ver mantida a constituição seja mais forte que a que não quer. Todo estado se compõe de dois elementos: qualidade e quantidade. Entendo por qualidade a liberdade, a riqueza, a instrução, a nobreza, e por quantidade a superioridade numérica do povo.

2. No entanto, pode acontecer que a qualidade se encontre na segunda das duas partes de que se compõe uma cidade, e a quantidade na primeira. Por exemplo, é possível que os homens sem nobreza sejam mais numerosos que os ricos, mas que no entanto eles não prevaleçam tanto em matéria de quantidade, como são inferiores em matéria de qualidade, é preciso, pois, comparar entre essas vantagens diversas. Assim, em toda parte onde a multidão dos pobres prevalece segundo a proporção que acabamos de mencionar, deve naturalmente encontrar-se uma democracia, e cada espécie de democracia deve aí estabelecer-se segundo a superioridade numérica de cada classe de povo. Por exemplo, se é a multidão dos lavradores a mais numerosa, será a primeira espécie de democracia que aí se encontrará; se é a dos artesãos e dos mercenários, aí se encontrará a última espécie, e o mesmo acontecerá com as espécies intermediárias.

3. Mas, em toda parte onde a classe dos ricos e dos homens distintos prevalece na relação da qualidade do que é inferior sob a da quantidade, deve-se estabelecer a oligarquia; e igualmente cada espécie de oligarquia, segundo o gênero de superioridade que distingue a classe oligárquica. No entanto, o legislador deve sempre admitir no governo os homens da classe média; de fato, é

essa classe de cidadãos que ele deve ter em vista, se as leis que se estabelece forem oligárquicas; e, se forem democráticas, e ainda à classe média que ele deve adaptá-las.

4. Quando a classe média prevalece pelo número sobre as duas classes extremas ou apenas sobre uma delas, disso pode resultar um equilíbrio durável para o governo. Porque não há motivo para temer que os ricos e os pobres conspirem contra a classe intermediária, visto que nunca uns consentirão em ver-se dominados pelos outros. Se eles procuram a condição mais adequada a toda a massa dos cidadãos, outra não encontrarão além dessa. Porque eles jamais concordarão em exercer o poder alternadamente, devido à desconfiança em que vive uns em relação aos outros, ao passo que em toda parte o homem que inspira mais confiança é o árbitro; ora, aqui o árbitro é aquele que pertence à classe média; quanto mais a mistura for completa, mais durável será o governo.

5. A maioria dos legisladores que deseja fazer governos aristocráticos cai no duplo erro de conceder demasiado aos ricos e enganar o povo. Porque é infalível que, com o tempo, os bens ilusórios venham a produzir um verdadeiro mal. A ambição dos ricos arruína mais Estados que a ambição dos pobres.

6. Os artifícios pelos quais se procura disfarçá-la com pretextos especiais são em número de cinco, e referem-se às assembleias gerais, às magistraturas, aos tribunais, ao serviço militar e aos exercícios do ginásio. Em primeiro lugar, quanto às assembleias gerais, engana-se o povo quando, tendo os cidadãos o direito de assisti-las, dos que delas se eximem só se impõe multas aos ricos, ou então são eles submetidos a uma multa muito maior que as impostas aos pobres; relativamente às magistraturas, quando não se permite àqueles que têm uma renda determinada livrar-se da multa apresentando uma escusa por juramento, ao passo que isso se permite aos pobres; relativamente às funções judiciárias, quando se obrigam à multa os ricos que deixam de exercê-las e disso se dispensam os pobres, ou então quando a multa é grande para uns e pequena para outros, como nas leis Carondas.

7. Em certas repúblicas, todos aqueles que se inscreveram nos registros públicos têm o direito de deliberar na assembleia geral e tomar assento nos tribunais; mas se eles não exercem seus direitos, depois de serem inscritos, são condenados a grandes multas

– o que tem por fim impedir os cidadãos pobres de se inscreverem por causa da multa de que são ameaçados, e ao mesmo tempo excluí-los tanto das assembleias gerais como dos tribunais por não estarem inscritos nos registros.

As leis que se referem ao direito de possuir armas ou de seguir os exercícios do ginásio são estabelecidas nas mesmas bases: é permitido aos pobres não possuir armas, e multa-se os ricos se eles deixam de obtê-las. Aqueles não estão sujeitos à penalidade alguma, se se eximem dos exercícios do ginásio, estes são condenados pelo mesmo fato, a fim de que os ricos, temendo a multa, tenham o cuidado em exercitar-se, e os pobres, nada tendo a temer, deixem de procurar tão grande benefício. Tais são as fraudes das legislações oligárquicas.

8. Mas, nas democracias, recorreu-se a outros artifícios em sentido contrário: dá-se um salário aos cidadãos pobres quando assistem às assembleias gerais ou quando se assentam nos tribunais, e não se impõe multa alguma aos ricos, quando eles faltam. É fácil perceber, pois, que se se quiser fazer uma combinação justa dessas instituições, é preciso reunir as que são aceitas por ambas as partes – conceder um salário aos pobres, ao passo que aos ricos se imporá uma multa. Porque esse é um meio de obrigar todos os cidadãos a participarem do governo, e, de outro modo, não passará de governo de uma das duas partes. Por outro lado, é preciso que a república só se componha de cidadãos armados; mas, quanto à cota do censo, não é possível determinar de um modo absoluto o que ela deve ser, e só deve fixá-la após haver considerado qual a maior extensão que ela possa atingir, a fim de que os que participam do governo sejam em número maior que aqueles que nele não têm parte alguma.

9. Porque os pobres, mesmo quando excluídos das funções públicas, são bem-dispostos a se manter em calma, se não são ofendidos nem despojados do pouco que possuem. Mas isso não é fácil, porque nem sempre acontece que os homens que se põem à testa do governo possuam um caráter doce e benigno. Comumente, em tempo de guerra os cidadãos pobres demonstram pouco ardor pela defesa do país, se a subsistência não é garantida e eles são abandonados à miséria; mas se lhes forem fornecidos víveres, eles não desejarão outra coisa que não expor-se ao perigo.

10. Aliás, existem países onde, para ser cidadão, basta fazer ou ter feito parte do exército. Em Maleia[155], qualquer homem que trouxesse ou tivesse trazido armas, gozava do direito de cidade; o magistrado só se escolhia entre aqueles que pertenciam ao exército. E, entre os gregos, a primeira república estabelecida, após a abolição da realeza[156], era formada só de guerreiros. De começo o exército só possuía cavaleiros; a cavalaria é que fazia a sua força e que decidia sucesso das batalhas. Sem disciplina, a infantaria não vale grande coisa; nos tempos antigos, não se possuía nem a experiência nem a tática necessária para servir de uma infantaria com vantagem, de modo que toda a força estava na cavalaria.

11. Mas quando os Estados cresceram e a infantaria alcançou maior desenvolvimento, o governo admitiu um número maior de cidadãos a tomar parte nos negócios públicos. É por esse motivo que os nossos antepassados chamavam democracia ao que hoje denominamos república. Esses governos antigos não passavam, na realidade, de oligarquias e realezas. A franqueza da população impedia a classe média de se tornar numerosa: um punhado de homens, sem classes distintas[157], anuía mais tacitamente em suportar o jogo da obediência.

Demonstramos, pois, por que existem várias espécies de república, e por que existem outras além das que citamos, pois que se distinguem várias espécies de democracia, o mesmo acontecendo com as formas de governo. Mostramos também suas diferenças e a que causas elas são devidas. Finalmente fizemos ver qual é melhor constituição, pelo menos em sentido geral, e que, entre as demais, a que convém a este ou àquele povo em particular.

Capítulo 11

1. Tornamos agora a essas diversas formas, de um modo geral e separadamente, para cada uma delas remontando ao princípio que lhe é próprio. Há em todo o governo três partes nas quais o legislador sábio deve consultar o interesse e a conveniência particulares. Quando elas são bem constituídas, o governo é forçosamente bom, e as diferenças existentes entre essas partes constituem os vários governos. Uma dessas três partes está encarregada de deliberar sobre os negócios públicos; a segunda é a que exerce as

magistraturas – e aqui é preciso determinar quais as que se devem criar, qual deve ser a sua autoridade especial, como se devem eleger os magistrados. A terceira é a que administra a Justiça. A parte deliberativa decide soberanamente da guerra, da paz, da aliança, da ruptura dos tratados, promulga as leis, pronuncia a sentença de morte, o exílio, o confisco, e examina as contas do Estado.

2. É forçoso que todas essas decisões sejam atribuídas aos cidadãos em geral, ou somente a alguns – a uma magistratura única, por exemplo, ou então a vários magistrados; ou estas a uns, aquelas a outros; ou umas a todos e outras a certo número de cidadãos. Demais, o que está essencialmente conforme com o espírito de democracia, é conceder a todos os direitos de decidir sobre tudo: aí está a igualdade a que o povo aspira sem cessar.

3. No entanto, existem várias maneiras de dar a todos os cidadãos a decisão dos negócios; uma é chamá-los a se pronunciar cada qual por sua vez, e não todos ao mesmo tempo. E a isso é que visa a república de Telelas[(158)] de Mileto. Em outros governos as deliberações são feitas nas reuniões dos magistrados, mas as funções públicas de todo gênero são confiadas a todos os cidadãos alternadamente, e as diversas tribos, até as menores divisões, são convocadas para todas as magistraturas, até que todos os cidadãos delas tenham participado. Além disso, só existe assembleia geral de todo o povo quando se trata de promulgar leis, regular os negócios do governo, ou proclamar os decretos dos magistrados.

4. Ainda outra maneira é fazer deliberar a massa dos cidadãos sobre a eleição dos magistrados, sobre a tomada das contas, sobre as decisões a tomar a respeito de guerras ou tratados de aliança, e submeter todas as outras questões ao juízo dos magistrados propostos, quaisquer que sejam, isto é, aqueles que, devido à sua experiência, forem eleitos.

5. Uma quarta maneira é submeter todas as questões à deliberação do povo em geral, não deixando aos magistrados o poder de resolver sobre o que quer que seja, restringir as suas funções e preparar as decisões da assembleia geral. Esse é o último grau de democracia, tal como existe em nossos dias, correspondendo, como dissemos, à oligarquia despótica e à monarquia tirânica. Tais são os diferentes modos de governo democrático.

6. Quando a decisão de todos os negócios pertence apenas a

alguns cidadãos, existe oligarquia, mas aqui se encontram também várias diferenças, pois desde que eles sejam elegíveis sob a condição de um censo determinado e pouco elevado, desde que sejam em número suficientemente grande devido à modicidade do censo, e que, em lugar de mudar o que está prescrito pela lei, a ela se adaptam, e que todo homem que possui o limite de renda exigido pode tomar parte do governo, é bem uma oligarquia, mas que se aproxima da república pela característica de moderação que nela reina. Quando não participam todos das deliberações, mas aqueles que são escolhidos governam de acordo com a lei, como no caso precedente, é ainda um governo oligárquico. Mas quando aqueles que têm direito exclusivo de deliberar se escolhem entre si, quando o filho sucede ao pai, quando as leis podem ser feitas segundo a sua vontade, forçosamente uma tal ordem de coisas é que há de mais oligárquico.

7. Se alguns cidadãos ordenam somente sobre certas coisas como a paz e a guerra, ao mesmo tempo que todos ordenam sobre as contas que se devem prestar ao Estado, e se os magistrados, nomeados por meio de sorte ou de eleição, se pronunciam sobre os outros negócios, tal se chama aristocracia ou república. Mas, se os magistrados nomeados por meio de eleições decidem sobre certos negócios, ao passo que os que forem designados por sorte devem julgar sobre outros; se os magistrados são escolhidos por sorte indistintamente entre todos os cidadãos, ou apenas em uma classe determinada; finalmente, se todos são nomeados por eleição e por sorte, o governo é em parte aristocrático e republicano e em parte puramente republicano. Tais são, pois, as diferenças que introduz nas constituições a organização do corpo deliberativo, e o modo pelo qual o governo se administra, conforme as diferenças que assinalamos.

8. Na democracia, principalmente naquela que parece ser mais digna desse nome, quer dizer, a discussões, fazer o que se faz nas oligarquias em relação aos tribunais. Aí se prescrevem multa contra aqueles que se deseja ver assíduos como juízes, a fim de que eles façam justiça, ao passo que nas democracias dá-se uma retribuição aos pobres; seria bom, digo, fazer a mesma coisa nas assembleias gerais, porque haveria mais sabedoria nas deliberações, quando todos delas participam, quando o povo deliberar com os cidadãos

mais emitentes, e estes com a multidão. Haveria vantagem, também, em só admitir às deliberações cidadãos eleitos ou escolhidos por sorte, igualmente em todas as classes. Finalmente, seria de utilidade, no caso em que o número dos homens do povo ultrapasse em muito o dos homens instruídos e hábeis na ciência de governar, não conceder retribuição a todos, e sim a tantos pobres quantos fossem os ricos, ou então fazer escolher pela sorte certa quantidade de pobres que tomariam parte nas deliberações.

9. Por outro lado, nos governos oligárquicos, seria necessário escolher no povo alguns cidadãos que seriam admitidos às deliberações, ou então constituir, como em certas repúblicas, uma magistratura composta daqueles que se denominam relatores ou guardiães das leis e só se submeter às deliberações as questões sobre as quais eles tenham preparado o relatório. Porque, desse modo, o povo participará das deliberações sem poder abolir parte alguma essencial da constituição. Poder-se-ia ainda só conceder ao povo o direito de aprovar as leis que lhe forem apresentadas, sem que ele pudesse introduzir na legislação qualquer coisa de contrário. Finalmente, poder-se-ia dar também a todos os cidadãos opinião consultiva, deixando aos magistrados a última palavra.

10. Seria preciso também fazer exatamente o contrário daquilo que acontece nas repúblicas; quando o povo absorve, é preciso que a sua decisão seja soberana, mas não quando ele condena; nesse caso, é preciso que a questão volte ao juízo dos magistrados. Precisamente o contrário do que acontece nas repúblicas; nelas a minoria é soberana para absolver um acusado, e não para o condenar; nesse caso, a questão é sempre levada ao juízo da minoria.

Capítulo 12

1. Eis aí bastante para fazer ver o que é o corpo deliberativo, isto é, o verdadeiro soberano do Estado. A questão relativa à divisão das magistraturas une-se imediatamente à que acabamos de tratar; porque essa parte da constituição dos Estados apresenta também inúmeras diferenças, seja quanto ao número das diversas magistraturas, seja quanto à extensão dos pobres, ou à duração das funções. Uns acham que elas não se devem prolongar por mais de seis meses, outros, por menos ainda; estes querem que as magistraturas

sejam anuais, aqueles que elas durem mais tempo. Finalmente, devem elas ser vitalícias ou ter um tempo de duração bastante longo? Ou nem uma nem outra coisa? Dever-se-ão chamar para exercê-las muitas vezes as mesmas pessoas, ou será melhor não encarregar duas vezes a mesma pessoa de exercê-las, mas apenas uma vez?

2. Quanto à própria composição das magistraturas, temos a considerar ainda quais devem ser os seus membros, por quem eles serão nomeados e como. Porque é necessário que se possa ter ideias precisas sobre todas essas coisas, que se saiba de quantas maneiras elas podem realizar, e em seguida se possam adaptar a cada modo de governo as condições particulares que lhes são vantajosas. Nem é fácil determinar o que se deve entender por magistraturas. A associação política tem necessidade de várias espécies de chefes, e é por isso que não se devem considerar como magistrados todos aqueles que são eleitos pela voz dos sufrágios, ou designados por sorte, como os padres, em primeiro lugar; porque deve se reconhecer que as funções são diferentes das dos magistrados civis. Acrescentemos-lhes os corifeus[(159)] e os arautos com os embaixadores que são nomeados por meio de eleição.

3. Entre as funções públicas, existem umas que são completamente políticas, devido a uma ordem especial dos fatos, e que se estendam sobre todo o corpo dos cidadãos, como o general do exército em tempo de guerra – ou então apenas sobre uma parte dos cidadãos, como as funções de inspetor de mulheres[(160)] ou crianças[(161)]. Outras funções referem-se à Economia, porque muitas vezes se elegem prepostos para a medição do trigo. Afinal, o Estado tem cargos completamente servis, e quando ele é rico, são os escravos que deles se encarregam. Sobretudo, para falar de um modo absoluto. Só se devem chamar magistraturas às funções que outorgam o direito de deliberar sobre certos assuntos, julgar e ordenar; esse último ponto, sobretudo, é o que mais caracteriza a autoridade. Aliás, isso nada significa, por assim dizer, no uso comum; porque não há um justo acordo quanto ao sentido que se deve dar à palavra magistrado, mas a sua verdadeira significação pode ser objeto de qualquer investigação mais ampla.

4. Quais são as magistraturas, e qual deve ser o seu uso, para que a cidade exista? Quantas há que, sem ser necessárias, são úteis, no entanto, em um Estado bem dirigido? Eis aí questões difíceis

de resolver para toda espécie de governo, e principalmente para os pequenos Estados. Porque, nos grandes, é possível e necessário que uma magistratura se ocupe de um só objeto; é possível que muitos cidadãos se ocupem das funções públicas, porque delas há multidão; de tal forma que uns esperam muito tempo para galgá-las, e outros só a alcançam uma vez. Aliás, toda a função é melhor exercida pelos cuidados de um só que dela se ocupe, que por aquele que se envolve em muitas.

5. Nos Estados pequenos, ao contrário, se é obrigado a acumular muitas atribuições diferentes em poucas mãos. O reduzido número de seus habitantes não permite facilmente que o corpo de magistrados seja numeroso. Aliás, quem se encontraria para substituí-los? No entanto, os Estados pequenos necessitam, às vezes, das mesmas magistraturas que os grandes; apenas estes se encontram muitas vezes na contingência de a eles recorrer, ao passo que essa necessidade só se faz sentir àqueles após um largo espaço de tempo. Eis por que nada impede de confiar várias funções a um só indivíduo, contanto que umas não prejudiquem as outras. A falta de cidadãos transforma os cargos políticos em instrumentos de dupla finalidade que servem ao mesmo tempo de lanças e de archotes.

6. Se podemos dizer, pois, quantos cargos são necessários em todos os Estados, e quantos devem existir que, sem ser indispensáveis, constituem, no entanto, uma necessidade, será mais fácil, quando possível, determinar quais os que convém reunir sob uma mesma magistratura. Convém também ignorar quais são, segundo os lugares, as acumulações de funções que se devem abraçar a direção de várias coisas; e quais as coisas sobre as quais uma só é única magistratura deve ter autoridade absoluta, por exemplo, se é o inspetor do mercado que deve policiá-lo, e se deve haver, além dele, outro agente público; isto é, se um só magistrado deve ser encarregado do policiamento, ou será preciso outro ainda para as crianças e para as mulheres.

7. Quanto aos governos, pode-se perguntar se existe alguma diferença relativamente a cada um deles na magistratura do mesmo gênero, ou se nenhuma existe; se na democracia, na oligarquia, na aristocracia e na monarquia, são as mesmas autoridades que mantêm o poder absoluto, embora não sendo representadas por homens iguais nem semelhantes, mas completamente diferentes

e dessemelhantes, visto que na aristocracia se encontram os cidadãos sábios e esclarecidos, na oligarquia os ricos e na democracia os homens livres; finalmente, se existem diferentes essenciais entre as magistraturas, de tal modo que haja casos em que elas se assemelham, e em outros difiram, pois que aqui convém que elas sejam amplas; lá, limitadas.

8. A isso acrescentamos que há alguns que têm um caráter especial e particular; tal é, por exemplo, a instituição dos relatores[162], que não é democrática; ao contrário, a deliberação, isto é, a discussão pública, é essencialmente democrática. No entanto, é necessário que haja alguma comissão desse gênero, que seja encarregada de preparar o assunto da deliberação para controlar o tempo, e deixar-lhe a folga de que necessita. Se essa comissão se compõe de poucas pessoas, será uma instituição oligárquica.

9. O poder do senado se destrói também nas democracias em que o povo trata de todas as questões. É o que acontece quando o povo goza de certa abastança, ou quando se confere a indenização, sempre que ele assine às deliberações. Então o lazer que se garante aos cidadãos permite-lhes reunirem-se muitas vezes e julgar eles próprios todas as questões.

Mas aí temos dito bastante sobre o assunto, no momento.

10. Experimentemos agora volver aos princípios sobre os quais se funda o estabelecimento das magistraturas. Ora, suas diversas características dependem de três elementos, cujas combinações devem forçosamente dar todos os modos possíveis de magistraturas. Esses três elementos são: em primeiro lugar, aqueles que nomeiam as magistraturas, depois os que são nomeados, e finalmente o modo da nomeação. Mas cada um desses elementos admite três diferenças: ou são todos os cidadãos que nomeiam ou apenas alguns; depois, todos podem ser eleitos, ou alguns somente, sob condições especiais de censo, nascimento, virtude ou qualquer outra vantagem desse gênero, como em Mégara, onde só se aproveitam para as magistraturas aqueles que haviam emigrado e que voltaram lutando contra o povo; em terceiro lugar a nomeação pode ser feita por meio de eleição ou por sorte.

11. Essas condições de nomeação podem, por outro lado, combinar-se duas a duas, quero dizer, aquela que exige o concurso de alguns apenas ou de todos; a que admite aos cargos apenas alguns

cidadãos, ou a que os admite a todos; finalmente a que será feita por meio de eleição ou por sorte. Cada uma dessas combinações admite por sua vez quatro modos de execução: todos os cidadãos podem escolher os magistrados entre todos por meio de eleição ou por sorte; podem escolhê-los entre todos sucessivamente e em várias partes distintas, por exemplo, por tribos, por burgos, por fratrias, até que tenham sido percorridas todas as classes de cidadãos, ou então pode-se escolher sempre os magistrados em toda a massa do povo; e ora de um desses dois modos, ora de outro. Há outros casos ainda: se todos os cidadãos escolhem os magistrados entre todos os membros da cidade por meio de eleição ou por sorte, ou ainda entre alguns apenas, por eleição ou consultando a sorte; ou ainda em parte por um desses dois meios, em parte pelo outro, quero dizer, entre todos os cidadãos por meio da eleição e por meio de sorte. Eis aí, pois, doze modos de nomeação, independentes das combinações duas a duas.

12. Entre todos esses modos de nomeação, existem dois que são democráticos – quando todos podem escolher os magistrados na totalidade dos cidadãos, seja por eleição, seja por meio de sorte, ou por esses dois meios ao mesmo tempo, quando certos magistrados são nomeados por sorte e outros pela escolha dos cidadãos. Ao contrário, quando não são todos os cidadãos que concorrem para a nomeação dos magistrados, quando estes são escolhidos apenas em parte, por eleição ou por meio de sorte, ou pelos dois modos ao mesmo tempo, ou então certas magistraturas são acessíveis a todos, e outras a alguns apenas, pelos dois processos ao mesmo tempo, isto é, a sorte para uns e a eleição para os outros é uma instituição republicana. Se uma classe de cidadãos escolhe os magistrados na massa do povo, seja por eleição ou por meio da sorte, ou dos dois modos, isto é, por eleição para certas magistraturas, e por meio de sorte para outras, é uma instituição oligárquica; mas é ainda mais oligárquica quando se empregam as duas maneiras.

13. Escolher certas magistraturas na totalidade dos cidadãos, e outras apenas em uma classe determinada, ou então nomear alguns por eleição e outros por sorte, eis uma instituição republicana, mas que se aproxima da aristocracia. Quando alguns apenas têm o direito de nomear entre todos. E as magistraturas são dadas por sorte ou pelos dois processos – a sorte para uns e a eleição

para outros, a instituição é oligárquica; mas é ainda mais oligárquica se emprega aos dois meios. Se a nomeação é feita entre todos para certas magistraturas e entre alguns somente para outras, seja por eleição seja por meio de sorte, o modo é, ao mesmo tempo aristocrático e republicano. Quando a nomeação e a elegibilidade são reservadas a alguns apenas, o sistema é oligárquico, porque não há igualdade entre os cidadãos, mesmo que se empregue a sorte ou os dois modos ao mesmo tempo; mas se os eleitores nomeiam sobre a totalidade dos cidadãos, a instituição deixa de ser oligárquica. O direito de nomeação concedido a todos com a elegibilidade para alguns é aristocrático. Tal é, pois, o número de modos de nomeação para as magistraturas, e é assim que eles se dividem nas diversas formas de governo. Será fácil compreender o que pode ser vantajoso a esta ou àquela forma como convém organizar as constituições e ao mesmo tempo, que grau de poder se deve dar às magistraturas. Entendo por esse grau de autoridade que tal magistratura é soberanamente encarregada das rendas do Estado, outra da sua defesa. Porque existe uma grande diferença entre a autoridade que outorga o comando do exército e a que decide nos tribunais sobre as transações.

Capítulo 13

1. Das três partes constitutivas de cada Estado, só nos resta falar dos tribunais(163). Para conhecer-lhes a organização, empregaremos o método que já temos seguido. Os tribunais podem variar ente si em três pontos de vista diferentes: as pessoas, a natureza das causas, o modo de nomeação dos juízes. Trata-se de saber, quanto às pessoas que compõem os tribunais, se elas são escolhidas entre todos os cidadãos, ou apenas em uma certa classe; quanto à natureza das causas, quais são as diferentes espécies de tribunais; finalmente, quanto à nomeação dos juízes, se são designados por eleição ou por sorte. Comecemos por determinar o número das diferentes espécies de tribunais. São em número de oito: o tribunal que julga agentes devedores(164); o que decide sobre os delitos públicos(165); aquele que decide entre os simples particulares e os magistrados em casos de contestação de penas pronunciadas; aquele que se ocupa dos processos relativos a atribuições particulares, que tenham

certa importância; além disso o tribunal para os estrangeiros e o que toma conhecimento das acusações de homicídio.

2. As espécies desse último gênero, seja que o julgamento de todas as espécies se submetem aos mesmos juízes, seja que haja tribunais especiais para cada uma delas, são: o homicídio premeditado, o homicídio involuntário, o homicídio confessado e reconhecido por seu autor, com motivos que ele julga justos: finalmente existe uma quarta espécie desse gênero, quando o autor de um homicídio, depois de ter se exilado voluntariamente, vem responder às acusações daqueles que se opõem a que ele volta à pátria. Diz-se que o tribunal situado no quarteirão chamado Freatus[(166)], em Atenas, toma conhecimento dessa espécie de causa. Mas acontece que elas raramente se apresentam, mesmo nas grandes cidades. Quanto ao processo dos estrangeiros, desses há duas espécies; entre estrangeiros, ou então entre estrangeiros e cidadãos. Além dos sete tribunais que citamos, existe ainda um oitavo, que julga as pequenas transações entre particulares, quando o seu valor não passa de cinco dracmas, ou um pouco mais; porque é também necessário que essas demandas sejam julgadas; mas elas não são da competência de um grande tribunal.

3. Não mais falaremos do tribunal encarregado das causas de homicídio nem do tribunal dos estrangeiros. Digamos agora algo sobre a Justiça civil. Por que não sendo ela bem administrada, surgem discórdias e tumultos graves no Estado. É estritamente necessário que todos os cidadãos sejam convocados por sorte ou por eleição para julgar todos os casos de disputa cuja enumeração fixamos, ou que todos sejam designados por sorte para certos casos, por eleição para outros, ou então é preciso que para determinadas causas os juízes sejam em parte eleitos, em parte designados por sorte. Eis aí, pois, quatro modos distintos. Outros tantos haverá se só se permite a uma parte dos cidadãos tomar assento nos tribunais, porque, na porção destinada a fornecer juízes para todas as causas, os juízes serão nomeados, seja por eleição, seja por meio de sorte, ou elegerão aqueles que deverão julgar certas causas, ou se escolherão por sorte os que julgarão outras causas, ou ainda certos tribunais encarregados de um mesmo gênero de causas serão formados de juízes

eleitos e escolhidos por sorte. Eis aí, pois, tantos modos quantos correspondem àqueles dos quais acabamos de falar.

4. Finalmente, pode-se ainda combinar essas condições duas a duas: isto é, de uma parte, a condição de se chamar todos os cidadãos a julgar, ou apenas uma parte dos cidadãos. Pode-se também reunir os dois modos ao mesmo tempo; por exemplo, se membros de um mesmo tribunal fossem escolhidos, uns na massa dos cidadãos, os outros numa classe determinada, e isso ou por meio de sorte ou por eleição, ainda pelos dois sistemas ao mesmo tempo. Eis aí todos os modos possíveis de organização de tribunais. E em primeiro lugar, entre esses modos, pode-se considerar democráticos aqueles nos quais todos os cidadãos são convocados para decidir sobre todos os negócios. Em segundo lugar, aqueles nos quais alguns julgam todas as causas, são oligárquicos. No terceiro lugar, aqueles nos quais os juízes são escolhidos em parte na totalidade dos cidadãos, e em parte em uma certa classe, são ao mesmo tempo aristocráticos e republicamos.

Livro Sétimo

Sinopse

Da organização da democracia - Qual é a sua melhor forma - Cautela que deve ter o legislador na organização da democracia - O que deve ser feito para consolidar a oligarquia - Das diversas magistraturas.

Capítulo 1

1. Falamos das diferenças existentes entre a assembleia deliberativa e o soberano, do número e da natureza dessas diferenças, das diversas ordens de magistraturas, da organização dos tribunais necessários a cada forma de governo e, por fim, da estabilidade e da queda dos Estados, indicando as origens e as causas que determinam uma e outra. Mas como há várias espécies de democracia, o mesmo acontecendo com as outras formas de governos, não será estranho examinar se não existe ainda qualquer coisa a dizer sobre esse assunto e fazer conhecer o modo de organização mais adequado e mais vantajoso a cada forma.

2. É preciso examinar também as combinações de todos os diferentes modos dos quais falamos; porque, combinando-se dois a dois, disso resultam mudanças de forma, que fazem

da aristocracia uma oligarquia, ou que, nas repúblicas, reforçam o princípio democrático. Entendo por combinações duas a duas (convém examiná-las, a elas até aqui não se tendo dado atenção), os casos, por exemplo, em que o corpo deliberativo e a eleição dos magistrados são organizados no sentido da oligarquia, ao passo que as tribunas são organizadas no sentido da aristocracia, ou outro caso qualquer, contanto que as partes do governo não sejam todas estabelecidas pelo mesmo sistema.

3. Falou-se anteriormente a respeito de qual é a espécie de democracia que convém a esta ou àquela espécie de povo; e, da mesma forma, das diversas espécies de oligarquias e outras formas de governo, a que homens cada uma delas convém mais. Mas é preciso mostrar ainda claramente que é o melhor governo para os Estados, e sobretudo como se deve estabelecer esse governo ou outro semelhante. Examinemos rapidamente essa questão. E falemos antes de tudo da democracia. Será o meio de fazer e ver claramente o que se refere à forma oposta de governos, àquela que comumente se chama oligarquia.

4. É preciso incluir nessa pesquisa tudo o que é essencialmente popular e tudo o que parecer ser uma consequência da democracia. Porque de todas essas combinações devem forçosamente sair as diversas espécies de democracia – e a prova de que há mais de uma espécie é que todas elas diferem entre si. Duas causas explicam a verdade dessas democracias: a primeira, da qual já se falou, é que um povo se compõe de várias classes: os agricultores, os artesãos e os mercenários. Se se combinar o primeiro desses elementos com o segundo e o terceiro com os outros dois, disso resultará uma democracia mais ou menos boa, mas essencialmente diversa.

5. A segunda causa, da qual queremos falar agora, é que as consequências resultantes da democracia, que parecem pertencer especialmente a essa espécie de governo, determinam, segundo o modo pelo qual se combinam diferentes espécies de democracia; uma, de fato, reúne um número menor dessas consequências, outra um número maior, ao passo que outra ainda reúne todas. Importa conhecê-las todas, se se quer estabelecer uma forma nova ou reformar uma antiga. Os fundadores de Estados procuram reunir tudo o que há de essencial ao sistema que eles adotam, mas desgarram-se em assim operando, como já se observou antes, ao tratar

da queda dos Estados e dos meios de conservá-los. Examinemos agora os princípios nos quais se baseiam os diversos sistemas, os meios que comumente usam e o fim que se propõem.

6. O princípio fundamental do governo democrático é a liberdade; a liberdade, diz-se, é o objeto de toda democracia. Ora, uma das características essenciais da liberdade é que os cidadãos obedeçam e mandem de maneira alternada; porque o direito ou a justiça, em um estado popular, consiste em observar a igualdade em relação ao número, e não a que se regula pelo mérito. Segundo essa ideia do justo, é preciso forçosamente que a sabedoria resida na massa do povo, e que aquilo que ele tenha decretado seja definitivamente firmado como o direito ou justo por excelência, pois que se pretende que todos os cidadãos têm direitos iguais. Disso resulta que, nas democracias, os pobres têm mais autoridade que os ricos, pois que são em maioria, e os seus decretos têm força de lei. Eis que, pois, um sinal característico da liberdade, tal é a definição que todos os partidários do Estado popular dão da república.

7. Outra característica é o de viver como se deseja, pois é, diz-se, os resultados da liberdade, se é verdade que a marca distintiva do escravo é não poder viver como bem lhe parece. Tal é o segundo traço da democracia; daí o fato de nunca nela se consentir em obedecer a quem quer que seja, a não ser alternativamente, o que contribui para estabelecer a liberdade fundada na igualdade.

8. Segundo tais princípios, é essa a definição da autoridade, eis aqui quais são as instituições populares: que todas as magistraturas sejam eletivas por todos, e entre todos os cidadãos; que todos tenham autoridade sobre cada um, e que cada um, por sua vez, sobre todos; que as magistraturas sejam dadas por meio de sorte, ou pelo menos todas aquelas que não exigem experiência nem habilidade numa arte; que as magistraturas não sejam adjudicadas pela cota do censo, ou ao menos pela menor cota possível; que o mesmo cidadão nunca possa exercer duas vezes a mesma magistratura, ou pelo menos poucas vezes, havendo poucas magistraturas nesse caso, à exceção dos cargos militares; que todas as funções públicas, ou a maioria delas, sejam de curta duração; que todos os cidadãos sejam chamados a julgar nos tribunais; que os juízes sejam tirados em todas as classes, e que pronunciem sobre todos os gêneros de negócios, sobre a maioria deles, sobre os

mais graves e os mais importantes, como as contas prestadas pelos magistrados responsáveis, os negócios gerais do Estado e os contratos civis, finalmente, que a resolução de todos os negócios, ou pelo menos dos mais importantes, dependa soberanamente da assembleia geral dos cidadãos, e não de qualquer magistratura (à exceção dos casos mais raros).

9. A mais popular das magistraturas é um senado ou um conselho geral[167], em todo o Estado que não possui meios para remunerar o comparecimento às assembleias. Outra instrução muito popular é a concessão de salários a todos os funcionários, aos membros da assembleia geral, aos tribunais, aos cargos de todo gênero, ou pelo menos às magistraturas, aos tribunais, ao senado, às assembleias que resolvem as questões em único recurso, aos funcionários que são obrigados a tomar as suas refeições em comum[168]. Finalmente, do mesmo modo que a oligarquia tem por característica os privilégios concedidos aos nascimentos, à riqueza, à educação, assim o governo popular deve ter, ao contrário, por característica distintiva, a preferência que nele se dá à obscuridade do nascimento, à pobreza e às profissões mecânicas.

10. É preciso ainda que nenhuma magistratura seja nele perpétua, e nos casos em que se deixe subsistir qualquer daquelas existentes antes da revolução democrática, é preciso diminuir-lhes gradualmente a força, e entregar à sorte todas as que eram eletivas. Tais são as instituições comuns a todas as democracias. Mas a constituição que é considerada como a mais essencialmente democrática ou popular resulta do direito comumente chamado democrático, e que consiste na igualdade absoluta entre os cidadãos. A igualdade exige que os pobres não tenham mais poder que os ricos, não sejam únicos soberanos, e sim que todos o sejam em nome da igualdade e na proporção do número; e só com essa condição se pode dizer que a igualdade e a liberdade estão garantidas pelo Estado.

11. Mas, depois, a dificuldade é saber como se chegará a estabelecer essa igualdade. Será preciso dividir entre mil cidadãos a cota do censo exigido de quinhentos e dar aos mil um poder igual ao dos quinhentos? Ou não se deverá considerar a igualdade sob esse aspecto, mas fazer a repartição, e confiar a um número limitado de cidadãos a direção suprema das eleições e dos tribunais?

Será essa forma de governo a mais justa e mais conforme com o direito popular, ou será antes aquela em que se considera essencialmente a multidão? Por que, o que os partidários da democracia chamam justo e legítimo, é aquilo que é resolvido pela maioria. Ao contrário, os partidários da oligarquia só consideram justo aquilo que é conforme com a opinião dos mais ricos, por que pretendem que é o grau das riquezas que deve dar o direito de tomar resolução definitiva sobre os negócios públicos.

12. No entanto, a desigualdade e a injustiça se encontram em ambos os sistemas, porque, sendo a vontade da maioria a que decide, haverá tirania, pois se houver um único indivíduo que possua mais haveres que os outros ricos, só ele terá, em virtude do direito oligárquico, o direito de mandar. Mas se é a vontade da maioria, tomada aritmeticamente, que faz a lei, a maioria não deixará de se apropriar por confiscações injustas, dos bens dos ricos e dos mais fracos, como já se disse anteriormente. Para encontrar uma igualdade com a qual os partidários de ambos os sistemas possam estar de acordo, deve-se procurá-la na definição que uns e outros dão do direito político, pois pretendem que a vontade da maioria dos cidadãos deve ser soberana.

13. Admitamos esse princípio, contanto que não seja de um modo absoluto. Ora, já que a cidade se compõe de duas ordens de cidadãos, os ricos e os pobres, seja a vontade da maioria soberana em uma e outra das duas ordens; mas se eles tomam resoluções contrárias, prevaleça a vontade da maioria e daqueles que possuem maior renda. Suponhamos dez ricos e vinte pobres; seis ricos emitiram uma opinião, quinze pobres emitiram uma opinião contrária; os quatro ricos restantes uniram-se aos quinze pobres, e cinco pobres aos seis ricos. Se se fizer dos dois lados a adição das fortunas das partes componentes, digo que aqueles, quaisquer que sejam, cuja fortuna prevaleça, devem ter a soberania.

14. Mas se eles são iguais de ambas as partes, é preciso considerar essa partilha de votos como inclusa na classe desse gênero, por exemplo, quando há partilha entre os membros da assembleia geral dos cidadãos ou dos tribunais; então se é obrigado a recorrer à sorte, ou qualquer outro meio semelhante. De resto, qualquer que seja a dificuldade em achar-se a verdade dessas questões de igualdade e de direito, no entanto é mais fácil nisso

ser bem-sucedido que moderar por sábios conselhos, a multidão daqueles que podem dar curso à sua ambição, porque os homens de condição inferior aspiram incessantemente à igualdade e à justiça, ao passo que os mais fortes nisso não pensam de modo algum.

Capítulo 2

1. A melhor das quatro democracias é a primeira na ordem que marcamos descrevendo-a nos livros precedentes; ela é, mesmo, a mais antiga de todas. Entendo a primeira, segundo a divisão comum das classes que compõem o povo. A melhor classe é a dos lavradores, e é possível estabelecer uma democracia em toda parte onde o povo vive da cultura das terras ou da criação de rebanhos. Não sendo muito ricos, eles terão pouco lazer e, em consequência, estarão impossibilitados de se reunir muitas vezes em assembleia para deliberar; e por outro lado, havendo falta de muitas coisas necessárias, encontrando cada qual mais prazer em cultivar suas terras que em ocupar-se do governo ou exercer a autoridade, principalmente quando as magistraturas não são uma fonte de grandes lucros. De fato, os homens, em sua maioria, são mais ávidos de lucro que de honrarias.

2. A prova disso é que se suportavam as antigas tiranias e ainda hoje se toleram as oligarquias quando elas não impedem os cidadãos de se entregarem aos seus afazeres e não lhes usurpam os frutos que deles retires; porque então uns se enriquecem rapidamente, outros saem da pobreza. Além disso, o direito de escolher os magistrados e obrigá-los a prestar contas da sua gestão basta para satisfazer a ambição daqueles que podem tê-la. E ainda mesmo que se suponha que eles tomem alguma parte nas eleições, mas que o direito de eleger pertença a alguns homens tomados alternadamente em todas as classes, o povo, sendo chamado a deliberar nas ocasiões importantes como em Martineia, com isso geralmente se contenta. É o que se deve considerar também como uma espécie de democracia, tal como outrora existiu em Mantineia(169).

3. Eis por que é vantajoso, e mesmo bastante comum à espécie de democracia que citamos, admitir em primeiro lugar todos os cidadãos à eleição dos magistrados, à administração da justiça, e ao

julgamento dos funcionários responsáveis; em seguida submeter os altos cargos à eleição e ao censo proporcionalmente à própria importância dos cargos, ou ainda, desprezando a condição de censo, só confiá-los àqueles que são capazes de exercê-los. Uma tal forma de governo não poderia deixar de ser excelente; porque as funções públicas nela serão sempre exercidas pelos cidadãos mais eminentes, com o consentimento do povo, que então não invejará de modo algum os homens de mérito. É forçoso que essa combinação satisfaça também os homens distintos e recomendáveis, por que eles não serão de modo algum obrigados a obedecer a pessoas de uma condição inferior. E governarão com equidade, porque são responsáveis pela sua gestão perante os cidadãos de outra classe.

4. É importante tornar dependente o poder, e não suportar que aqueles que dele dispõem obrem segundo seus caprichos, porque a possibilidade de fazer tudo o que se quer impede de resistir às más inclinações da natureza humana. Desse modo, obtêm-se forçosamente os resultados mais preciosos para as repúblicas: que o poder se coloque nas mãos de homens esclarecidos e quase infalíveis, sem opressão e sem aviltamento para o povo. Eis aí, pois, a melhor democracia. E de onde vem essa superioridade? Dos próprios costumes e do caráter do povo.

5. Para despertar num povo o amor à agricultura, há, entre as antigas leis da maioria das cidades, certas disposições muito úteis, como aquela de interditar a todos os cidadãos a posse de uma extensão[170] de terra que determinada medida, ou então de possuí-la a uma distância determinada da cidadela e da cidade. Havia ainda outrora, uma lei fundamental em vários Estados não permitindo a ninguém alienar[171] a herança paterna[172]. A chamada lei de Oxilus[173] que proíbe a todo cidadão tomar emprestado mediante hipoteca de terra que possui, pode ter também alguma influência do mesmo gênero.

6. Hoje, se se quiserem realizar reformas, deve-se mesmo recorrer à lei dos afitianos[174], que é muito útil para o assunto do qual falamos. Apesar de seu número elevado e da pouca extensão do seu território, são todos lavradores; é que eles não submetem ao censo a totalidade das possessões, mas dividem o território em muitas partes, para que o censo, mesmo dos mais pobres, exceda a cota legal.

7. Depois dos povos agrícolas, os mais dignos de estimas são os povos pastores, que vivem do produto de seus rebanhos, porque o seu modo de viver tem bastante analogia com os dos lavradores. Eles têm muitos hábitos que os tornam aptos aos trabalhos de guerra; seus corpos são afeitos à fadiga e capazes de suportar todas as intempéries das estações. Mas quase todos os outros povos, entre os quais se estabeleceram governos democráticos, são muito inferiores a estes, e a virtude nada tem de comum com as ocupações regulares dos artesãos, dos comerciantes e dos mercenários. Aliás, o hábito de percorrer os mercados e ruas da cidade predispõe essa parte da população a se reunir em assembleia geral com certa facilidade; ao passo que os lavradores, vivendo espalhados nos campos, não se encontram, e não sentem a mesma necessidade de reunir-se.

8. Quando as terras a cultivar são situadas a grande distância da cidade, é sempre fácil estabelecer uma excelente democracia ou república, porque a maioria dos cidadãos é obrigada a ter suas habitações no campo. Disso resulta que a multidão que se entrega ao comércio não pode, nas democracias assim formadas, constituir assembleias gerais sem o concurso da população rural. Acabamos de mostrar, pois, como se deve a ela ligar para estabelecer a primeira e a melhor democracia. Sabe-se como se devem organizar as outras espécies; elas degeneram facilmente de seu modelo segundo as diferentes classes do povo, até essa classe degradada que se deve sempre conservar à parte.

9. Pois que essa última forma de democracia admite todos os cidadãos na direção dos negócios, nenhum Estado é capaz de suportá-la ou fazê-la durar muito tempo quando ela não se funda nos costumes e nas leis. Aliás, indicamos anteriormente a maioria das causas que ordinariamente contribui para a corrupção dessa e outras formas de governo. Para estabelecer esta democracia e tornar o povo poderoso, os que se põem à testa do governo incluem geralmente entre os cidadãos o maior número possível de indivíduos, e dão o direito de cidade não só aos filhos legítimos, como também aos bastardos de um ou de outro lado, quero dizer, do lado do pai ou da mãe – porque todos os elementos são bons para formar um tal povo.

10. Tais são as manobras comumente empregadas pelos demagogos. No entanto, só se devem admitir cidadãos novos segundo

as necessidades, para que a multidão tenha ascendência sobre os ricos e sobre a classe média; não se deve ir além. Se eles excedem a medida, vão tornar a multidão ainda mais indisciplinada, e exasperar as classes elevadas já tão impacientes do jugo da democracia. Foi essa a causa da revolução havida em Cirene[(175)], de princípio não se nota um mal pequeno, mas quando ele cresce, torna-se mais perceptível e choca todos os olhares.

11. Podem-se considerar ainda como sendo favoráveis ao estabelecimento da democracia e os meios aos quais recorreram Clistênio[(176)], quando quis fortalecer a democracia em Atenas, e todos aqueles que fundaram o poder popular em Cirene. Assim, é preciso multiplicar o número de tribos e de fratrias, substituir os sacrifícios particulares por algumas festas religiosas celebradas em comum, e criar todos os meios possíveis de misturar os cidadãos e dissolver todas as associações anteriores.

12. Aliás, todos os ardis dos tiranos parecem caber na democracia. Por exemplo, a desobediência dos escravos (coisa vantajosa, talvez, até certo ponto), a insubordinação das mulheres e dos filhos, e a tolerância de deixar a todos os cidadãos a liberdade de viver como cada qual o entende. Com essa condição, muitas pessoas emprestarão mão forte ao governo, porque é mais agradável viver sem regra que ter uma conduta sábia e reservada.

Capítulo 3

1. Para o legislador e para todos aqueles que queiram fundar um governo democrático, a tarefa mais trabalhosa não é estabelecê-lo. Nem é a única: trata-se principalmente de prover à sua conservação. Porque não é muito difícil a uma forma de governo, qualquer que ela seja, durar pouco tempo. Eis porque é preciso procurar combinar todos os meios próprios a garantir-lhe a estabilidade, segundo as considerações que apresentamos anteriormente sobre as causas que determinam a ruína ou a conservação dos Estados; tomar precauções contra aquelas que os enfraquecem; adotar todas as leis, escritas e não escritas, que se referem aos princípios sobre os quais repousa a salvação do Estado, e não pensar que aquilo que dá a uma república um caráter mais pronunciado no sentido da democracia ou da oligarquia, é, na

realidade, o princípio essencialmente popular ou oligárquico, e sim tudo aquilo que pode garantir-lhe a maior duração.

2. No entanto, os demagogos dos nossos dias, para granjear o favor popular, levam os tribunais a ordenarem enormes contribuições. É por isso que os que devotam a esse gênero de governo devem opor-se a tal abuso, determinado por uma lei que o produto das confiscações pronunciadas não pertencerá ao povo, nem será aplicado em objetos de utilidade pública, mas será consagrado ao culto dos deuses. Desse modo, aqueles que queiram cometer uma injustiça não deixarão de se pôr em guarda, pois serão grandemente punidos; a multidão será menos solícita em condenar os acusados, quando disso não puder esperar lucro algum. É preciso também tornar tão raros quanto possível os processos públicos, e impor um freio à audácia dos delatores, impondo fortes multas contra aqueles que se aventurarem a fazer acusações mal fundadas. Porque não só é contra a gente do povo que essas acusações se dirigem, mas contra os cidadãos mais dignos. Importa que todos os cidadãos sejam ligados e devotados ao governo ou pelo menos que não considerem inimigos os homens que possuem o máximo de influência.

3. Sendo o povo muito numeroso nas democracias da última espécie, e sendo difícil reunir os cidadãos em assembleia geral se eles não forem pagos, os interesses dos ricos são gravemente comprometidos, quando o Estado não possui rendimentos. Porque é essencial supri-lo por contribuições forçadas e confiscações pronunciadas por tribunais corrompidos, o que já tem perdido um grande número de governos democráticos. Assim, quando o Estado não possui rendimentos, é preciso que as assembleias gerais sejam raras e os tribunais se componham de muitos juízes, mas que a sua gestão só dure poucos dias. Esse sistema apresenta dois benefícios. Em primeiro lugar, os ricos temem ser sobrecarregados de despesas, já que não são os ricos, mas os pobres, que exercem as funções de juízes; depois, a Justiça é mais bem administrada. De fato, os ricos não gostam de interromper seus afazeres por muitos dias seguidos; só consentem deixá-los por um tempo muito limitado.

4. Em uma república que possua rendimento, é preciso não fazer o que fazem hoje os demagogos, isto é, distribuir aos pobres as sombras das despesas, nelas tomando também a sua parte. Esses mal

acabam de receber o auxílio que lhes é prestado, recaem nas mesmas necessidades; fazer liberalidades aos pobres é o mesmo que verter num barril furado. No entanto, o legislador verdadeiramente devotado ao povo deve prover a que a multidão não caia numa indigência excessiva, porque essa é uma das causas que perdem a democracia. É preciso, ao contrário, imaginar os meios que possam garantir ao povo uma abastança durável, no próprio interesse dos cidadãos abastados, fazer uma massa geral do excesso de rendas do Estado, acumulá-la e reparti-la depois entre os pobres, principalmente se a parte que lhes toca pode servir à aquisição de algum pedaço de terra, ou pelo menos formar um capital com que possam montar um pequeno comércio ou um método de culturas. Se não é possível dar a todos ao mesmo tempo, deve-se fazer a distribuição por tribos ou por qualquer outra divisão do povo, e alternadamente. Mas nesse caso os cidadãos abastados precisam contribuir para os gastos de todas as reuniões necessárias, pois que ficam isentos de despesas supérfluas.

5. É por um processo mais ou menos semelhante que o governo de Cartago[177] conseguiu atrair a afeição do povo; porque, enviando sucessivamente os homens tirados da classe do povo às cidades da república para administrá-las, ele lhes dá o meio de enriquecerem. Os cidadãos da classe elevada e todos aqueles que se distinguem por sua sabedoria como por sua fortuna, bem andarão também em colocar os pobres sob sua proteção e encaminhá-los no trabalho, fornecendo-lhes capitais. É bom também adotar o costume dos tarentinos[178]: concedendo aos pobres o gozo comum das propriedades, eles conciliam ao governo a afeição do povo. Além disso, as magistraturas por eles estabelecidas são de duas espécies: umas dadas por sorte, outras pelos sufrágios; a sorte abre ao pobre a carreira das dignidades, e a eleição dá ao Estado bons administradores. Pode-se chegar a esse resultado, dividindo em duas partes a mesma magistratura, sendo uma conferida por meio de sorte e outra por eleição. Tais são, pois, as diversas maneiras de organizar as democracias.

Capítulo 4

1. Com todas essas considerações, fácil se torna compreender quais são as instruções que convêm às oligarquias, porque é preciso estabelecer para cada tipo de oligarquia instituições contrárias

às de cada tipo de democracia correspondente, opondo a oligarquia primeira e mais bem organizada à primeira espécie de democracia, isto é, aquela que mais se aproxima da forma de governo chamada república. Nelas, é preciso estabelecer duas espécies de censo exigíveis: um maior, outro menor. O censo menor será para aqueles que possam ser convocados às magistraturas de uma necessidade menor; o censo maior será o dos cidadãos que venham a exercer os cargos mais importantes. Aquele que possuir a cota exigida pelo censo maior terá o direito de participar dos negócios do Estado – e ter-se-á cuidado de incluir nessa classe um número pequeno de indivíduos tirados do seio do povo, para que não se chegue a ter a maioria na direção do Estado. Ter-se-á especialmente por princípio só associar ao governo aquilo que existe de melhor na classe do povo.

2. Do mesmo modo, basta ampliar um pouco as bases do sistema oligárquico, para obter a forma que mais se aproxima do primeiro tipo. Quanto à que corresponde ao último tipo de democracia, e que é o mais violento e o mais tirânico dos governos oligárquicos, é a pior, e, sob esse ponto de vista, aquela que exige mais precauções. Os corpos bem constituídos para a saúde, ou os navios bem construídos para a navegação e providos de hábeis marinheiros, suportam as mais rudes provas sem que haja perigo de perecerem, mas os corpos enfermiços, os navios já avariados e equipados por marinheiros inexperientes, não podem mesmo suportar os menores acidentes. O mesmo acontece com as constituições políticas – quanto piores são, mais precauções exigem.

3. Em geral, as democracias devem a sua salvação à abundância da população; o número nelas substitui o direito do mérito, ao passo que é evidente que uma oligarquia só pode substituir por efeito de uma ordem constante e regular. Ora, compondo-se a massa do povo de quatro divisões – os lavradores, os artesãos, os comerciantes e os mercenários e a classe dos homens de guerra, compreendendo outras quatro – a cavalaria, os lutadores, a infantaria ligeira e a marinha – é nos países cuja conformação natural favorece as manobras da cavalaria que melhor convém estabelecer uma oligarquia fortemente construída; porque a segurança de seus habitantes depende dessa parte do exército, e somente os grandes proprietários podem criar cavalos. A oligarquia do segundo grau convém aos países que possuem muitos lutadores,

porque a infantaria pesada compõe-se mais de ricos que de pobres. Finalmente, a democracia convém apenas a um povo que só pode fornecer infantaria ligeira ou marinheiros.

4. Também, nos Estados em que os homens pertencentes a essas duas divisões são muito numerosos, acontece muitas vezes que eles mostram poucos ardor no combate, quando uma revolta surge. Para evitar esse inconveniente, é preciso aplicar-lhe o remédio que empregam os generais experimentados, quando acrescentam à cavalaria e ao corpo de lutadores um número proporcional de soldados de infantaria ligeira. É isso que, nas rebeliões, dá sempre a vantagem ao povo sobre os ricos, porque a infantaria ligeira pode bater-se com vantagem com a cavalaria e o corpo dos lutadores.

5. O governo oligárquico que levanta essa tropa da classe do povo fornece, assim, armas contra si mesmo. É preciso, de acordo com a divisão natural das idades – a juventude e a virilidade – que os filhos dos ricos sejam chamados durante a sua adolescência para as manobras e evoluções da infantaria ligeira, e, ao saírem da juventude, sejam exercitados nos trabalhos da guerra, como verdadeiros atletas. Sobretudo, é preciso dar à multidão uma parte nos negócios do governo; seja isso, como já se falou, sob a condição do censo; seja como se pratica em Tebas, concedendo esse privilégio àqueles que tenham cessado desde um tempo determinado, de exercer qualquer profissão mecânica(179); seja, finalmente, como alhures(180), designando os cidadãos dignos de exercerem a magistratura para que façam parte do governo ou fiquem para fora. É preciso ainda impor certos gastos às magistraturas mais elevadas, que só se possam gerir em virtude de direitos políticos, a fim de que o povo se console e perdoe àqueles que têm a autoridade, pois, de algum modo, eles pagam esses privilégios.

6. Convém também que os magistrados que assumem os cargos façam grandes sacrifícios e ergam algum monumento, a fim de que o povo, tomando parte nos banquetes dos sacrifícios, e vendo a cidade esplendidamente decorada de monumentos e edifícios, queira ver também o governo firmar-se e consolidar-se. Além disso, os ricos deixarão também outros tantos testemunhos duráveis da sua munificência. Entretanto, não é o que acontece hoje nos

governos oligárquicos; é exatamente o contrário. Os magistrados neles se mostram mais ávidos de lucros que de honrarias; também se pode dizer, com razão, que tais governos não passam de pequenas democracias reduzidas a alguns governantes. Tal é, pois, o modo pelo qual se devem estabelecer as democracias e as oligarquias.

Capítulo 5

1. O seguimento da discussão nos conduz, naturalmente, a determinar com cuidado o que se refere às magistraturas: o seu número, a sua natureza e as suas atribuições[181], como já o dissemos anteriormente[182]. Há magistraturas que são indispensáveis, e sem elas um Estado não poderia subsistir; outras servem à boa ordem e à moralidade, e na sua falta um Estado não poderia ser bem administrado. Além disso, elas devem ser em número menor nos Estados pequenos e mais numerosos nos grandes, como fizemos notar. Finalmente, é preciso saber quais são as magistraturas que podem ser acumuladas e as que não podem.

2. Ora, um dos principais cuidados, e dos mais indispensáveis, é o que se refere à fiscalização dos mercados, pois é preciso que haja uma magistratura encarregada de vigiá-los, de tomar conhecimento das transações entre os cidadãos, e de fazer observar a moralidade e a ordem. Há necessidade, em quase todas as cidades, de mercados para as vendas e compras, a fim de que os cidadãos possam acorrer às suas necessidades recíprocas; é o meio mais imediato que um Estado pode ter de se bastar a si próprio, e é a causa que leva os homens a se reunirem em sociedade.

3. Outra função que toca bem de perto aquela da qual vimos, é a fiscalização das propriedades públicas e particulares, a fim de ser mantida a ordem; ao mesmo tempo a conservação e separação tanto dos edifícios que se estragam como das vias públicas, e regulamentação dos limites que separam as propriedades, a fim de se evitarem queixas; enfim, todas as outras questões desse gênero. É precisamente essa magistratura que se chama comumente astinomia (polícia da cidade). Ela compreende várias partes distintas, que nas cidades mais populosas são confiadas a muitos empregados, tais como arquitetos especializados em muralhas, inspetores de fontes e guardas de portos.

4. Existe ainda outra vigilância necessária e de mesmo gênero, pois recai sobre ao mesmos objetos; estende-se, porém, sobre o país, à volta e fora da cidade. Os funcionários que a exercem são chamados por uns de agrônomos (inspetores de campo), por outros, floros (conservadores de florestas). Esses cargos são em número de três. Outros funcionários são aqueles que recebem o produto das vendas públicas, delas têm a guarda, e são encarregados de distribuí-las para cada serviço do Estado. São chamados recebedores e tesoureiros. Outros magistrados são encarregados do registro, dos contratos entre particulares e dos julgamentos exarados pelos tribunais. É ainda em suas mãos que se deve depor a declaração das demandas e ações jurídicas que se quer intentar. Há países, mesmo, em que essa magistratura se divide em vários ramos, mas não lhe fica diminuída por isso a suprema autoridade sobre todas as atribuições que venho de explicar. Esses funcionários são chamados hieronemos (conservadores dos arquivos sagrados), epístates (presidentes), nemons (arquivistas), ou são designados por outras denominações análogas.

5. Depois disso vem a função mais necessária e quase a mais difícil – a que se refere à execução dos julgamentos exagerados, à apresentação do saldo das multas inscritas nos registros do Estado, e à guarda dos prisioneiros. Ela é difícil devido à extrema aversão que se volta àqueles que dela se encarregam. Também, não sendo amplamente retribuída, poucos são os indivíduos que consentem em aceitá-la, e quando se resolvem a exercê-la encontram muita dificuldade em se conformarem estritamente às leis. Mas ela é necessária, porque de nada serve pronunciar julgamentos sobre os direitos, se eles não surtirem efeito absoluto. E se é impossível que a sociedade civil exista sem julgamento, também ela não poderia existir quando as condenações a uma multa ou outro castigo qualquer permanecessem sem execução.

6. Também é bom que essas funções não sejam confiadas a uma única magistratura, mas que sejam exercidas por magistrados de outros tribunais, que se procure dividi-las do mesmo modo, segundo a natureza das condenações inscritas nos registros, por aqueles que passaram a exercer o cargo recentemente. Por fim, é

bom que, quando os magistrados estabelecidos desde longo tempo tenham pronunciado uma sentença, ela seja executada por outros magistrados; por exemplo, que os fiscais da vila executem os julgamentos pronunciados pelos fiscais do mercado, e que a execução dos julgamentos pronunciados por estes seja confiada a outros magistrados; porque quanto menos aversão inspirarem os executores dos julgamentos, mais fácil e pronta será a execução. Se os mesmos magistrados julgam e executam o julgamento, excitam contra si um ódio duplo; quando são encarregados de todos os negócios, tornam-se os magistrados objeto de ódio geral.

7. Em vários países dividem-se os cargos de guardar prisioneiros e executar julgamentos, como em Atenas, onde a prisão é guardada pelos chamados "onze". Eis por que essas duas espécies de funções devem ser separadas e para isso deve haver um expediente qualquer, pois uma não é menos necessária que a outra. Disso resulta que os homens dignos repelem tal função e, no entanto, há certo perigo em confiá-la a pessoas sem escrúpulos, pois seria preciso vigiá-las antes de encarregá-las de vigiar os outros. Não se deve, pois, atribuir tal função a uma única magistratura; mas, havendo uma classe de jovens de guardas, deve-se nela escolher seus funcionários, e buscá-los alternadamente nas outras magistraturas.

8. Deve-se, pois, classificar esses empregos em primeiro lugar como sendo os mais necessários. Outros existem ainda não menos indispensáveis e com algo de mais grave, porque, exigem, de um lado, um reconhecido mérito, e de outro a confiança dos cidadãos. Tais são, por exemplo, os que concernem à segurança da cidade, e, em geral, todos aqueles que se referem ao serviço militar. Em tempo de paz, como em todo o tempo de guerra, é preciso haver homens destacados para a guarda dos pontos e das muralhas, e para o recenseamento e classificação do cidadão.

9. Existem países onde essas diferentes funções são repartidas por um grande número de cidadãos; há outros onde esses funcionários são menos numerosos; por exemplo, nos Estados pequenos, um único magistrado exerce todas elas. Tais são os estrategos e os polemarcos. Aliás, havendo cavalaria, infantaria ligeira, arqueiros ou marinheiros, dá-se, por vezes, a cada um desses corpos, chefes especiais que tomam os nomes de navarcas, hiparcos, taquiarcos; e as subdivisões desses corpos são

chamadas trierarquias, locagias e filarquias, o mesmo acontecendo com todas as partes dessas diversas ordens de funções. Mas a totalidade desses cargos está compreendida numa só espécie, que é a fiscalização dos serviços militares.

10. Mas como certas magistraturas, para não dizer todas, têm o manejo dos dinheiros públicos, é forçoso que haja uma outra autoridade para receber e verificar as contas, sem que ela própria seja encarregada de qualquer outro mister. Os magistrados que a exercem são chamados controladores, examinadores, verificadores, inspetores. Além de todas essas magistraturas, a mais poderosa de todas, aquela à qual frequentemente pertencem a proposição e promulgação das leis, é a que preside às assembleias da multidão nos Estados onde o povo é soberano. É preciso, de fato, uma magistratura suprema para convocar os soberanos em assembleias. Na maioria dos Estados, os membros dessa jurisdição são chamados magistrados preparadores, porque preparam as deliberações; mas, nos Estados democráticos, dá-se-lhes antes o nome de senadores. Tais são, aproximadamente, todas as magistraturas políticas.

11. Outros magistrados têm em suas atribuições aquilo que se refere ao culto dos deuses; são os padres e os inspetores encarregados de conservar os edifícios sagrados, reparar os que caem em ruína, e cuidar de tudo o que concerne à religião. Essa magistratura é às vezes confiada a uma só pessoa, como nos Estados pequenos, e ás vezes dividida em várias atribuições distintas do sacerdócio e confiada a arquitetos especializados, a fiscais dos templos e a tesoureiros das rendas sagradas. Finalmente, depois dessa magistratura, há ainda a presidência de todos os sacrifícios públicos que a lei não coloca sob a autoridade dos padres comuns; são os próprios deuses do lar nacional que conferem essa alta dignidade, e os que dela se revestem são chamados arcontes, reis ou pritânios.

12. Tais são as magistraturas indispensáveis a esses diferentes fins. Em resumo, elas se referem à religião, à guerra, às rendas e despesas do Estado, aos mercados, ao policiamento da cidade, dos portos e do campo, depois aos tribunais, às transações entre particulares; ao registro civil, à execução das penas, à guarda dos condenados, ao exame e verificação das contas dos magistrados responsáveis, e finalmente às assembleias do corpo que é chamado a deliberar sobre os negócios gerais do Estado.

13. Nas cidades em que existem mais lazeres, onde reina mais abundância e onde se liga uma grande importância à manutenção da boa ordem, criam-se magistraturas encarregadas de vigiar a conduta das mulheres e das crianças, a conservação dos ginásios e a execução das leis. Há, por outro lado, intendentes dos jogos ginásticos, das festas de Baco, de todas as outras espécies de espetáculos. Muitas dessas magistraturas não são democráticas; por exemplo, a fiscalização das mulheres e das crianças, como se percebe, pois os pobres, não tendo escravos, servem-se das mulheres e dos filhos como criados. Das três magistraturas supremas para as quais certos povos nomeiam por eleição (refiro-me aos conservadores das leis, aos magistrados que as preparam, aos senadores) a primeira convém à aristocracia, a segunda à oligarquia, a terceira à democracia. Tratamos sumariamente de todas as ordens de funções públicas(183).

Livro Oitavo

Sinopse

Das revoluções e transformações produzidas por sedições nos Estados republicanos - Causas gerais - Elas não nascem por causas pequenas, porém originam-se de pequenas causas - Das revoluções nas democracias, nas oligarquias e nas aristocracias - Meio de evitá-las - Dos perigos aos quais se expõe a monarquia - Meios de preservá-la - Da tirania - Sistema de Platão sobre as revoluções, tal como ele próprio o expôs na República.

Capítulo 1

1. Temos quase esgotado todas as partes do assunto que empreendemos tratar. Resta-nos agora examinar o número e a natureza das causas que produzem as revoluções nos Estados; quais as degenerescências próprias a cada espécie de governo; quais as modificações que produz a mudança de uma forma dada: finalmente quais podem ser os meios de conservação para todos os governo em geral, e para cada um deles em particular.

2. É preciso antes de tudo retornar ao princípio. Muitas sociedades políticas se formaram por homens que, em sua generalidade, adotaram as ideias de justiça e de igualdade proporcional, mas que

nisso se enganaram, como dissemos antes[184]. De fato, a democracia originou-se do fato de os homens, por serem iguais em certos aspectos, julgarem sê-lo em tudo; porque, sendo todos igualmente livres, imaginam que, entre eles, existe uma igualdade absoluta.

3. Daí se infere que uns, sob pretexto de igualdade, pretendem ter em tudo um direito igual; e outros, julgando-se desiguais, aspiram a obter mais. E, pois, esses governos têm um fundo de justiça, mas existe um erro capital que lhes é comum. É por essa razão que uns e outros provocam discórdias quando não gozam de direitos políticos na proporção que almejam. Aqueles que poderiam com mais justo motivo provocar rebeliões e nunca o fazem, são sem dúvida os homens de uma virtude eminente, porque é principalmente para eles, ou melhor, é só para eles que a desigualdade absoluta tem razão de ser. No entanto, existem cidadãos que, tendo sobre os outros as vantagens de uma ilustre ascendência, julgar-se-iam desonrados por essa mesma desigualdade se admitissem a igualdade sob uma relação qualquer, entende o vulgo por nobres aqueles que dos seus antepassados receberam virtude e fortuna.

4. Tais são as causas gerais das revoluções; tais as suas origens. Vejamos agora por que elas surgem de duas maneiras. Às vezes os cidadãos se revoltam contra o governo, com o fim de mudar em outra forma a constituição estabelecida: por exemplo, a democracia em oligarquia ou a oligarquia em democracia, ou estas em república ou aristocracia, ou reciprocamente. Outras vezes, não é contra a forma estabelecida que se revoltam, mas, consentindo em deixá-la subsistir, os descontentes querem eles próprios governar, como acontece na oligarquia ou na monarquia.

5. Às vezes não passa de uma questão de mais ou de menos; assim, exige-se que o princípio da oligarquia seja concentrado ou mais brando em relação à democracia quando se quer fortalecê-la ou enfraquecê-la. O mesmo acontece com as outras formas de governo, quando existe a intenção de dotá-lo de mais ou menos força. Também dá-se o caso de a revolução só atacar alguma parte da constituição, ou para criar ou para suprimir uma magistratura. É assim, diz-se que Lisandro conspirou[185] em Lacedemônia para a realeza, e o Rei Pausânias[186] para abolir a magistratura dos éforos.

6. Em Epidamne[187], o governo só foi mudado em parte; porque,

em lugar dos filiarcas (chefes de tribo), fundou-se um senado. Todos os magistrados que participavam do governo foram obrigados a comparecer à assembleia geral denominada Helieia[188], quando a ela se levavam aos sufrágios para o estabelecimento de qualquer magistratura nova.

Era uma instituição oligárquica a existência de um arconte ou chefe perpétuo, nessa república. Em toda parte, a desigualdade produz revoluções, quando os que não têm privilégios ficam sem qualquer indenização proporcional. Efetivamente, uma realeza perpétua, estabelecida sobre cidadãos iguais, destrói a igualdade; e geralmente todas as revoluções têm por objetivo o restabelecimento da igualdade.

7. Há duas espécies de igualdade: a igualdade em número e a igualdade proporcional. Eu chamo igualdade em número aquela que é idêntica e igual na relação da quantidade e da grandeza; chamo igualdade proporcional a identidade de relação. Por exemplo, três ultrapassa dois, e dois ultrapassa um em número igual; mas quatro, e um, uma parte de dois; isto é, a metade. Ora, convido os cidadãos em considerar justa a igualdade absoluta, já não concordam sobre a igualdade proporcional, como acima foi dito; uns por serem iguais em alguma coisa, imaginam que o são em tudo; outros, por possuírem alguma justa vantagem, pretendem todo o gênero de privilégios.

8. Eis por que há duas espécies essenciais de governo: a democracia e a oligarquia; pois a nobreza e a virtude são atributos de uma minoria; as qualidades contrárias estão com a maioria. Em parte nenhuma se encontrarão cem indivíduos nobres e virtuosos, mas em toda parte uma infinidade de pobres sem nobreza e igualdade de um modo absoluto, como o comprovam os resultados; por que nenhuma dessas constituições é durável. É impossível, quando se parte de um princípio errôneo, que no fim não resulte qualquer inconveniente grave. Deve-se admitir, em certas coisas, a igualdade em número, e em outras a igualdade em proporções.

9. No entanto, a democracia é mais estável e menos exposta às revoluções que a oligarquia, porque nesta a discórdia provém de querelas dos oligarcas entre si, ou dos oligarcas com o povo; ao passo que, nas democracias, só se fazem revoluções contra a oligarquia. O povo jamais se insurge contra si mesmo, ou pelo

menos essas insurreições são destituídas de qualquer gravidade. Além disso, uma república governada por homens da classe média mais se aproxima da democracia que aquela em que uns poucos homens dispõem da autoridade; e é de todos os governos desse gênero aquele que apresenta maior estabilidade.

Capítulo 2

1. Pois que examinamos quais são as circunstâncias que produzem as transformações e as revoluções nos Estados, forçoso é saber quais são seus princípios e suas causas. São em três, das quais é preciso determinar as características. Convém observar qual o estado de coisas que produz as revoluções, por que elas nascem, e quais os princípios das desordens e sedições entre os cidadãos. Pode-se considerar, em geral, como causa principal que predispõe a uma transformação aquela que já citamos: revoltam-se os que aspiram à igualdade, quando imaginam que, apesar da igualdade dos direitos, eles são inferiores a certa classe de privilegiados; e os partidários da desigualdade e dos privilégios perturbam a paz, quando imaginam que só possuem uma parte igual ou menor de poder.

2. Tais pretensões são justas, por vezes injustas, porque as discórdias surgem da parte daqueles que se encontram numa situação inferior, para obtenção da igualdade; e da parte daqueles que são iguais, com o fim de alcançarem a superioridade. Tal é, como dissemos, a disposição de espírito que dá lugar às discórdias. Os motivos dessas perturbações são comumente o interesse à honra, ou, ao contrário, à perda dessas duas coisas, pois os cidadãos se revoltam quando querem escapar a uma desonra ou prejuízo monetário, ou então disso livrar os amigos.

3. As causas e princípios desses movimentos políticos, que produzem as disposições que dissemos e os desejos que assinalamos, são em número de sete, havendo mais, por vezes. Acabamos de indicar duas, mas as causas nem sempre operam de um mesmo modo; por exemplo, irritam-se os cidadãos uns contra os outros por questões de interesse e de ambição pessoal, não porque desejem adquirir riquezas e honrarias, mas porque as veem obtidas por outros, ora a justo título, ora sem direito algum. É preciso

acrescentar-lhes o ultraje, o nada, a superioridade, o desprezo, o crescimento desproporcional de alguma parte do Estado e, sob outros aspectos, a intriga, a negligência, a desatenção (que faz que se ampliem as pequeninas coisas), a diferença dos costumes.

4. É fácil perceber qual é a influência da violência e da cupidez entre essas causas, e de que modo produzem as revoluções. Quando aqueles que exercem o poder se entregam a toda espécie de arbitrariedade e só procuram satisfazer a sua cupidez, os cidadãos se revoltam contra os magistrados e contra os governos que lhes dão a força de cometer tais ultrajes. Aliás, a cupidez dos magistrados se satisfaz ora à custa dos particulares, ora à custa do Estado. Igualmente se percebe quanto podem em dignidade, e como elas vêm a ser causa de revoltas. Os que se privam de distinções indignam-se ao ver que outros as conseguem, e por isso se revoltam. Sob esse aspecto, existe injustiça sempre que se obtenham as dignidades sem que a elas se tenha direito, ou delas se fique privado sem merecê-lo. A superioridade produz o mesmo efeito, quando um só, ou vários, têm uma ascendência excessiva para o Estado ou para a força do governo, porque dessa ascendência geralmente resulta a monarquia ou a oligarquia.

5. É por isso que surgiu o ostracismo em alguns Estados, como Argos e Atenas. No entanto, deve-se evitar desde o começo as superioridades desse gênero, ao invés de deixá-las que se formem e precisar remediá-las mais tarde. O medo produz sedições, quando os culpados receiam uma punição; e quando, na previsão de um atentado contra a sua liberdade, desejam os cidadãos evitá-los antes que seja cometido. É assim que em Rodes os cidadãos mais eminentes se coligaram contra o povo, para se subtraírem aos processos contra eles intentados.

6. Também o desprezo é causa de revoluções. Nas oligarquias, por exemplo, quando a maioria, excluída de qualquer participação no governo, acha por sentir que é a mais forte; e nas democracias, quando os ricos começam a desprezar a desordem. É o que aconteceu em Tebas, onde foi abolida a democracia após a Batalha de Cenofito[(189)], devido à má administração do povo; em Mégara[(190)], onde a desordem e a anarquia haviam sido a causa de uma derrota; em Siracusa, antes da tirania de Gelão[(191)]; finalmente, em Rodes[(192)], antes da revolução cuja vitória coube aos ricos.

7. Também surgem revoluções quando uma parte qualquer do Estado tenha adquirido um crescimento desproporcional. Compõe-se o corpo de partes que devem crescer em uma proporção regular para que haja harmonia; do contrário, ele se degrada, quando, por exemplo, o pé tem quatro côvados e o resto do corpo apenas dois palmos; ele poderia mesmo tomar a forma de outro animal, e se esse crescimento desproporcional se fizesse não só em relação à quantidade como também à qualidade. Da mesma forma compõe-se um Estado de partes das quais alguma cresce muitas vezes sem o nosso conhecimento; por exemplo, a classe dos pobres na democracia e nas repúblicas.

8. Isso sucede também, algumas vezes, por efeito de acontecimentos fortuitos, como em Tarento[193], pouco depois da Guerra Média, que veio transformar a república em democracia, devido ao fato de terem muitos cidadãos ricos e poderosos perecido em uma batalha ganha pelos japígios; em Argos, após o massacre de cidadãos, ordenado pelo Lacedemônio Cleômenes[194]. Na jornada do sétimo, surgiu a necessidade de conceder o direito de cidade a certo número de criados. Em Atenas, após as derrotas sofridas pela infantaria, o número dos cidadãos da classe elevada achou-se muito diminuído, porque um recrutamento considerável obrigou-os a servir por seu turno na Guerra do Peloponeso[195]. É o que acontece também nas democracias, nem mais, nem menos; quando cresce o número dos ricos e as fortunas particulares são aumentadas, o governo se torna oligárquico ou completamente arbitrário.

9. A Cabala, mesmo sem discórdia, basta às vezes para provocar a mudança da constituição; em Xereia[196], por exemplo, abandonou-se a eleição pela sorte, porque se elegiam sempre aqueles que eram designados pela Cabala. A negligência também é causa de revoluções, quando se deixam alcançar as mais altas magistraturas àqueles que não são amigos do governo; tal se deu em Oreia[197], onde foi abolida a oligarquia quando Heracleodoro, tornando arconte, transformou a oligarquia em república e em democracia. Às vezes, bem pouco é preciso para uma revolução; digo pouco, porque muitas vezes se introduz na ordem legal uma grave alteração, que no entanto não se nota, quando se tem o hábito de desprezar as pequenas circunstâncias. Em Ambrácia[198], pequeno era o censo

exigido para os cargos, e acabou-se por obtê-los sem nada pagar, como se pouco estivesse bem perto ou não diferisse de nada.

10. A diferença de origem também é causa de revoluções, até que a mistura das raças seja bem operada, porque não se forma uma cidade de qualquer multidão, nem em qualquer tempo. Eis por que aqueles que admitiram como cidadãos aos estrangeiros domiciliados ou aos colonos, foram, em sua maioria, expostos a sedições como os aqueus, que se unindo aos trezianos fundaram Síbaris. Tendo-se tornado mais fortes, os aqueus expulsaram os trezianos, e mais tarde vieram os sibaritas a expiar esse crime. Estes, por sua vez, tiveram questões com os turianos(199), que haviam admitido. Querendo eles possuir a maior parte do território, sob o pretexto de que lhes pertencia, foram expulsos por sua vez. Em Bizânicio(200), os estrangeiros julgados culpados de conspiração foram obrigados a deixar o país depois de terem perdido uma batalha.

11. Também os antisseanos, tendo recebido em sua cidade os exilados de Quio, com eles se empenharam em batalha, e os expulsaram. Os zanqueanos(201) foram por sua vez expulsos pelos samianos, que eles haviam recebido em seu seio. Os apoloniatas(202), nas margens do Ponto Euxino, tiveram de sustentar uma revolução por terem permitido a estrangeiros habitar sua cidade; e os siracusanos, após a abolição da tirania, e em recompensa ao direito de cidade por eles concedido a estrangeiros e mercenários, foram forçados a ir combatê-los. Em Anfípolis, quase todos os cidadãos foram expulsos pelos calcídios(203), aos quais haviam recebido como concidadãos. Nas oligarquias, a multidão se revolta por considerar uma injustiça o fato de ela não participar dos privilégios que lhes concede a igualdade, como anteriormente foi dito; e, nas democracias, são os homens eminentes que se revoltam, pelo fato de só possuírem uma parte igual à dos demais cidadãos, embora não sejam seus iguais.

12. A posição topográfica também é causa de querelas, quando o solo não é bem conformado, para que a cidade seja una. Assim, em Clazomenes(204), os habitantes de Chitrum eram inimigos dos habitantes da ilha; o mesmo acontecia com os habitantes de Colofon e os notianos(205). Em Atenas, os que habitam o Pireu são mais partidários da democracia que os habitantes da cidade. Nas guerras, a travessia de canais, embora estreitos, é suficiente para

separar e dividir as falanges de um mesmo exército. Assim, ocorre em qualquer diferença moral. Contudo, os mais fortes motivos de desunião são a virtude, o vício, a riqueza e a pobreza, além de outras causas mais ou menos influentes, entre as quais é preciso contar a que acabo de citar.

Capítulo 3

1. Assim, pois, as revoluções surgem, não para pequenas coisas, mas de causas mínimas. O seu objetivo sempre tem importância. As menores causas se agravam quando atingem os senhores do Estado. É o que acontece outrora em Siracusa: o governo foi mudado devido a uma questão de amor ocorrida entre dois magistrados. Um deles fez uma viagem; o outro aproveitou a ocasião para captar a afeição de uma jovem que seu colega amava. O primeiro, por sua vez, para se vingar, atraiu à sua casa a mulher do seu rival. Todos os magistrados tomaram o partido de um ou de outro, disso resultou uma discórdia geral.

2. Eis por que se deve ter muito cuidado com tais princípios, embora fracos, e procurar terminar por uma sábia conciliação as desavenças que por ventura venham a surgir entre os chefes do estado e os cidadãos poderosos; porque a culpa está no princípio: o começo, como se costuma dizer, é a metade do todo, de modo que um pequeno erro que ele se encontre influi proporcionalmente sobre todo o resto. Geralmente, as questões que surgem entre os cidadãos principais arrastam toda a cidade; e é o que se viu em Hestieia[(206)], após a Guerra Médica, em consequência de uma questão ocorrida entre dois irmãos, quando da posse da herança paterna. Sendo um deles pobre e vendo que o outro não declarava a quanto montava a fortuna do pai, e o tesouro por esse descoberto, amotinou contra ele os homens do povo, enquanto o segundo, que possuía uma grande fortuna, arrastou os ricos na querela.

3. Em Delfos, uma questão surgida num casamento foi o princípio das discórdias que depois estalaram; tendo o noivo sendo abalado por um mau pressentimento, enquanto se dirigia à casa daquela a quem devia desposar, retirou-se sem querer recebê-la. Para se vingarem desse ultraje, os pais da noiva dissimularam entre as suas bagagens alguns vasos sagrados, enquanto ele se entregava a um

sacrifício, e fizeram-no condenar à morte como sacrílego. Em Mitilênio, um motim provocado por herdeiras ricas foi a causa de todas as desgraças que se seguiram, e da guerra contra os atenienses, na qual Paqués se apoderou da cidade. Timófanes, um dos ricos cidadãos daquele país, tinha duas filhas. Doxander pediu-as para seus filhos, e vendo repelido o seu pedido sublevou contra ele os atenienses, dos quais era o piroxênio(207).

4. Da mesma forma, em Foceia, o casamento de uma herdeira rica suscitou uma disputa entre Naceu(208), pai de Néson, e Eutícrato, pai de Onomarco, disputa essa que foi a causa da guerra sagrada que os fóceos tiveram de sustentar. Em Epdamne(209), foi também um casamento a causa de uma revolução. Havia um cidadão prometido sua filha em casamento a um jovem. O pai deste, que exercia uma magistratura, condenou a uma multa o pai da moça, o qual, considerando isso uma ofensa, sublevou em seu favor todos aqueles que não tinham direitos políticos.

5. O governo pode também transformar-se em oligarquia, democracia ou república, quando alguma magistratura ou alguma classe qualquer do Estado recebe benefícios exagerados ou cresce desproporcionalmente. Assim o Senado do Areópago, que granjeara grande reputação(210) no tempo da Guerra Média, exercia a autoridade com demasiado rigor. Por sua vez, os homens do povo que serviam no mar, tendo contribuído decisivamente para a vitória de Salamina, e, por ela, para a supremacia dos atenienses, devido a seu poder naval, idealizaram fortalecer a democracia. Em Argos, os nobres, que haviam obtido muitas honras na Jornada de Mantineia(211), na qual levaram uma vantagem decisiva sobre os lacedemônios, resolveram abolir o governo popular.

6. Em Siracusa(212), tendo o povo saído vitorioso na guerra contra os atenienses, mudou a república em democracia. Em Cálcis(213), o povo massacrou o tirano Foxus(214), juntamente com os nobres, e tomou o poder. Do mesmo modo, em Ambrásia, foi ainda o povo que expulsou o tirano Periandro(215), com o auxílio dos conjurados, terminando por se arrogar toda a autoridade.

7. Em geral, é preciso não ignorar que todos aqueles que aumentam o poder de sua pátria – magistrados, particulares, tribos, cidadãos de uma classe qualquer da cidade – são causas de discórdias: os que invejam a glória deles iniciam a sedição, ou eles

próprios, fiados na sua superioridade, não mais querem reconhecer seus iguais. Perturbam-se ainda os Estados, quando as classes de cidadãos que parecem opostas são iguais entre si – por exemplo, os ricos e o povo – e a classe intermediária é pouco numerosa ou nem mesmo existe. Porque tendo qualquer uma das classes opostas grande superioridade, e sendo evidentemente mais forte, a outra nada ousa aventurar. Eis por que os homens superiores em virtude jamais provocam perturbações: eles são muito pouco numerosos comparados à multidão. Tais são, em geral, os princípios e causas de revoltas e transformações que surgem em todos os governos.

8. Há revoluções produzidas pela força e outras pela astúcia. A força se mostra desde o princípio, no próprio instante em que opera, ou produz mais tarde o constrangimento; a astúcia pode agir de dois modos: às vezes, tendo começado por seduzir os cidadãos, muda, com o seu consentimento, a constituição do Estado, e depois domina-os pela força, contra a sua vontade. Assim se enganou o povo de Atenas, ao tempo dos Quatrocentos[(216)] ventilando-se a notícia de que o rei da Pérsia forneceria dinheiro para a guerra contra os lacedemônios; mas, descoberta essa mentira, tentaram os impostores conservar o poder. Às vezes também se obtém do povo um primeiro consentimento, que depois se renova; a obediência voluntária mantém e perpetua o governo. Geralmente, as causas que enumeramos produzem revoluções em todas as formas de governo.

Capítulo 4

1. É preciso observar agora o resultado dessas causas, aplicando-as a cada governo em particular. O que mais contribui para as revoluções nas democracias é a insolente perversidade dos demagogos: à força de difamar os particulares ricos, obrigam-nos a se ligarem a eles; e então o medo geral une aqueles que mais se separam. E, nos negócios da república, esses mesmos demagogos irritam sem cessar a multidão, como se pode observar em muitos Estados.

2. Em Cos[(217)], por exemplo, transformou-se o governo democrático quando certos demagogos, completamente pervertidos, forçaram os ricos a se coligarem. O mesmo aconteceu em Rodes[(218)]: os chefes do povo empregavam as rendas públicasem

gratificações concedidas aos pobres, e impediam que se pagasse aos triarcas aquilo que lhes era devido; mas estes foram obrigados, em consequência dos processos continuados que contra eles se moviam, a revoltar-se e abolir a democracia. Também por culpa dos demagogos foi ela abolida em Heracleia[219] pouco tempo depois da fundação daquela colônia. Vendo-se os cidadãos mais eminentes expostos às injustiças, saíram da cidade; mas reuniram-se após para nela entrar, e aboliram o governo popular.

3. Mais ou menos do mesmo modo foi abolida a democracia m Mégara. Os chefes populares baniram muitos cidadãos eminentes, a fim de poderem confiscar seus haveres; mas os exilados, que se foram tornando muito numerosos, penetraram na cidade, derrotaram o povo em uma batalha e estabeleceram o governo oligárquico. O mesmo aconteceu em Cumes[220], onde Trasímaco aboliu a democracia. Aliás, se se prestar atenção, perceber-se-ão transformações mais ou menos idênticas, que se produzem em outros Estados pelos mesmos motivos. Para serem agradáveis ao povo, os chefes desagradam aos cidadãos distintos pelas injustiças que a seu respeito cometem, seja na divisão das terras, seja na absorção do tesouro com despesas públicas exageradas, ou então caluniando os ricos para terem motivos de confiscar seus bens.

4. Mas, nos tempos antigos, em que o mesmo indivíduo era demagogo e chefe militar, tais revoluções produziam as tiranias; de fato, a maioria dos antigos tiranos era composta de chefes populares. O que fez que essas usurpações tivessem lugar naquela época e que hoje não mais se deem, é que então os demagogos eram tiranos de entre aqueles que já houvessem exercido a autoridade militar, porque naquele tempo não se tinha ainda muita habilidade na arte da palavra. Ao contrário, hoje que a eloquência fez processo, aqueles que são capazes de falar em público obtêm, em verdade, um grande crédito por parte do povo; mas, sem experiência das causas de guerra, eles não conspiram (ou pelo menos só tem havido pequenas tentativas destituídas de importância).

5. Outrora, havia mais tiranias que agora, porque se confiavam a certos cidadãos magistraturas muito importantes como a Pritania[221] em Mileto, onde o prítane dispunha do máximo poder. Por outro lado, como as cidades não eram muito grandes e o povo, ocupado com trabalhos agrícolas, habitava os campos, os chefes

designios em consequência da confiança que o povo lhes votava, e tal confiança era sempre motivada pelo ódio que eles nutriam contra os habitantes da planície[222]; em Mégara[223], Teagênio, que degolara os rebanhos dos ricos, por ele surpreendidos pastando ao longo do rio; e Dionísio, que acusara Dafnes[224] e os cidadãos opulentos de Siracusa – subiram à tirania, apoiados na amizade do povo, que os julgava do seu partido.

6. Mas a democracia, quando estabelecida desde muito tempo, pode alternar-se e admitir a forma que se conhece nesses últimos anos. Porque em toda parte onde as magistraturas são eletivas, sem que se exija qualquer retribuição, e quando é o povo que nomeia para empregos aqueles que ambicionam as dignidades, com o fim de adquirir crédito junto à multidão, levam as coisas a ponto de torná-la senhora das próprias leis. O meio de remediar esse inconveniente, ou pelo menos atenuá-lo, é fazer nomear os magistrados pelas tribos, e não pelo povo inteiro. Tais são as causas que produzem, aproximadamente, todas as transformações às quais são sujeitas as democracias.

Capítulo 5

1. Duas causas principais, grandemente notáveis, produzem as revoluções nos governos oligárquicos: uma quando os chefes oprimem o povo, porque então ele aceita o primeiro defensor que lhes apresenta; a outra, mais frequente, quando esse libertador sai das próprias fileiras da oligarquia, como em Naxos[225], Ligdâmis[226] o qual acabou por tornar-se tirano dos naxianos.

2. As outras perturbações podem ter causas diversas. Ora a revolução é feita pelos próprios ricos, que não tomam parte alguma nas magistraturas quando o poder se concentra nas mãos de uma minoria, como em Cartago[227], em Istros[228], em Heracleia[229] e outras cidades. Aqueles que não participavam do poder provocaram divisória até que fossem admitidos aos cargos, primeiro os primogênitos das famílias, e depois os irmãos mais moços; porque existem países nos quais a autoridade não se exerce ao mesmo tempo pelo pai e pelos filhos, e outro nos quais ela não pode ser exercida por dois irmãos. Nesses países, a oligarquia toma uma forma vizinha da república; mas em Istros, ela acabou por degenerar em

democracia, e, em Heracleia, o número dos membros do governo, que era menor, foi elevado para seiscentos.

3. Em Cnide[230], a oligarquia foi transformada por ocasião de uma disputa surgida entre os cidadãos mais ricos motivada pelo fato de poucos serem admitidos aos cargos públicos, deles se excluindo o filho se o pai estivesse exercendo um – como foi dito – e, aos irmãos, só o mais velho podia alcançar uma magistratura. O povo tomou o partido dos ricos, escolheu um chefe entre eles, atacou, venceu e assenhoreou-se do poder. O que é dividido é sempre fraco.

4. Em Efésia[231], durante a oligarquia dos basilidas, e apesar da sabedoria com a qual era governado, indignado o povo por se ver sob o domínio de tão poucos, mudou a forma de governo. As revoluções das oligarquias são produzidas pelas próprias oligarquias e às vezes pela solicitude com que ambiciosos demagogos procuram captar o favor popular. A demagogia é de duas espécies, mesmo nos governos oligárquicos, porque o demagogo se encontra entre os oligarcas, ainda que estes sejam poucos. Assim, dos trinta tiranos de Atenas[232], Carilos dominou a todos adulando-os, e dos quatrocentos Frínicos[233], dominou seus colegas da mesma maneira.

5. Ou então aqueles que pertencem à oligarquia adulam a multidão e a dominam, como em Larícia[234], onde os chamados guardiões[235] dos cidadãos procuravam o favor do povo, por ser este quem os nomeava. É o que acontece em todas as oligarquias nas quais os magistrados não são tirados da classe que os nomeia, mas onde as magistraturas só podem ser concedidas a homens que possuem uma grande fortuna ou pertençam a certas associações, cabendo o direito de eleger aos soldados ou ao povo. Tal se deu em Ábidos[236]. Finalmente isso acontece também quando aqueles que compõem os tribunais não participam do governo, porque, nesse caso, procurando atrair a estima popular pelo seu modo de fazer justiça, chegam a transformar a constituição, como se viu em Heracleia, cidade do Ponto.

6. Quando alguns cidadãos procuram concentrar o poder da oligarquia nas mãos de uma minoria, abala-se o Estado, porque os partidários da igualdade são forçados a recorrer ao apoio do povo. Surgem ainda revoluções na oligarquia, quando alguns dos chefes hajam despedido suas fortunas em loucas prodigalidades – porque

desejam mudanças e aspiram à tirania para si próprios ou preparam-na para outrem como fez Hiparinos[237] para com Dionísio, em Siracusa. Em Anfípolis um tal Cleótimos introduziu colonos de Cálcis[238], e quando eles chegaram, sublevou-se contra os ricos. Em Egima, aquele que fora autor da traição[239] em virtude da qual Cares dela se apoderou, empreendeu, por idêntico motivo, mudar a forma de governo.

7. Às vezes, pois, procuram os oligarcas arruinados provocar rebeliões, e outras vezes roubam o tesouro público, coisa que gera a discórdia entre eles, ou a revolta dos cidadãos contra a extorsão, como em Apolônia, no Ponto. Uma oligarquia na qual reine a união entre os cidadãos resiste bem, por si mesma, a qualquer transformação; prova-o o governo de Farsália[240] embora nele sejam os chefes em número reduzido, mantém grande autoridade sobre o povo, porque se conduzem com elevada sabedoria.

8. Destrói-se, por vezes, a oligarquia, quando em seu seio outra oligarquia se constitui; isto é, quando, por ser considerável o número dos governantes, nem todos são admitidos às grandes magistraturas. É o que se viu outrora em Élis: sendo governada a república por um reduzido número de cidadãos, dependia tudo de uns poucos senadores, porque os noventa membros do Senado eram nomeados vitaliciamente, sendo a eleição realizada de um modo absolutamente arbitrário[241], como a dos gerontes em Lacedemônia.

9. Podem surgir revoluções nas oligarquias, tanto em tempo de guerra como em tempo de paz: durante a guerra, porque a falta de confiança no povo leva ao emprego de tropas mercenárias; então aquele a quem se confia o comando, muitas vezes se arvora em tirano, como Timófanes[242], em Corinto; e, se os chefes são numerosos, criam a tirania para si próprios. Às vezes, temendo tais acontecimentos, e devido à necessidade que se tem do povo, dá-se à multidão uma parte de autoridade. Em tempo de paz, a desconfiança dos oligarcas entre si leva-os a entregar a guarda do Estado a soldados estrangeiros, sob o comando de um chefe sem partido, que por vezes se torna senhor das duas facções opostas; é o que se viu em Larícia, durante o comando da família dos alenaadas[243], e em Ábidos, ao tempo das hetéreas[244], sendo uma a de Ifiada.

10. As revoluções surgem também em consequência das violências que os oligarcas exercem uns contra os outros em questões de casamento ou demanda[245]. Já demos antes exemplos desse primeiro gênero. Pode-se acrescentar o da república da Eritreia, onde a autoridade oligárquica dos cavaleiros foi destruída por Diágoras, o qual fora ofendido numa questão de casamento. Rebentou uma revolta em Heracleia, durante um julgamento do tribunal, em Tebas, por um caso de adultério. A punição fora justa, mas a sentença pronunciada com espírito partidário; em Heracleia, contra Evétio[246], em Tebas, contra Arquias[247].

11. Muitas oligarquias se perdem por excesso de despotismo, e foram destruídas por membros do próprio governo, atingidos por qualquer injustiça, como as oligarquias de Cnide[248] e Quio[249]. Por vezes as revoluções, na república propriamente dita e na oligarquia, são o efeito de circunstâncias imprevistas, quando se chega às funções de senador, juiz e outras magistraturas, de acordo com um censo determinado. Ora, como a cota exigida em princípio relacionava-se às conveniências do momento, fora calculada de modo que, na oligarquia, poucos cidadãos participassem do governo, e, na república, os cidadãos da classe média, apenas. Acontece muitas vezes que, em consequências da abundância produzida por uma longa paz ou outras circunstâncias, todos os cidadãos chegam a alcançar os empregos, ora de uma forma mais rápida.

12. Tais são, pois, as causas de discórdias e revoluções nas oligarquias. Acrescentarei que as democracias e as oligarquias nem sempre se transformam em governo absoluto, ou reciprocamente.

Capítulo 6

1. Nos governos aristocráticos, as revoluções surgem antes do fato de serem os cargos repartidos por um número reduzido de cidadãos; o que, repito, também é causa de discórdias nas oligarquias (pois a aristocracia é uma espécie de oligarquia, já que o poder, tanto em uma como em outra, se concentra nas mãos de uma minoria), não pelo mesmo motivo, aliás, embora a aristocracia pareça ser, por essa razão, uma oligarquia. Mas é necessário que assim seja quando há muitos cidadãos que podem ter pretensões iguais em questão de virtude, como em Lacedemônia os chamados partenienses[250];

porque eles tinham direitos de nascimento iguais aos dos demais cidadãos; porém, tendo sido surpreendidos conspirando, foram enviados a Tarento, a fim de lá fundarem uma colônia.

2. Assim acontece ainda quando cidadãos poderosos, de méritos indiscutíveis, são ofendidos por homens de uma condição inferior, como Lisandro(251), que foi ultrajado pelos reis de Lacedemônia; ou quando um homem corajoso é excluído dos cargos como Cinadão(252), que no reino de Agesilau urdiu uma conspiração contra os espartanos; e também quando uns vivem na opulência e outros em extrema pobreza, como em Lacedemônia durante a Guerra de Messênia. Vem comprová-lo ainda o poema de Tirteu(253), intitulado Euromia, por que muitos daqueles que haviam sofrido infelicidades, oriundas da guerra, exigiam a divisão de terras. Finalmente, isso acontece quando um cidadão se torna poderoso, e com possibilidade de se tomar senhor absoluto, como parece ter sido em Lacedemônia Pausânias(254), que comandara o exército na Guerra Médica, e Ransão(255), em Cartago.

3. O que mais contribuiu para a destruição das repúblicas e das aristocracias é a violação do direito político tal como é reconhecido pela constituição, isto é, quando a república não continua sendo uma mistura de democracia e oligarquia, e a aristocracia, de república e oligarquia. Porque é a essa combinação que se atêm sobretudo as repúblicas e a maioria dos governos aristocráticos.

4. A fusão desses três elementos é precisamente o que fazia diferença entre as aristocracias e as repúblicas propriamente ditas; e é por isso que umas são mais duráveis, outras menos. Dá-se o nome de aristocracias aos governos que têm mais tendência para a oligarquia; e de repúblicas àqueles que pendem para a democracia. Estes são mais estáveis que os outros, porque há mais força na maioria, e neles melhor se concorda com a igualdade; mas os que vivem na opulência, concedendo-lhes a constituição uma superioridade política, tornam-se insolentes e cúpidos.

5. Em geral, qualquer que seja a tendência do governo, eis as mudanças que ela determina em consequência dos interesses particulares que se chocam: a república degenera em democracia e a aristocracia em oligarquia; ou então a mudança se faz em sentido oposto, por exemplo de aristocracia em democracia – porque os cidadãos mais pobres, sendo vítimas de injustiça, arrastam o

Estado em sentido contrário. Nada há de durável fora daquilo que se baseia na igualdade proporcional, e que garante a cada um o gozo do que lhe pertence.

6. A mudança da qual falamos teve lugar em Turium; o censo elevado que era exigido para o ingresso na carreira pública foi reduzido: as magistraturas foram multiplicadas, e tendo os principais cidadãos monopolizados os bens do país, contrariamente o direito expresso pela lei (porque o caráter demasiado oligárquico do governo permitia-lhes enriquecerem-se à vontade), o povo, habituado aos combates, tornou-se mais forte que os soldados que deviam proteger o Estado, até que ao fim os que possuíam em demasia abandonaram as terras que excediam o limite.

7. Demais, como todos os governos aristocráticos são ao mesmo tempo oligárquicos, os principais cidadãos com mais facilidades neles adquirem uma fortuna exagerada. É por esse motivo que em Lacedemônia as propriedades recaem em pequeno número de mãos, e é mais fácil aos ricos fazer o que lhes agrada e de formar aliança com quem lhes parece. Ainda desse modo provocou o casamento de Dionísio[256] a ruína da república dos locrianos, coisa que não teria acontecido em uma democracia e nem mesmo em uma aristocracia sabiamente moderna. São principalmente as aristocracias que, por alterações imperceptíveis, sofrem grandes transformações; em todas as repúblicas, como já o dissemos, a causa das revoluções opera por vezes insensivelmente, pois uma vez desprezada qualquer uma das coisas que influem sobre o governo, mais tarde novas transformações importantes irão sendo efetuadas até que todo o edifício seja abalado.

8. É o que aconteceu na república de Turium[257]. Havia uma lei que fixava em cinco anos o tempo de exercício das funções de general. Alguns jovens, hábeis na arte militar, e muito acreditados junto a seus soldados, que votavam profundo desprezo aos homens colocados à testa do governo, a ponto de imaginar que conseguiriam facilmente alcançar seu objetivo, empreenderam a abolição dessa lei a fim de poderem conservar sempre o comando. Percebiam eles que o povo estava disposto a apoiá-los. Os magistrados, que sob o nome de conselheiros, deviam tratar dessa questão, e que de princípio pretenderam se opor à mudança, acabaram por consenti-lo, na convicção de que aqueles que desejavam abolir

a lei não tocariam nas demais questões de governo. Depois, quando eles quiseram se opor a novas tentativas, foram imponentes, e a república se transformou num governo arbitrário nas mãos daqueles que haviam introduzido tais inovações.

9. Aliás, todas as repúblicas podem ser derrubadas, seja por causas internas, seja por causas externas, quando existe em sua vizinhança, ou mesmo afastado, algum governo oposto que dispunha de força. Foi assim que os atenienses em toda parte aboliram a oligarquia e os lacedemônios, a democracia. Tais são, aproximadamente, as causas de transformações e revoltas que surgem nos governos.

Capítulo 7

1. Convém falar agora dos meios salutares, gerais e particulares, para cada forma de governo. Em primeiro lugar, é claro que, se conhecemos as causas de seu enfraquecimento, também devemos conhecer aquelas da sua conservação. O contrário produz sempre o contrário: ora, o enfraquecimento é o contrário da conservação; nas repúblicas sabiamente moderadas, o que é preciso observar principalmente é que a lei não seja deturpada, evitando-se de fazer-lhe o menor dano que seja.

2. A ilegalidade surge às vezes sem ser percebida, como as pequenas despesas que, sempre repetidas, dilapidam as fortunas. A despesa parece insensível porque não é feita de uma vez. O espírito se ilude, é o caso do conhecido sofisma: sendo cada parte pequena, também o todo é pequeno. Isso às vezes é verdade, mas não sempre, porque o todo ou conjunto nem sempre é pequeno, embora se componha de partes pequenas. É preciso, antes de tudo, pôr-se em guarda contra tais princípios e desconfiar dos sofismas habilmente engendrados para enganar a multidão, porque os próprios fatos os refutam. Aliás, dissemos anteriormente quais são esses sofismas(258) dos governos.

3. Além disso é preciso considerar que não existem somente aristocracias, mas também democracias que os conservam não pelo seu princípio de estabilidade, mas pelo bom uso que os magistrados fazem das rendas da república, dentro e fora dela. Eles cuidam de não cometer injustiças para com aqueles que não participam do poder, chamam para as magistraturas os que se distinguem pelo

seu talento, não privam os ambiciosos de qualquer participação nos cargos, e a multidão de toda espécie de lucros; finalmente procuram dar uma afeição de afabilidade e popularidade nas relações que existem entre eles, porque essa igualdade que os partidários do regime popular exigem em favor da multidão não só é justa, mas também útil entre homens da mesma condição.

4. Se os membros da oligarquia são numerosos, é útil que muitas instituições que a regem sejam populares, tal como a de limitar em seis meses os exercícios das magistraturas, a fim de que todos os oligarcas iguais entre si possam alcançá-las. Porque, sendo iguais, eles formam, por assim dizer, um povo; frequentemente surgem demagogos entre eles, como foi dito(259). Além disso, a oligarquia e a aristocracia são menos sujeitas a arbitrariedade, porque quando a autoridade é de curta duração, não é tão fácil conspirar como quando ela é tida por longo tempo. É por isso que surgem tantos tiranos nas oligarquias e nas aristocracias. Em ambas as formas, são sempre os cidadãos mais considerados que aspiram à tirania; aqui os demagogos, lá os homens poderosos ou então os mais altos magistrados quando conservam o poder por muito tempo.

5. Os Estados se conservam, às vezes, não só por estarem afastados das causas que poderiam derrubá-los, mas também por serem defendidos, porque nesse caso o medo leva à melhor execução dos negócios públicos. Os magistrados que levam a peito a salvação dos Estados devem, de tempo em tempo, provocar casos de alarme em seus concidadãos, a fim de que esses, como sentinelas da noite, guardem fielmente o posto que lhes tenha sido confiado para a defesa da república, e nunca o atraiçoem: os magistrados devem olhar como próximo o perigo longínquo. Devem evitar, pelos meios que a lei faculta, toda a discórdia e deter a tempo aqueles que ainda não se empenharam em brigas, antes que eles próprios nela se imiscuam: mas não compete a um homem qualquer perceber em sua origem o mal nascente; isso é privilégio do homem político.

6. Quanto à mudança produzida na oligarquia e na república pela cota das rendas, quando se dá o fato de, permanecendo inalterável o censo, haver acréscimo de numerário, é útil comparar o estado atual das fortunas ao estado anterior, anualmente, por exemplo, se for a época prescrita pela lei para o recenseamento –

e cada três ou cinco anos, nos Estados maiores. Então, conforme se encontre uma soma muitas vezes menor ou maior que antes, relativamente ao censo estabelecido para as magistraturas, é preciso diminuí-lo proporcionalmente às variações da riqueza.

7. Porque, nas oligarquias e nas repúblicas em que não se opera assim, acontece que, em umas, cedo se estabelece a democracia, e a oligarquia em república ou Estado popular. Uma regra geral na democracia, na oligarquia, na monarquia e em toda espécie de governo, é que ninguém possa aumentar sua fortuna além do limite, e que se estabeleçam poucas magistraturas, quando elas devem durar muito tempo ou se lhes dê pouca duração, quando numerosas. De fato, facilmente elas se corrompem, e bem poucos homens há capazes de suportar a prosperidade. Sendo possível organizar o poder segundo essa regra, é preciso cuidar de não retirá-lo de uma vez, como ele fora dado, mas aos poucos.

8. Sobretudo é preciso, de acordo com a lei, impedir que um cidadão se torne muito poderoso por sua influência, seus amigos, sua fortuna, ou mandá-lo a exibir seu luxo no estrangeiro. Mas, como as invocações se introduzem também pelos costumes dos particulares, é bom que haja qualquer magistratura encarregada de vigiar os cidadãos cujo gênero de vida não se conforme ao sistema do governo, isto é, à democracia no governo popular, à oligarquia no governo oligárquico, e assim por diante, para cada uma das outras formas de governo. Também é recomendada, pelas mesmas causas, pôr-se em guarda contra aqueles que passam os dias em plena aventura e abastança; o remédio para isso é entregar a direção dos negócios e das magistraturas às mãos de partidos opostos, à medida que eles se sucedem entre si: entendo por esses partidos opostos os homens distintos e a plebe, ou então aumentar a classe média; porque é ela que pode conciliar as dissensões nascidas da desigualdade.

9. Mas o mais importante em qualquer governo é regular tudo pelas leis e instituições, de modo que não seja possível aos magistrados realizar lucros. É o que se deve principalmente observar nos governos oligárquicos, que a multidão não tanto se revolta por se ver excluída das funções públicas (ao contrário, sentir-se-à feliz de poder entregar-se exclusivamente a seus afazeres), como se irrita à ideia de que os magistrados venham a esbanjar o dinheiro

público; porque, nesse caso, terá de se queixar de duas coisas: não participar dos cargos nem dos lucros.

10. Entretanto, há um modo de unir a democracia à aristocracia – de sorte que os cidadãos distintos e a multidão tenham ambos aquilo que eles podem desejar. O direito, igual para todos, de acesso às magistraturas, é um princípio democrático: só admitir às magistraturas cidadãos distintos é um princípio de aristocracia. Ora, é o que se fará, quando não for mais possível enriquecer nos empregos, que os pobres não desejarão exercê-los sem lucro (ao contrário preferirão entregar-se aos negócios particulares) e os ricos poderão exercê-los por não necessitarem de fazer fortuna à custa do público. Disso resultará que os pobres se tornarão ricos, porque se ocuparão de seus trabalhos, e os homens distintos não terão de obedecer aos primeiros que surjam.

11. A fim de não ser o tesouro público dilapidado, é preciso que o depósito dos fundos se faça em presença de todos os cidadãos; que os Estados deles sejam providos às comunidades, às centúrias e às tribos; e que a lei conceda honras àqueles que houveram exercido suas funções com desinteresse. Nas democracias, é preciso poupar os ricos, e não recorrer à divisão das terras e dos produtos agrícolas; o que é praticado, sem ser percebido, em muitos Estados. Devem os ricos ser proibidos, mesmo quando queiram fazê-lo de atender às despesas públicas excessivas sem serem úteis, como as representações teatrais, as corridas de archotes, e outras despesas(260) do gênero.

12. Na oligarquia, é preciso zelar pela classe pobre e garantir-lhe o gozo de todos os empregos lucrativos. Se um rico ofender os pobres, deve-se puni-lo com mais severidade do que se se tratasse de insultos trocados entre ricos. As heranças não devem ser legadas por doação, e sim por direito de nascimento, e a um mesmo indivíduo será proibido receber mais de uma herança; desse modo haverá mais igualdade nas fortunas e os pobres chegarão em maior número à abastança.

13. Importa também, na democracia e na oligarquia, assegurar, para a distribuição dos empregos, a igualdade e mesmo a superioridade àqueles que têm a mínima parte no governo – os ricos na democracia, aos pobres na oligarquia – exceto quanto às magistraturas supremas do Estado, que só devem ser confiadas àqueles que gozam na sua totalidade ou pelo menos na maioria dos direitos políticos.

14. Três qualidades são necessárias aos cidadãos que se destinam às magistraturas supremas: em primeiro lugar, lealdade ao governo estabelecido, depois grande aptidão para todos os negócios que dirigem, e por último uma virtude de uma justiça que se adapte à forma de governo; porque não sendo o direito um só para todas as espécies de governo, é lógico que as noções deles sejam diferentes. Não sendo essas qualidades todas reunidas no mesmo homem, há embaraço na escolha. Por exemplo, se um cidadão possui talento militar, mas ao mesmo tempo é viciado e suspeito ao seu governo, ou se aquele que é justo e devotado ao seu governo não possui talento militar, como se deve escolher?

15. Parece preciso considerar duas coisas: a qualidade que geralmente é mais comum entre os homens e aquela que é mais rara. Eis por que, no comando dos exércitos, é preciso antes considerar a experiência que a virtude, porque o talento militar é mais raro que a virtude, mas, para a guarda do tesouro e para a intendência, acontece o contrário; é preciso mais virtude que a que possui o comum dos homens, ao passo que a ciência toda a gente pode ter. Poder-se-ia perguntar que necessidade se tem de virtude, quando há talento na administração, será possível que homens possuidores dessas duas qualidades também tenham defeitos? Da mesma forma que delas possuindo a ciência, e apreciando-as, nem sempre serve os seus interesses particulares – não será também possível que alguns dentre eles venham a sacrificar igualmente o interesse público?

16. Geralmente, tudo aquilo que citamos nas leis como sendo útil aos governos tende à sua conservação. O ponto fundamental a observar, como muitas vezes dissemos, é fazer com que a parte dos cidadãos que deseja a manutenção do Estado seja mais forte que aquela que quer a sua perda. Além disso, é preciso não perder o meio proporcional, desconhecido hoje das repúblicas que se afastam de seus princípios. Porque muitas instituições existem, democráticas ou oligárquicas na aparência, que arruínam as democracias e as oligarquias.

17. Os que julgam ter encontrado a base única de todo o governo levam as consequências ao excesso e ignoram que, afastando-se o nariz da linha reta – que é a mais bela –, para tornar-se aquilino ou chato, ainda conserva uma parte de sua bela atração; no entanto; se tal desvio chegasse ao excesso, primeiro se despojaria esse

órgão da medida justa que ele devia ter, e se acabaria por fazê-lo perder qualquer aparência[261] de nariz, em consequência do excesso ou da falta de proporção. O mesmo acontece com qualquer outra parte do corpo. Tal comparação também se aplica aos governos.

18. É possível que uma oligarquia ou uma democracia, embora não possuindo uma constituição perfeita, seja suficientemente organizada para se conservar; mas se se exagera o princípio de uma ou de outra, de início o governo ficará pior, e depois perderá qualquer sombra do governo. Assim o legislador e o homem de Estado devem saber quais são as instituições oligárquicas que podem fazer o mesmo com a oligarquia. Porque nenhum desses governos pode subsistir, a não ser com poucos ricos e uma multidão de pobres; mas quando se estabelece a igualdade de fortunas, é forçoso que se mude a forma de governo; e, abolindo as leis relativas à preeminência das classes, abole-se o próprio governo.

19. É uma falta política que se comete nas oligarquias e nas democracias. Os próprios demagogos as cometem nas democracias, em que a multidão é senhora das leis. Combatendo os ricos, eles dividem sempre o Estado em dois partidos opostos. Ao contrário, deve-se dar a entender sempre que se fala pelos ricos: e nas oligarquias é preciso[262] que os oligarcas pareçam falar em favor do povo. Os oligarcas devem também prestar juramentos absolutamente contrários aos de hoje. (Eis o juramento que cada um deles presta agora em certas cidades: Serei[263] sempre inimigo do povo, e aconselharei aquilo que souber ser-lhe prejudicial.) É preciso dar a entender e fingir o contrário, dizendo em voz alta: Não serei injusto com o povo.

20. Aliás, em tudo o que dissemos, o ponto mais importante para a firmeza do Estado, e por todos desprezado, hoje em dia, é que a educação[264] seja adequada à forma de governo: porque as leis mais úteis, aquelas que são sancionadas pela aprovação unânime de todos os cidadãos, de nada servirão, se os costumes e a educação não estão conforme os princípios da constituição; quero dizer que sejam populares, se as leis são populares, e oligárquicas se elas são oligárquicas. Se um único cidadão não é senhor de suas paixões, então o Estado se lhe assemelha.

21. Uma educação nacional não é aquela que ensina a fazer o que agrada aos partidários da oligarquia ou da democracia, mas a

que ensina a fazer tudo o que poderá garantir, a uns a duração da oligarquia, a outros a duração da democracia. Em nossos dias, os filhos daqueles que põem à testa dos governos oligárquicos, vivem na dissipação, ao passo que os filhos dos pobres exerciam-se nos trabalhos e se acostumam às fadigas: disso resulta que estes são mais aptos a tentar inovações e ser bem-sucedidos.

22. Por outro lado, nas democracias que parecem possuir a constituição mais democrática, existe um estado de coisas completamente oposto àquele que se deveria esperar; surge isso do fato de ser mal definida a liberdade. Acredita-se que os verdadeiros caracteres da democracia são a sabedoria da multidão e a liberdade. O direito é a igualdade, e a expressão da vontade do povo é a soberania; a liberdade e a igualdade consistem em fazer aquilo que se quer de modo que, em tais democracias, cada qual vive segundo a sua vontade e fantasia, como diz Eurípedes. Há nisso um erro funesto; não se deve crer que seja servilismo, mas um meio salutar(265), conformar a vida às necessidades do Estado. Tais são, para dizê-lo em poucas palavras, as causas de revoluções e da ruína das repúblicas: tais os meios que podem conservá-las e fortalecê-las.

Capítulo 8

1. Resta-nos ainda examinar, sobre a monarquia, as causas de revoluções e os meios de salvação. Aliás, as observações que fizemos sobre as repúblicas são quase totalmente aplicáveis às realezas e às tiranias. A realeza tem certa relação com a aristocracia, e a tirania é uma combinação da oligarquia e da democracia levadas ao último grau. Eis por que ela é para os súditos o mais funesto dos sistemas, porque se compõe de dois governos, reunindo os vícios e os desvios de ambos.

2. Causas diametralmente opostas dão origem a essas duas monarquias. A realeza foi estabelecida para preservar a classe abastada dos atentados da multidão, sendo nessa classe nomeado rei(266) o homem mais eminente por sua virtude e pela nobreza de suas ações, ou o que pertence a uma família reconhecidamente possuidora desses títulos de glória. O tirano, ao contrário, surge do seio do povo e da multidão: opõe-se aos homens poderosos para que o povo nada possa sofrer das suas violências. Provam-no os fatos claramente.

3. Quase todos os tiranos saíram, pode-se dizer, da classe dos demagogos. Eles atraíram a confiança do povo, à força de caluniar os homens poderosos. Muitas dessas tiranias assim se formaram em Estados já chegados a certo grau de crescimento; outras, antes dessas, remontam a reis que violaram as leis de sua pátria e aspiraram a um poder excessivamente despótico; outras ainda foram fundadas por homens colocados à testa das supremas magistraturas por escolha de seus concidadãos, naqueles tempos longínquos em que os povos davam a longo prazo as altas funções públicas e as teorias[(267)]. Essas tiranias também se formaram em governos oligárquicos, nos quais se escolhia um cidadão para confiar-lhe a autoridade soberana que as magistraturas mais elevadas outorgam.

4. Graças a esses recursos, todos os tiranos puderam facilmente chegar à realização dos seus intentos; só lhes bastava querer, pois uns tinham o poder ligado à dignidade de rei, outros a consideração devida à sua magistratura; prova-o Fidon[(268)], em Argos, e outros que estabeleceram a sua tirania sobre uma realeza que já existia; Faláris, a todos os tiranos de Jônia[(269)], que de princípio foram revestidos de uma única magistratura; Panécio[(270)] em Leoncium, Cipsele em Corinto, Pisistrato[(271)] em Atenas, Dionísio[(272)] em Siracusa, e muitos outros que foram demagogos antes de serem tiranos.

5. A realeza tem, pois, como dissemos, as mesmas bases da aristocracia; porque ela se funda no mérito, na virtude pessoal, no nascimento, nas benfeitorias, ou em todos esses dons reunidos à força. Todos aqueles que tenham sido ou tenham podido ser benfeitores das cidades e das nações obtiveram essa nobre recompensa; uns por suas virtudes guerreiras, preservando o povo da servidão, como Codros(273); outros dela o livrando, como Ciro[(274)], outros ainda tornando-se fundadores de um Estado, ou engrandecendo-o por conquistas, como os reis dos lacedemônios, dos macedônios e dos molossos[(275)].

6. O rei quer e deve ser protetor de seus vassalos; ele protege os proprietários ricos contra as injustiças, e o povo contra as humilhações. A tirania, como foi dito muitas vezes, nunca tem por objetivo o bem geral, a não ser para sua utilidade própria. O fim que se propõe o tirano é o prazer; o rei só tem a honra por ideal.

Eis por que um aspira mais a aumentar suas riquezas, outro sua glória. A guarda de um rei é formada de cidadãos; na de um tirano só se veem estrangeiros.

7. É evidente, de resto, que a tirania reúne aos vícios da democracia, os da oligarquia. Ela traz da oligarquia o seu principal objetivo, que é a riqueza; porque ela constitui o único meio de ver o tirano garantida a fidelidade de seus satélites e a duração de seus prazeres. A tirania traz também da oligarquia suas desconfianças contra o povo, e é por esse motivo que ela cuida de lhe tirar as armas. Molestar a multidão, expulsar os cidadãos da cidade, dispersá-los por todos os lados, é um sistema comum da oligarquia e da tirania. Por outro lado, ela tem em comum com a democracia o fato de fazer uma guerra contínua aos ricos, prejudicá-los por todos os meios secretos ou declarados, condená-los ao exílio como rivais e inimigos do poder. De fato, são eles que incessantemente te tramam conspirações – uns querendo exercer a autoridade, os outros não desejando sujeitar-se a ela; daí o conselho dado a Trasíbulo[(276)] por Periandro[(277)] – a poda das espigas que se elevam sobre as outras, dando a entender que ele devia fazer matar todos os cidadãos que dominavam.

8. Deve-se reconhecer, pois, que o princípio e as causas das revoluções que surgem nas repúblicas e nas monarquias são, como dissemos, aproximadamente os mesmos. O medo, as injustiças e o desprezo levam muitas vezes os súditos a conspirar contra as monarquias. Quanto às injustiças, é principalmente o ultraje que as determina, e às vezes as espoliações individuais. Aliás, o objetivo é o mesmo de ambos os lados, tanto na tirania, como na monarquia: a grandeza das riquezas e o brilho das honras são alvo da ambição de todos.

9. Às vezes, conspira-se contra a pessoa dos príncipes, e às vezes contra o seu poder. As conspirações contra a pessoa têm por causa os ultrajes, e, pois que os há de muitas, cada um deles vem a ser uma causa particular de ressentimentos. Ora, a maior parte daqueles que sofrem ressentimentos conspiram para se vingar e não para se apoderar do poder. Tal foi a sorte dos filhos de Pisístrato[(278)]. Eles haviam ofendido a irmã de Harmódio, que sentiu grandemente essa injúria. Harmódio quis vingar sua irmã e Aristogiton defender Harmódio. Uma conspiração depôs Periandro[(279)], tirano da Ambrácia.

10. A conspiração[280] de Pausânias contra Filipe II, rei da Macedônia, surgiu do fato de o príncipe tê-lo feito ultrajar impunemente por Atalus. A de Derdas contra Amintas, o Moço[281], porque este se vangloriava de haver desfrutado a flor de sua mocidade. O Eunuco[282] tentou contra a vida de Evágoras, rei de Chipre, porque o filho desse príncipe lhe roubara a mulher. Para vingar-se, o Eunuco matou Evágoras. A História está repleta de conspirações contra monarcas que se cobriram de infâmias.

11. Tal foi a conspiração de Crateús[283] contra Arquelau, cuja familiaridade sempre o desagradava a ponto de um pretexto menos grave bastar para resolvê-lo. Apesar da promessa que esse príncipe lhe fizera, não lhe deu nenhuma de suas filhas. Ao contrário, em consequência da sua derrota na guerra contra Sirra[284] e Arrabeu[285], ele deu a mais velha ao rei de Elieia[286], e a mais moça ao filho de Amintas, na esperança de que aquele príncipe e o filho de Cleópatra[287] não pensariam jamais em hostilizá-lo. O verdadeiro motivo de Crateús foi a indignação que lhe despertaram os amores indignos do Rei Arquelau.

12. Helanocrata[288] de Larícia, também entrou na conspiração de Crateus pelo mesmo motivo. Não querendo Arquelau, que abusara de sua juventude, cumprir a promessa que havia feito de restaurá-lo ao trono de seu país, julgou que a intimidade do rei, longe de significar uma verdadeira amizade por ele, outro fim não tinha de insultá-lo. Parro[289] e Heraclide[290], ambos de Aenos[291], mataram Cótis[292], para vingar a morte de seu pai, e Adamas[293] abandonou o partido desse mesmo Cótis que o havia ultrajado e feito mutilar na infância.

13. Houve muitos também que, irritados por maus tratamentos e castigos recebidos, mataram ou tentariam matar, por vingança, magistrados supremos e monarcas com suas dinastias. Assim, em Mitilênio, Megaclés com seus amigos massacraram os pentálidas, que percorriam as ruas espancando os cidadãos a golpes de clava; e, depois, Smerdis[294] matou Pentálidas[295], que após tê-lo derrotado, ordenara a sua mulher arrastá-lo por terra. Decanicus[296] foi o chefe da conspiração contra Arquelau[297], e o primeiro a concitar os conjurados, porque aquele príncipe o havia entregue ao poeta Eurípedes, a fim de que este o espancasse; e Eurípedes se irrita contra Decanicus devido a uma chalaça que este fizera sobre o mau hálito do poeta.

14. Muitos outros personagens foram assassinados ou expostos a conjurações por causas semelhantes. Mas o medo também produz tais efeitos: ele é a causa de distúrbios tanto nas monarquias como nas repúblicas. Artabão[298] assassinou Xerxes temendo ser acusado junto ao rei de não ter feito enforcar Dario, embora lhe tivessem ordenado fazê-lo; mas Artabão esperara que o rei usasse de indulgência ou não se lembrasse daquilo que dissera em um festim. Outras conspirações foram geradas pelo desprezo, como aquela que custou a vida a Sardanapalos, o qual fora surpreendido por um de seus oficiais[299] fiando entre suas mulheres (se é que os que narram esse fato dizem a verdade; mas não sendo real o fato em relação a Sardanapalos, bem poderá ter sido em relação a outro qualquer). Dion[300] também conspirou por desprezo contra Dionísio, o Jovem, quando percebeu que todos os cidadãos alimentavam esse mesmo sentimento, e que ele vivia um estado contínuo de embriaguez.

15. O desprezo chega mesmo a originar conspirações entre amigos, porque eles julgam que a confiança de que desfrutam esconderá seus atentados. Também aqueles que acreditam poder se apoderar da autoridade conspiram de algum modo por desprezo; porque, desprezando o perigo, e fiados em sua força, facilmente urdem atentados. Tais são aqueles que comandam os exércitos dos monarcas: por exemplo, Ciro[301] para com Astiago, cuja maneira de viver e autoridade ele desprezava – uma por ser plena de dissipação e outra destituída de energia; e o trácio Seutes para com Amadocus[302], de quem ele era general. Outros têm muito motivos para conspirar. O desprezo e a cupidez levaram Mitrídates[303] a conspirar contra Ariobarzane[304]. Essas considerações influem principalmente sobre homens de caráter audaz que desfrutam de grande reputação militar junto aos monarcas. A coragem, que possui fortes meios de ação, vem da audácia; e essas duas qualidades fazem nascer a ideia de conspirar, porque os sucessos parecem fáceis.

16. Quanto àqueles cuja ambição impele a tais empresas, a isso se resolvem por motivos diferentes dos que enumeramos. Eles nada empreendem contra os tiranos, como fazem alguns, cobiçando suas grandes riquezas e honrarias; os que se dirigem pelo amor à glória, jamais desejarão correr perigo por esse preço. Aqueles conspiram pelos motivos que indicamos; mas estes têm o mesmo

móvel que teriam em se atirando a qualquer outra empresa que lhes pudesse dar um nome ilustre; quando eles atacam os tiranos, não é à monarquia que aspiram, é à glória.

17. Mas existem bem poucos homens capazes de ter um tal objetivo em seus empreendimentos; porque é preciso que nenhuma preocupação da vida, em caso de insucesso, venha inquietá-los, e que tenham sempre presentes no espírito a ideia de Dion, que não pode penetrar nas almas vulgares: colocou-se ele à frente de alguns soldados contra Dionísio, dizendo que ficaria satisfeito, qualquer que fosse o resultado de seu empreendimento, e que, se pudesse ao menos beijar a terra antes de morrer, a morte lhe pareceria honrosa.

18. A tirania, como qualquer outra espécie de governo, pode ser derrubada por uma causa exterior: quando exista um Estado vizinho que seja fundado em princípio oposto, e que seja mais forte; pois é claro que se acrescentará a vontade à oposição dos princípios, e, tanto quanto se pode, sempre se faz o que se quer. Os Estados fundados em princípios contrários são inimigos, e a democracia é inimiga da tirania como "o oleiro é inimigo do oleiro", segundo a expressão de Hesíodo[305]. De fato, o último grau da democracia é a tirania. A realeza e a aristocracia também são inimigas; é por isso que os lacedemônios[306] aboliram muitas tiranias, como também o fizeram os siracusanos[307] quando possuíram um bom governo.

19. A tirania também pode se derrubar por si própria, quando aqueles que participam do poder são desunidos. É o que aconteceu outrora à tirania de Gelão[308] e é o que hoje se dá com a de Dionísio. Trasíbulo, irmão de Hierão, fizera-se adulador do filho de Gelão e mergulhara-o numa vida de dissipações para ter ele só toda a autoridade, ao passo que seus parentes conspiravam, não tanto para abolir a tirania, como derrubar a autoridade de Trasíbulo; mas os cidadãos e o povo, julgando azada a ocasião, fizeram uma conspiração geral e expulsaram para sempre os tiranos. Quanto a Dion[309] que guerreou com Dionísio, seu parente, servindo-se do apoio do povo, veio a perecer após a expulsão do tirano.

20. Dos dois motivos que produzem mais frequentemente as conspirações contra as tiranias, quero dizer, o ódio e o desprezo, deve haver sempre um que se prenda aos tiranos – esse é o ódio.

Entretanto o desprezo é causa da queda de muitos governos. Prova-o o fato de que a maioria daqueles que se arrogam o poder soberano sabem conservá-lo, e os que o recebem por herança não tardam a perdê-lo. Porque, vivendo em plena dissipação, cedo se tornam desprezíveis e dão frequentes ensejos de se conspirar contra eles.

21. Deve-se considerar a cólera como uma parte do ódio, porque até certo ponto ela produz ações que se lhe assemelham. Muitas vezes mesmo ela é mais ativa que o ódio; porque se conspira com mais ardor quando se é arrastado por uma paixão que não permite o livre uso da razão; e é o ultraje, sobretudo, que leva o indivíduo a se deixar dominar pela cólera. Tal foi, por exemplo, a causa da queda da tirania dos pisistrátidas[(310)] e muitas outras tiranias. Contudo, o ódio ainda é mais temível; a cólera surge sempre com um sentimento de dor, que exclui qualquer reflexão, ao passo que o ódio não vem acompanhado desse sentimento penoso. Em resumo, todas as causas que atribuímos, de um lado à oligarquia excessiva e extrema, e do outro ao último grau da democracia, são aplicáveis também à tirania, pois a oligarquia e a democracia não passam, em muitos casos, de espécies diversas de tirania.

22. A realeza se expõe muito menos à destruição por causas exteriores: ela também tem longa duração, mas traz em si mesma a maioria das causas de alteração. Ela pode perecer de duas maneiras: quando aqueles que participam da autoridade real estão divididos, e quando eles governam de um modo excessivamente tirânico e pretendem ampliar seu poder, violando as leis. Hoje em dia já não mais se formam realezas[(311)], ou então são antes monárquicas e tirânicas, pois a realeza é um poder livremente aceito e goza de prerrogativas mais elevadas. Mas em nossos dias quase todos os homens são iguais e nenhum deles possui uma superioridade bastante notável para poder rivalizar com a grandeza e a importância da dignidade real; de tal modo que já não se dá mais consentimento a uma realeza, e se alguém emprega a astúcia ou a violência para mandar, é igualmente considerado tirano.

23. Quando a realeza se funda no direito do nascimento, deve-se acrescentar às coisas que podem acarretar a sua queda, o desprezo[(312)] em que cai a maioria dos reis e o abuso insolente que eles fazem de um poder que não é a tirania, mas a dignidade real. A ruína de um tal governo é sempre fácil, porque o rei deixará

de reinar logo que se queira; mas o tirano permanece sempre, mesmo quando não mais o queiram. Tais são, as causas da ruína das monarquias, sem falar de outras bem semelhantes.

Capítulo 9

1. Geralmente os Estados monárquicos se conservam por maior contrários, peculiares a cada um deles: a realeza, por exemplo, por tudo que tende a fazê-la mais moderada. Quanto menos amplas as atribuições soberanas de um poder qualquer, mais oportunidade de duração ele terá. Os próprios reis tornam-se menos déspotas, aproximam-se mais da igualdade, pelos seus costumes, e se expõem menos à inveja de seus súditos. Isso explica a longa duração da realeza dos molossos[313]. Ela se manteve em Lacedemônia porque, desde o início foi repartida entre os reis; e depois Teopompo[314] moderou o poder com várias instituições novas, notadamente com a fundação do tribunal dos éforos. Diminuindo o poder real, ele aumentou a sua duração e assim, ao invés de diminuí-lo, tornou-o de algum modo maior. É, diz-se, o que ele respondeu à esposa, quando esta lhe perguntou se ele não se envergonhava de legar aos filhos uma realeza menor que a que recebera de seu pai: "Claro que não, disse ele, porque eu a transmito[315] mais durável."

2. As tiranias se mantêm por dois meios completamente opostos, dos quais um nós conhecemos pela tradição, e o outro é posto em uso pela maioria dos tiranos. Pretende-se que foi Periandro[316] de Corinto que descobriu muitos desses segredos políticos: também se podem ver muitos exemplos semelhantes na monarquia dos persas. São estes, como já o dissemos, os meios que a tirania emprega para conservar a força, reprimir aqueles que tenham alguma superioridade, fazer matar os homens que possuem sentimentos generosos, não permitir as refeições em comum, as associações de amigos, a instrução, enfim, nada de semelhante; evitar todos esses hábitos que são propícios a gerar a confiança e a grandeza do espírito, não tolerar assembleias nem qualquer reunião que possa preencher os lazeres dos homens, e fizer tudo, ao contrário, para que os cidadãos permaneçam desconhecidos uns dos outros, porque são principalmente as relações habituais que geram a confiança recíproca.

3. Também se obrigam os cidadãos a fazer ato de presença e viver, por assim dizer, na soleira de suas portas, a fim de que melhor se possa saber o que eles fazem, e habituá-lo aos sentimentos baixos por essa escravidão contínua. Esses meios e outros idênticos, usados contra os persas e os bárbaros, são próprios da tirania, porque todos eles podem produzir o mesmo efeito. Também é preciso saber tudo o que dizem e fazem os súditos, ter espiões, como em Siracusa, as mulheres chamadas petagógidas[317], ter como Hierão[318] pessoas encarregadas de tudo escutar nas reuniões e nas assembleias – porque se fala com menos liberdade quando se teme ser ouvido por tais pessoas, e quando se permite falar, menos pode o tirano ignorar.

4. Também é preciso compelir os cidadãos a se caluniarem mutuamente, prender os seus amigos, irritar o povo contra os homens poderosos, excitar os ricos entre si. Um outro recurso da tirania é empobrecer os súditos para que a guarda nada custe a ser alimentada, e os cidadãos, obrigados a trabalhar e viver pensando só no dia presente, não tenham tempo de conspirar. Exemplos disso há nas pirâmides[319] do Egito, nas oferendas feitas a Delfos pelos cipsélidas[320], na construção do templo de Júpiter Olímpico[321] pelos pisistrátidas[322] e nas grandes obras que Policrato[323] fez executar em Samos. Todos esses trabalhos têm o mesmo objetivo e o mesmo resultado: empobrecer os súditos, ocupando-os.

5. Os impostos constituem outro meio, como aconteceu no reinado de Dionísio[324] em Siracusa; no espaço de cinco anos toda a fortuna pública se transferiu para o tesouro. O tirano também se dispõe a fazer a guerra para que os súditos não tenham lazeres e sintam continuamente a necessidade de um chefe militar. Sendo a realeza conservada pela lealdade de seus defensores, a tirania se mantém sobretudo pela desconfiança que ela nutre contra seus amigos. Todos os súditos desejam a queda do tirano, mas ela depende principalmente de seus amigos.

6. Os vícios da democracia, levados ao último grau, se encontram na tirania: dominação das mulheres no recesso dos lares, a fim de que elas denunciem os maridos; libertação dos escravos para que eles denunciem os senhores. As mulheres e os escravos não conspiram contra os tiranos e, contanto que os deixem viver à vontade, são naturalmente complacentes para as tiranias e as

democracias. O povo[325] também quer ser monarca algumas vezes; eis por que o adulador goza de grande consideração junto ao povo e junto ao monarca: junto ao povo, encontra-se demagogo, adulador do povo; junto aos tiranos, aqueles que lhe fazem a baixa corte (o que é uma obra de adulação). Eis por que a tirania ama os maus, já que ama a lisonja, vício ao qual jamais se abaixa o homem que tenha um coração livre. Os homens de bem amam, ou pelo menos não adulam. Aliás, os maus servem para fazer o mal: um prego empurra o outro, como diz o provérbio.

7. Também é do caráter do tirano não se comprazer na sociedade dos homens graves e livres, porque ele tem a pretensão de ser o único que possui essas vantagens.

E, pois, aquele que afeta sentimento de nobreza e liberdade tira ao tirano a sua superioridade e força e, em consequência, por ele é odiado como um rival que o despoja de seu prestígio. Também é de uso do tirano admitir à sua mesa e à sua intimidade de todo dia estrangeiros, de preferência a cidadãos – porque uns são seus inimigos e outros não têm pretensões ao seu poder. Tais manobras e outras do mesmo gênero pertencem à tirania e a conservam; não lhes falta a menor parcela de maldade.

8. Pode-se, de algum modo, concentrar todas essas manobras em três tipos, porque há três coisas a que a tirania se propõe: primeiro, o aviltamento dos súditos: aquele que possui um espírito baixo e pusilânime jamais será tentado a conspirar; depois, a desconfiança que nutrem os cidadãos entre si, porque a tirania só pode ser derrubada quando os homens tiverem entre si uma confiança recíproca. Essa é a razão pela qual o tirano faz guerra aos homens de bem, que podem prejudicar sua autoridade não só porque não querem ser governados despoticamente, mas ainda porque eles têm confiança em si próprios, e com isso sabotem a confiança dos outros. Finalmente, a terceira coisa que pretende a tirania, é a impossibilidade de agir, porque ninguém empreende o impossível; por conseguinte, não se toma a tarefa de abolir a tirania, quando não se possui o poder de fazê-lo.

9. São esses os três objetivos visados pelos tiranos, porque a eles se podem transportar os processos da tirania: a desconfiança entre os cidadãos, a impossibilidade da ação, a baixeza dos sentimentos. Tal é o primeiro meio a empregar para garantir as tiranias.

10. O outro meio emprega processos quase completamente opostos aos que descrevemos[326]. É preciso tirá-lo daquele que é uma espécie de corrupção da realeza. O meio de destruir a realeza é torná-la mais tirânica; o meio de conservar a tirania é fazê-la mais real, cuidando-se de garantir-lhe a força, a fim de mandar nos cidadãos, com o seu consentimento, ou sem ele. Desprezar esse ponto é renunciar à tirania; ele deve ser bem garantido, como a base da existência do tirano: no mais, o tirano deve fazer certas coisas e parecer querer fazer outras, imitando nisso o governo real.

11. Antes de tudo, ele deve parecer interessar-se pelo bem público e não fazer despesas e liberalidades que irritem a multidão quando ela percebe que o fruto de seus trabalhos, de suas fadigas e de suas privações é roubado por ser prodigalizado a cortesãs, a estrangeiros e a artistas. Deve prestar contas daquilo que recebe e do que gasta, como muitos tiranos o têm feito. Com tal administração, ele parecerá mais ecônomo que o tirano do povo. Nunca se deve temer a falta de dinheiro quando se é senhor do Estado.

12. Além disso, é mais vantajoso ao tirano que se ausenta para o estrangeiro fazer assim, que deixar tesouros acumulados, porque aqueles que os guardam serão menos tentados a empreender qualquer mudança no Estado. De fato, os guardas do tesouro são mais de temer pelo tirano que se ausenta que os cidadãos; estes também viajam; aqueles ficam. Além disso, é preciso que os tributos e todos os direitos sejam ordenados por motivos evidentes da Economia e se possível aplicados em despesas de guerra. Em uma palavra, deve o tirano aparecer como guardião e tesoureiro da riqueza pública, ao invés de considerá-la como pertencendo só a ele.

13. Em público, ele deve ter um ar mais grave que severo; ao invés de despertar o terror àqueles que são admitidos à sua presença, antes lhes deve inspirar o respeito. Para dizer a verdade, isso não é fácil, quando ele se torna desprezível. Eis por que, quando ele mesmo despreza as outras virtudes[327], deve pelo menos aplicar-se à ciência do governo e dar ele próprio a opinião que puder; é preciso ainda que ele se abstenha de ofender qualquer de seus súditos de um ou de outro sexo, e disso impeça todos aqueles que o cercam. As mulheres que lhe pertencem devem agir do mesmo modo em relação às outras mulheres, porque as insolências das mulheres já têm perdido mais de uma tirania.

14. Em questão de prazeres e gozo dos sentidos, é preciso fazer completamente o contrário daquilo que hoje fazem muitos tiranos. Mal nasce o Sol, começam as suas orgias, que se prolongam por muitos dias seguidos. Querem mesmo ter testemunhas que possam presenciar a felicidade e ventura de que eles desfrutam. Ao contrário, deve-se ter o máximo de moderação nesse ponto, ou pelo menos evitar os olhares do povo. Não é o homem sóbrio que se faz desprezar e que se surpreende facilmente, é o homem dissipado; não é aquele que vela, é o que dorme.

15. O tirano fará o contrário daquelas velhas(328) máximas das quais falamos anteriormente; procurará adornar e embelezar a cidade, como se fosse seu administrador e não um tirano. Sobretudo mostrar-se-á continuamente penetrado de respeito(329) pelos deuses, porque os cidadãos receiam menos injustiças da parte do tirano, quando veem que aquele que tem autoridade sobre eles honra a religião e procura render aos deuses o culto que lhes é devido. São menos tentados a conspirar quando pensam que ele tem os deuses por aliados: mas o tirano deve mostrar-se piedoso sem ser supersticioso. Também é necessário que ele conceda honras àqueles que se distinguem em um trabalho qualquer de tal maneira que eles acreditem que não poderiam receber recompensas da parte dos cidadãos, se os cidadãos fossem independentes. O próprio tirano distribuirá essas recompensas, ao passo que os castigos serão infligidos por outros magistrados e pelos tribunais.

16. Uma precaução, útil à conservação de uma monarquia qualquer, é nunca engrandecer a força de um cidadão, mas, sendo isso inevitável, elevar muitos cidadãos ao mesmo tempo, porque uns vigiarão os outros. No caso de querer tornar um cidadão poderoso, não seja ele um homem de caráter audacioso; porque um espírito pleno de audácia está sempre pronto a tudo empreender. Se julga dever destituí-lo de qualquer privilégio, deve fazê-lo aos poucos, ao invés de lhe tirar de uma vez o poder de que ele está revestido.

17. Deve ainda abster-se de qualquer espécie de ofensa(330), sobretudo de duas: castigos corporais e ofensas ao pudor. Deve principalmente abster-se em relação àqueles que possuem ambição e nobreza de sentimentos. Os homens ávidos de dinheiro têm muita dificuldade em suportar os males feitos à sua fortuna; mas os ambiciosos e os homens de honra indignam-se ante tudo aquilo que

venha ferir a sua dignidade. Assim, é preciso não empregar tais castigos, ou pelo menos dar-lhes a aparência de uma correção paternal, e não de um ato de desprezo. Quanto às relações com a mocidade, elas devem ter ao menos o amor por desculpa, e nelas não se veja o abuso da força. Em geral, tudo aquilo que tem aparência de desonra deve-se resgatar com uma reparação maior que a ofensa.

18. Dos homens que tentam contra a vida do tirano, os mais temíveis, aqueles contra os quais é mais necessário pôr-se em guarda, são exatamente os que não temem sacrificar a própria vida. Eis por que convém poupar, o mais possível, os homens que se julgam ofendidos, eles ou aqueles que lhes são caros; porque não se dispõe da vida quando se conspira por ressentimento, como observou Heráclito[(331)] ao dizer que é difícil combater a cólera, porque ela faz o sacrifício da vida.

19. Como as cidades se compõem de duas classes – os pobres e os ricos, é preciso que elas creiam que o governo zela pelo seu bem, e que impede uma de sofrer injustiças da parte de outra. Qualquer que seja aquela das duas classes que vença, deve devotar-se ao governo, a fim de que o tirano se encontre em uma posição tal que não seja obrigado a libertar os escravos, ou desarmar os cidadãos[(332)] porque uma das duas partes, unindo-se ao governo, basta para sustentar a autoridade contra aqueles que queiram destruí-la.

20. É inútil entrar em todos esses detalhes. O objetivo é claro: que o tirano deva parecer, aos olhos de seus súditos, não um tirano, mas um administrador, um rei, um homem que não trata dos seus negócios particulares, mas que vela e exige a moderação em tudo, longe de qualquer excesso. Ele deve admitir homens distintos em sua companhia, e granjear, pela sua popularidade, a afeição do povo. Disso resulta que a autoridade é mais bela e digna de inveja quando se exerce sobre homens melhores e menos envilecidos: ela desperta menos ódios e terror, e o seu reinado é mais durável. Em uma palavra, é útil ao tirano ter costumes e virtudes, ou pelo menos ser mais virtuoso que mau.

21. Aliás, de todos os governos, a oligarquia e a tirania são os menos duráveis. A tirania de Ortágoras[(333)] e de seus filhos em Sicione foi a que durou mais tempo: cem anos. E a causa disso é que eles tratavam seus súditos com grande moderação e submetiam a maioria das coisas às leis. Clistênio[(334)] possuía talento militar

que o fez respeitado. Todos eles sabiam, além disso, atrair a amizade do povo pelo cuidado com que tratavam de seus interesses. Diz-se que Clistênio fez presente de uma coroa ao juiz que lhe recusara o preço da vitória, e contam muitos que a estátua colocada em praça pública representa os traços desse juiz independente. Também se diz que Pisítrato consentiu em se defender perante o Areópago, por motivo de um processo que lhe fora intentado.

22. Segue-se a tirania dos cipsélidas[335], em Corinto: durou setenta e três anos e seis meses. De fato, Cipsele reinou trinta anos. Periandro[336], quarenta e quatro anos, e Psamético, filho do Córdio, três anos. Aquilo que manteve a tirania de Cipsele também manteve a de Periandro: o primeiro era demagogo, e nunca quis guarda para a sua pessoa; o segundo tinha o caráter de um tirano.

23. A terceira tirania foi a dos pisitrátidas[337], em Atenas; mas ela não foi contínua, porque Pisístrato foi duas vezes exilado no curso de seu reinado, de modo que, no espaço de trinta e três anos, só reinou dezessete. Quanto às outras tiranias, a de Hierão[338] em Siracusa, não subsistiram muito tempo, mas apenas dezoito anos, porque Gelão, após haver reinado sete anos, morreu no oitavo; Hierão reinou dez anos, e Trasíbulo[340] foi deposto ao fim de onze anos. Em geral, quase todas as tiranias têm durado pouco tempo. Tais são aproximadamente as causas de destruição e conservação para todos os governos, monárquicos ou republicanos.

Capítulo 10

1. Na República, Sócrates fala também das revoluções, mas não fala bem, não dá a conhecer propriamente a transformação que se pode dar em sua república, a qual considera a primeira, a melhor forma de governo. De fato, ele pretende que tais transformações se dão porque pode durar eternamente, mas que tudo deve mudar em um período determinado, e que essas revoluções, cuja raiz[341], aumentada de um terço mais de cinco dá duas harmonias, só começam no momento em que o número dessa figura tenha sido elevado ao cubo, atendendo-se que nesse caso a natureza produz seres viciados e incorrigíveis. Talvez ele não esteja errado, porque é possível que se encontrem indivíduos que nunca possam tornar-se virtuosos. Mas por que a revolução conviria mais a esse Estado

social apresenta como perfeito? Por que seria ela mais importante que todos os outros Estados e qualquer outra coisa deste mundo?

2. Qual! No intervalo de tempo em que ele disse que tudo se transforma, as coisas que ainda não começaram a existir ao mesmo tempo sem revolução? É um ser nascido na véspera dessa confusão nela compreendido como os outros? Além disso, pode-se perguntar, por que a sua república perfeita nessa revolução se torna um governo lacedemônio? Porque muitas vezes acontece que os governos tomam uma forma absolutamente contrária àquela que tinham, ao invés de uma forma vizinha. O mesmo raciocínio pode ser aplicado a todas as outras revoluções; porque Sócrates pretende que um governo como o de Lacedemônia se transforme sucessivamente em oligarquia, em democracia e em tirania. No entanto, as revoluções também se fazem em sentido contrário, como de democracia em oligarquia, e, mais ainda, em monarquia.

3. Finalmente, Sócrates não diz se a tirania deve sofrer qualquer revolução; nem se deve sofrê-la, por qual motivo e em qual forma de governo essa transformação se dará. É que não lhe teria sido fácil mostrar-lhe a causa, pois nada existe de determinado. Em seu modo de pensar, também essa república perfeita deve retornar à sua primeira forma; seria o único meio de chegar àquela revolução contínua, àquele círculo do qual ele fala. Contudo, a tirania se transforma também em tirania, como em Sicione, onde a autoridade de Miro[(342)] passou para as mãos de Clistênio. E em oligarquia, como a tirania de Antileo[(343)] em Cálcis; em democracia, como a dominação de Gelão[(344)] em Siracusa; E, por fim, em aristocracia, como a de Carilau[(345)] em Lacedemônia, e como aconteceu em Cartago[(346)].

4. A oligarquia também se transformou em tirania, como aconteceu outrora em quase todas as repúblicas da Sicília; Panécio[(347)] em Leoncium, Cleandro[(348)] em Gela, Anaxilau[(349)] em Reges, ergueram as suas tiranias das ruínas da oligarquia. Poder-se-iam citar muitos outros exemplos. É absurdo acreditar que a oligarquia nasça da ambição, da cupidez mercantil daqueles que exercem os cargos públicos, e não da opinião dos homens de fortuna, que não acham justo que aqueles que possuem não tenham mais direitos políticos que os que nada têm. Em muitos governos oligárquicos é proibido enriquecer-se por meio do comércio: a

lei o proíbe, e contudo, em Cartago, Estado democrático, pode-se enriquecer pelo comércio, sem que o Estado jamais tenha sofrido qualquer revolução.

5. É estranho ainda que a oligarquia tenha duas cidades – a dos ricos e a dos pobres. Essa é uma condição particular do governo de Esparta, ou de qualquer outro governo em que os cidadãos não possuem todos fortunas iguais, no qual eles não são todos igualmente virtuosos? Supondo-se mesmo que nenhum cidadão se torne mais pobre que antes, não deixa a oligarquia de se transformar em demagogia, se os pobres se fazem mais numerosos e a demagogia em oligarquia, se classe rica se torna mais forte que o povo, conforme desprezam uns os seus interesses e outros a eles se devotam. Entre inúmeras causas que podem provocar revoluções, Sócrates só enuncia uma – que os cidadãos se empobreçam pelo desregramento dos costumes e pela facilidade em receber empréstimos usurários, como se desde o princípio todos ou pelo menos a maioria fossem ricos.

6. É um erro. Quando cidadãos eminentes perdem sua fortuna, procuram mudar a ordem das coisas existentes, mas quando são outros que se arruínam, nada de grave resulta, e nesse caso o governo não mais se transforma em democracia ou outra forma qualquer de governo. Mas, se eles não são admitidos ao cargo, se são expostos à Justiça e ao ultraje, provocam revoluções e mudam o governo, ainda mesmo que não tenham perdido sua fortuna... (350) Porque eles se encontram em condições de fazer o que querem; é esse estado de coisas que Sócrates considera como sendo efeito de uma liberdade excessiva. Entre todas essas formas diversas de oligarquia e de democracia, Sócrates fala de revoluções que cada uma delas pode sofrer, como se existisse mais de uma.

Notas

(1) Alusão à opinião de Platão, exposta particularmente no diálogo intitulado *Político*.

(2) Refere-se ao tratado que precede a este, intitulado Ética.

(3) Ifigênia em *Aulide*.

(4) *As Obras e os Dias*.

(5) Os sicilianos, entre os quais nascera Carondas, chamavam *sipye* à arca em que se guarda pão, e os cretenses denominavam *papê* à manjedoura.

(6) *Odisseia*, cap. IX, v. 114.

(7) A natureza, isto é, a reunião das condições de existência, das faculdades e dos meios, é o objetivo dos seres e determina o modo e o último grau de desenvolvimento que eles são destinados a atingir.

(8) Décalo foi o primeiro que dotou suas estátuas de vida e movimento, por atitudes variadas dos braços e das pernas.

(9) *Ilíada*, XVIII, v. 376.

(10) Tal ação, admitida entre os atenienses, chamava-se *graphé Paranomon*.

(11) Teodecto foi um poeta trágico, amigo e discípulo de Aristóteles. Dele só ficaram poucos fragmentos de poesias.

(12) Hércules era caçador nesse sentido. Ele roubou, diz Píndaro, citado por Platão no Gorgias, os rebanhos de Gerião, e deles se apropriou pelo direito do mais forte.

(13) Nessa denominação estavam compreendidas as moscas e todos os insetos. Ao termo de Aristóteles, ignorava-se ainda que os insetos são ovíparos, como todos os animais, à exceção dos mamíferos.

(14) Essas pequenas colônias, saídas da família, estabeleceram a comunidade dos bens como na primeira associação. Estendeu-se tal comunidade a objetos novos, e as duas famílias formadas pelo desmembramento da primeira se comunicaram pela troca.

(15) Existe no texto grego um jogo de palavras intraduzíveis: *tokos* significa ao mesmo tempo criança e lucro.

(16) Nenhuma de suas obras chegou até nossos tempos. Apolodoro de Lemnos é citado por Varrão, *De Re Rústica*, I, VIII.

(17) Amásis, após ter vencido Apriés, rei do Egito, foi desprezado pelos seus súditos devido à obscuridade do seu nascimento. Ele fez fundir, para dela fazer a estátua de um deus, uma bacia de ouro que lhe servia para banhar os pés. Os egípcios vieram em multidão adorar a nova estátua. Então Amásis reuniu o povo, deu-lhe a conhecer a primeira função do ouro da estátua. Então, comparou-se a ela, e assim obteve a afeição dos seus vassalos.

(18) Alusão à doutrina exposta no quinto livro da República de Platão e no Menon. (seção 3)

(19) *Ájax* de Sófocles, v. 203.

(20) Acredita-se que Aristóteles faz alusão aqui a uma passagem de Platão. (Leis, I, VI)

(21) Aristóteles não falou das mulheres, nem de suas virtudes. Disso conclui Fabricius que Aristóteles não terminou a sua *Política*; mas deve-se observar

que Aristóteles emprega frequentemente essa fórmula para se livrar de uma porção de questões importantes das quais ele não quer tratar. Ele prometeu igualmente um tratado sobre a escravatura, outro sobre as propriedades. Disso ele não disse uma única palavra. (Fabricius, Bibliot. Gr., t. ii, s. VI)

(22) *República*, livro V.

(23) A Ética foi escrita antes de *Política*.

(24) Essa teoria foi exposta no quinto livro da *República de Platão*.

(25) Ver em *Banquete* de Platão, em *fábula dos Andróginos*.

(26) É o assunto de que trata Platão no fim do terceiro e no começo do quarto livro *República*.

(27) Xenofonte diz que aqueles que, após uma caçada prolongada até a noite, tivessem necessidade de víveres, eram autorizados a entrar em uma habitação qualquer e tirar o alimento de que estivessem precisando.

(28) Ver em *República*, I, III, cap. XIX.

(29) Idem, I, III, cap. XXI.

(30) Um número par pode-se formar de números que não tenham a propriedade de ser pares; assim, 12 é um número par e pode ser formado de 3 repetido 4 vezes, ou de 7 mais 5, que são números ímpares.

(31) Platão o indica, no entanto, no VI livro *das Leis*, e no V.

(32) Platão, *das Leis*, livro V.

(33) Ele deu leis a Corinto cinquenta anos antes de Licurgo, que nasceu no ano 926, antes da nossa era. Aristóteles fala ainda de um outro Fidon, tirano de Argos. (livro VIII, cap. VIII, 4)

(34) Platão, VI livro das Leis.

(35) Não conhecemos Faleias a não ser por essa passagem; julga-se que ele viveu no quarto século antes da nossa era. É tido como nascido em

Cartago: no entanto, Aristóteles não o menciona na constituição de Cartago. (*Política*, L. II, c. VIII)

(36) Platão diz o quádruplo.

(37) Segundo essa passagem, Faleias seria posterior a Sólon.

(38) Heine acredita que se trata aqui dos locrianos epizefírios, povo da Itália inferior ou Grande Grécia. Zaleucos, discípulo de Pitágoras e legislador dos locrianos, viveu 570 a.C.

(39) Leucada, colônia de Corinto. Dela só se sabe aquilo que Aristóteles menciona. Estava situada no mar Jônio, ao norte do promontório de Actium, hoje Santo Mauro.

(40) *Ilíada*, c. IX, v. 319.

(41) Eubulus era senhor de Atarneia, cidade Nísia, em frente a Lesbos. Deixou-a a Hermias, seu escravo, 346 anos antes da nossa era. Aristóteles tornou-se amigo de Hermias, viveu a seu lado durante três anos, de 346 a 349 a.C. Mais tarde ele fez construir um túmulo a Hermias e Eubulus.

(42) Antofradates, sátrapa da Lídia e da Frigia, no reinado de Artaxerxes Memnon, foi derrotado em 362 pela coalização das cidades gregas da Ásia Menor.

(43) Alusão ao salário dos juízes em Atenas. Péricles elevou-o a três óbolos.

(44) Scheider pensa, com Schlosser, que a palavra *archo*, nas traduções latinas de Aretino, Victorius, Lambin, Gifanius, Ramus, Heinsius, é uma troca de vocábulo para *echos* e que é preciso fazer essa substituição para ter um sentido razoável.

(45) Epidamne, depois chamada Dirrachium, e hoje Durazzo, colônia de Corinto. Nada se encontra que possa explicar o uso ao qual Aristóteles faz alusão.

(46) Diofante era arconte na 96ª olimpíada, 394 anos antes da nossa era. Os estrangeiros não podiam habitar Atenas sem a permissão dos magistrados. Eram submetidos a uma capitação de 12 dracmas para eles e 6 para seus filhos.

(47) Quando os tessalianos se estabeleceram no país que haviam conquistado, os antigos habitantes, que não se haviam resolvido a deixá-lo, e que tudo tinham perdido, consentiram em cultivar as terras para os vencedores, com a condição de que suas vidas seriam salvas. Mais tarde o nome de penastas estendeu-se em outros países aos pobres que eram obrigados a trabalhar para ganhar a vida.

(48) A condição dos periócеos era menos dura que a dos escravos. Eles eram mais ligados ao solo que ao homem.

(49) Plutarco, na vida de Agis, conta que foi um cidadão poderoso, chamado Epitades, que, para deserdar seus filhos introduziu a lei que permitia testar em favor de quem se quisesse.

(50) O que aqui se diz da excessiva riqueza das mulheres de Esparta é confirmado por Plutarco na vida de Agis e na de Cleómenes.

(51) A Batalha de Leuctras, 371 a.C.

(52) Essa magistratura foi fundada cerca de cinquenta anos depois de Licurgo, pelo Rei Teopompo.

(53) Ponto obscuro.

(54) Não se sabe qual era esse modo de eleição: é provável que fosse aproximadamente o mesmo que se empregava para eleger os senadores, e que Plutarco descreveu na vida de Licurgo. (c. XXVI) Tucídides (His., I, I, c. LXXXVII), diz que os lacedemônios manifestam a sua escolha por aclamações e não por sufrágios.

(55) Era comumente dois éforos que não deveriam imiscuir-se em qualquer negócio se o rei não os consultava, mas que observavam a sua conduta.

(56) O comando da armada não era vitalício, pois que uma lei expressa proibia confiá-lo duas vezes ao mesmo cidadão.

(57) Aristóteles, Platão e Xenofonte são dessa opinião. Polibo estabeleceu grandes diferenças entre esses dois governos. 1º - O máximo da fortuna era fixado em Lacedemônia; não o era em Creta. 2º - Lacedemônia possuía reis

ou magistrados perpétuos hereditários; não os possuíam os cretenses. 3º - O senado de Esparta era vitalício; o de Creta era temporário, 4º - O governo dos cretenses tendia à democracia; o dos lacedemônios era aristocrático. 5º - Nunca se viam sedições em Esparta; Creta vivia perpetuamente em revolta. Os cretenses passavam por velhacos; dizia-se na Grécia: mentiroso como um cretense.

(58) Licurgo, legislador dos lacedemônios, era filho de Eunômio, rei de Esparta, da raça dos Proclídios. Seu irmão mais velho, o Rei Polidecto, tendo morrido muito jovem, no ano de 898 a.C., sem deixar outro filho daquele que trazia sua mulher no ventre, aquela prometeu a coroa a Licurgo, se este quisesse desposá-la. Licurgo repeliu essa criminosa proposta e, após o nascimento do príncipe, que se chamou Carilau, contentou-se com o título de tutor do sobrinho. Nessa qualidade governou até à maioridade de Carilau. Foi então que ele empreendeu suas viagens a Creta, Egito e Ásia, para estudar as leis desses países. (Polibo, I, VI, c. XLIV)

(59) Lítia era uma grande cidade situada na planície, a 30 estádios de Gnossa. Foi durante algum tempo a capital da Ilha de Creta.

(60) Criados ou escravos habitando a vizinhança das cidades.

(61) Creta ou Candia, ilha do Mediterrâneo.

(62) Península ao sul da Grécia, ligada à Hélade pelo istmo de Corinto.

(63) Cidade da Grécia.

(64) Cidade da Sicília, está construída perto de um rio de mesmo nome.

(65) Não se sabe ao certo qual é essa guerra estrangeira. Seria a guerra contra os macedônios, no reinado de Alexandre? Seria a guerra contra os lacedemônios no tempo de Agis? Cícero, no seu discurso em favor de Murena, fez observar que a leis dos lacedemônios e dos cretenses não puderam preservá-los do jugo dos romanos.

(66) Tais são os sufetas, isto é, os juízes. Entre os fenícios e os hebreus, julgar se diz *chaffat*.

(67) Idêntica magistratura à dos 104, mencionada antes. Aristóteles oferece o máximo de laconismo.

(68) Os pentarcas pertencem ao corpo dos 100 ou dos 104, e dele são membros antes, e depois da sua pentarquia. Não se tem uma definição precisa da pentarquia.

(69) Simples demagogo.

(70) Ver Deodoro de Sicília, I, XI, c. LXXVI, e Plutarco na vida de Cimon, c. XV.

(71) Os que possuíam quinhentas medinas (medida), seja de frutos secos, seja de líquidos.

(72) Os reputados capazes de poderem alimentar uma junta de bois.

(73) Aristóteles coloca aqui os cavaleiros em terceira categoria; todos os outros autores colocam-nos em segunda.

(74) Zaleucos, filósofo grego, nascido em Locres, cerca de 570 a.C.

(75) Ocidentais.

(76) Carondas, pitagórico e legislador de Catânia. Viveu cerca do ano 500 a.C.

(77) Cálcis, capital da Ilha de Eubeia.

(78) Poeta e adivinho de Atenas. Foi expulso de sua pátria pelo tirano Hiparco, filho de Pisístrato. A ele são atribuídas as poesias de *Orfeu* e *Museia*.

(79) É preciso não confundir esse legislador com o célebre pitagórico nascido em Crotone ou Tarento, pelo ano de 500 a.C. e morto em Tebas no ano de 420.

(80) Família poderosa de Corinto. Descendia de Hércules por Bacchis, filho de Prûnis, que reinou sobre Corinto no ano de 836 a.C. Governou a cidade por nove gerações e foi deposta por Cipselus em 657.

(81) A legislação de Draícon remonta ao ano 624 a.C.; a de Sólon ao ano 593.

(82) Pitacos, um dos sete sábios da Grécia, nascido em Mitilênio, pelo ano 650 a.C., morto em 579, uniu-se aos irmãos do poeta Alceu para expulsar os tiranos de sua pátria. Foi investido do poder soberano pelos mitilenianos, governou-os com sabedoria e deu-lhes leis. Abdicou depois e só aceitou uma pequena porção da terra que lhe cedeu o reconhecimento dos mitilenianos. A ele se atribuem elegias e um discurso sobre as leis, que se perderam.

(83) Nada de notável se conhece sobre esse Androdamas. Os dois últimos capítulos deste livro demonstram tanta precipitação e falta de ordem, que levam a crer que o texto está alterado em muitos trechos. Talvez não tenhamos mais que resumo do manuscrito de Aristóteles.

(84) A palavra cidade (*pólis*) deve tomar, nesta tradução, um significado bastante amplo. Ela significa a mesma coisa que república, Estado, sociedade política ou civil, mas com essa circunstância especial que por ela se designa principalmente uma cidade ou capital que compreende, de algum modo, o Estado inteiro, qualquer que seja a extensão, grande ou pequena, do território que circunda a cidade, ou que está sob sua dependência.

(85) Os estrangeiros domiciliados em Atenas eram obrigados pela lei a tomar um cidadão por patrono. Se eles deixassem de cumprir esse dever, eram levados ao tribunal. Nenhum ato civil podiam fazer sem um requerimento do patrono; era mesmo no nome deste que eles pagavam os impostos.

(86) Aristóteles faz notar aqui que os nomes genéricos, quando aplicados às várias espécies compreendidas em um mesmo gênero, exprimem frequentemente coisas que quase não têm a menor semelhança entre si, e que, por assim dizer, só têm em comum o nome que lhes é dado.

(87) Clistênio, após a expulsão dos filhos de Pisístrato e de seus partidários, modificou as leis de Sólon no sentido democrático pelo ano 509 a.C.

(88) Aristóteles fala aqui da tomada de Babilônia por Ciro, 555 a.C., e não por Alexandre. Heródoto (Hist., I. I. CXCI) não diz que três dias após a tomada da cidade, um quarteirão ignorava ainda o fato; mas que aqueles que se encontravam no centro não sabiam ainda que ela fora ocupada numa de suas extremidades.

(89) Estobeu cita esses dois versos de uma tragédia de Eurípedes, intitulada *Aeolus*.

(90) É sem dúvida o mesmo Jasão que Aristóteles dita. (Ret. L. II, s. VIII) Jasão era tirano de Feres, em Tessália. Ele foi assassinado no terceiro ano da 102ª Olimpíada, em 375 a.C., no momento em que forjava contra a Grécia o projeto mais tarde realizado por Filipe, rei da Macedônia. (Barthélemy Saint-Hilaire)

(91) Saber obedecer e mandar.

(92) *Ilíada*, s. XI. V. 648.

(93) Ver em *Ética*, I. V. c. III.

(94) *A justiça*, neste livro, c. VIII, 1.

(95) Este parágrafo é o mais difícil de todo o tratado da *Política*. Só há uma frase principal, que começa por estas palavras: "É evidente que...", seguindo-se quatro proposições condicionais e uma porção de proposições subordinadas antes e depois da proposição principal, com uma sobrecarga de dois parêntesis, sendo que o segundo não contém menos de dez linhas na edição de Leipzig. É impossível traduzi-lo literalmente e de um modo inteligível: seria preciso desfigurar o texto, suprimir o duplo parêntesis, mudar as suposições em fatos solidamente firmado, e deles tirar as mesmas conclusões com os mesmos resultados. É necessário dar todas essas explicações ao leitor.

(96) A Etrúria ou Toscana, hoje. Parece que, ao tempo de Aristóteles, ou cartagineses, haviam firmado tratados de aliança e comércio com os etruscos.

(97) Aristóteles menciona ainda esse Licofron no seu tratado *De Sofística*, I, I, c. XV, e na sua *Ret.*, I, III, c. lll.

(98) Isto é, quando a multidão possui mais riqueza e virtude que a minoria de homens distintos por sua fortuna ou por seu nascimento.

(99) Alusão a um apólogo, cujo autor foi, aparentemente, o filósofo Antístenes, discípulo de Sócrates: "*As lebres exigiam a igualdade entre*

os animais; dizem-lhes os leões: tal tese devia ser sustentada com unhas e dentes".

(100) O navio Argos é assim chamado porque foi construído em Argos, sob a direção de Argus, príncipe argiano. Transportou argonautas à Cólquida, sob o comando de Jasão, filho de Eri, rei de lolcos, na Tessália, que fora destronado por Pélias, seu cunhado. Chegado à altura de Afeleia, na Tessália, esse maravilhoso navio tomou a palavra e declarou que não podia levar Hércules em razão de seu peso excessivo. (*Apolodoro*, I. I. c, IX, 19)

(101) Periandro, tirano de Corinto, um dos sete sábios da Grécia, e Trasíbulo, tirano de Mileto, viveram pelo ano 600 a.C.

(102) Encontram-se em Tucídides numerosos exemplos da crueldade dos atenienses para com seus aliados. Deve-se ler principalmente o que se refere a *Mitieno*, I, III, c. XXXVI.

(103) Ver em Heródoto, *Cirop.*, cap. CXCII, e Tália, cap. CL.

(104) *Ilíada*, c. II, v. 391.

(105) *Ilíada*, c. X, v. 221.

(106) *Ilíada*, c. II, v, 371.

(107) Ver *Ética a Nicômaco*, I. I., c. XIV. Nicômaco, de Estagira, pai de Aristóteles, era médico dos reis de Macedônia, Amintas e Filipe. O *Tratado da Moral* que Aristóteles nos deixou é conhecido sob o nome de Ética a Nicômaco.

(108) Cidade do Ponto e colônia dos megáricos.

(109) Arquilóquio, de Paros, poeta lírico e satírico, viveu cerca de 700 a.C.

(110) Esse pensamento e o que precede são tirados de duas tragédias de Eurípedes.

(111) Rei do Egito a cerca de 1800 anos antes da nossa era.

(112) Rei de Creta.

(113) Habitavam o Brutium e a parte sudoeste da Lucânia.

(114) Golfo da Cilácia ou Squilaci.

(115) O golfo de Santa Eufêmia, chamado antigamente Lamético, do rio Lamés, hoje Lamato, que nele desemboca.

(116) Deodoro de Sicília (I. I. c. XIV) diz que as máquinas próprias para os cercos foram singularmente aperfeiçoadas em Siracusa no reinado e pelos cuidados de Dionísio o antigo; e Plutarco, em seu *Apótemas*, conta que Archidamos, filho de Agesilau, tendo visto uma dessas máquinas aperfeiçoadas que haviam trazido da Sicília, gritou: *"Adeus virtude guerreira!"*

(117) Aristóteles não separa a Moral da Política.

(118) Começa aqui o livro comumente classificado como oitavo, e que trata especialmente da educação. Ele diz que os três últimos capítulos do livro precedente não se referem de um modo direito à matéria de que tratam, isto é, à organização da cidade perfeita em relação ao local, comércio, fortificações, edifícios da política, ao passo que eles se ligam intimamente à teoria geral da educação. Disso ele conclui que esses três capítulos devem fazer parte do mesmo livro.

(119) Silax, nascido em Carianda, na Caria, geógrafo e navegador, viveu no começo do quinto século a.C., cem anos antes de Aristóteles. Foi autor de um périplo do mar interior, que chegou até nossos dias.

(120) Aristóteles é o único autor que menciona esse Tibros, e dele não fala em qualquer outro trecho de suas obras; Tibros havia escrito sobre a constituição de Lacedemônia.

(121) Ator célebre, contemporâneo de Aristóteles.

(122) Provavelmente falando de algum músico.

(123) *Odisseia*, V. c. 385.

(124) *Odisseia*, IX, v. 7.

(125) A Ginástica acrescentava à ciência dos exercícios um conhecimento

exato de todas as suas propriedades em relação ao vigor e à saúde; a pedotríbica limitava-se aos exercícios mecânicos, como a natação, a corrida, a dança. O ginasta, teórico; o pedotriba, prático.

(126) Ver em *Bacantes de Eurípedes*, v. 378-384.

(127) Os tradutores latinos fazem aqui uma lacuna; Coray e Thurot mantiveram-na. Outros tradutores franceses disfarçaram-na com mais ou menos talento; mas mesmo assim ela não deixa de existir. Há uma fatalidade ligada às obras de Aristóteles sobre a pureza do texto, a ordem geral das suas obras, às vezes, mesmo como na Política sobre a disposição das partes de uma mesma obra. Acrescentemos que Platão teve um comendador, e que Schneider está bem longe da crítica de Stalbaum.

(128) Platão, em *O Banquete*, dá o mesmo testemunho desse Olimpus.

(129) Polignota de Tarsos e Pauson de Efésia viveram cerca de 400 anos a.C., pouco tempo antes de Aristóteles. Na sua *Poética*, c. II, diz Aristóteles: *"Polignota, em suas imagens, alçava-se acima da natureza. Pauson ficava por baixo, e Denis fazia as suas semelhantes à natureza"*.

(130) Os três tons fundamentais eram o lídio, o mixolídio e o hiperlídio.

(131) Arquitas, de Tarento, filósofo da escola de Pitágoras, ficou célebre pelo seu gênio para as Matemáticas e pelas suas invenções na arte mecânica. Floresceu pelo ano 440 a.C.

(132) Um dos poetas que eram chamados, entre os gregos, da antiga comédia.

(133) Poeta ditirâmbico do quarto século a.C., nasceu em Cítera e viveu muito tempo na corte de Dionísio. Morreu em Éfeso por volta do ano 380.

(134) Refere-se a Platão, que também fez a mesma observação no diálogo intitulado *Político*.

(135) O próprio Aristóteles indica a ordem dos livros da sua *Política*.

(136) Plutarco, no tratado intitulado *Amatorius* (t. IX, p. 49, ed. Reisk), conta: *"Estes, embora possuindo poderosa infantaria, foram vencidos pelos*

eretrianos, cuja cavalaria recebeu um reforço de cavaleiros tessalianos".

Quanto aos magnesianos das margens do Meandro, que Aristóteles menciona aqui, Ateneia (I. XII. P. 525) nos ensina, segundo Teonis Calinus e Arquilóquio, que gastos pelos excessos, eles sucumbiram aos ataques dos efésios.

(137) Colônia dos corcírios e dos corintianos. O governo dessa cidade era mais oligárquico que democrático.

(138) Uma das Cíclades.

(139) Cidade da Jônia na Ásia Menor. Xenofane, filósofo e poeta, chefe da escola de Eleia, nasceu em Colofon. Ele nos dá uma descrição do luxo que reinava nessa cidade. Ateneia (I. XII, p. 526) conservou esse precioso fragmento.

(140) L. XI, p. 79. Os comentadores fizeram notar, com razão, que a crítica de Aristóteles é injusta, e que, seja preocupação ou falta de memória, seja qualquer outro motivo menos desculpável, ele atribui a seu mestre opiniões e sentimentos que não eram seus.

(141) Nos livros das Leis.

(142) *Ilíada*, c. II, v. 204.

(143) Dunasteia, isto é, governo arbitrário, ou governo de fato, autoridade fundada unicamente sobre o poder, isto é, sobre a força.

(144) A *República* e as *Leis*.

(145) No final do terceiro livro, cujos últimos capítulos se extraviaram.

(146) O símbolo chamado em latim *tessara*, era uma moeda ou um pedaço de metal, madeira ou outra coisa qualquer, que se partia em dois, sendo cada uma das partes guardadas pelas pessoas contratantes para se reconhecerem após uma longa separação, ou para fazer reconhecer um terceiro que seria encarregado de um recado ou mensagem por um deles ao outro. Usava-se isso nas relações de amizade, de hospitalidade, de comércio, ou nas distribuições de trigo, dinheiro, ou de outra qualquer natureza com o povo, como se usam os bilhetes.

(147) Aristóteles diz aqui que só lhe resta falar da tirania. No entanto, ele não teria tratado da aristocracia, que é a segunda forma do governo segundo sua classificação, admitindo-se a ordem atual dos livros. É preciso, pois, que ele tenha tratado anteriormente.

(148) Livro VI, VII, c. IX, 4.

(149) Focilides de Mileto, poeta cômico. Viveu no fim do sexto século a.C.

(150) A legislação de Sólon data do ano 593 a.C.

(151) A de Licurgo remonta ao ano 866.

(152) Carondas, legislador da Catânia, Regium e Turium, viveu 600 anos a.C.

(153) Os atenienses e os lacedemônios.

(154) Não se sabe ao certo quem é esse homem que Aristóteles quis apontar. Supõe-se de que se trate de Teseu, rei de Atenas, ou de Teopompo, rei de Lacedemônia, ou Clistênio, cidadão poderoso de Atenas, ou Gelão, rei de Siracusa, ou Faleias, de Calcedônia, ou ainda Pitacos, um dos sete sábios da Grécia.

(155) Promontório do Peloponeso, hoje chamado cabo de Santo Ângelo, na península de Moreia.

(156) A realeza foi abolida em Atenas após a morte de Codros, no ano de 1132 a.C.

(157) A base de todos os governos antigos era a divisão dos cidadãos em tribos, cantões, cúrias etc. A ordem reinante nessas diversas seções contribuía tanto como as próprias leis para a manutenção do governo. As leis de Moisés, de Licurgo, de Sólon, de Numa e de Servius Tulius, disso são a prova.

(158) Nada sabemos sobre Teleclas.

(159) Aqueles que pagavam as despesas com os coros de danças ou de música.

(160) Ginecomo.

(161) Padônomo.

(162) Aqueles que eram encarregados de preparar os assuntos de deliberações.

(163) Ver neste livro, c. XI, 1.

(164) Concussão, infidelidades nas finanças, na gestão de um tetula.

(165) Atentado contra as leis em geral; o caso mais grave era tentar mudar a forma do governo e abolir a democracia.

(166) Existe no Pireu, junto ao mar, um lugar chamado Freatus, da palavra *pheror*, poço. Quando um criminoso, exilado voluntariamente, era acusado de outro crime, e queria justificar-se, punha-se num barco em frente ao Freatus, e sem ousar desembarcar, expunha sua causa perante os juízes sentados à beira do mar, para ouvi-lo.

(167) Havia em Atenas dois conselhos, Boulai, dos quais um era permanente. O número de membros desse conselho era indeterminado. Eles eram nomeados de modo vitalício pelos outros magistrados e realizavam suas assembleias na colina de Marte. Por essa razão era chamado conselho superior. Julgava os crimes de morte e ocupava-se da guarda geral do Estado.

O outro, composto de quinhentos senadores, cujas funções eram apenas anuais, resolvia todos os negócios do governo. Schneider observa que é, sem dúvida, desse último conselho que Aristóteles fala aqui, como de uma instituição essencialmente democrática.

(168) Em Atenas, a tribo que tinha a presidência do conselho era alimentada no Pritaneu, à custa do público, a fim de que ela pudesse se entregar ao trabalho sem interrupção. A sala onde se tomavam as refeições denominava-se *tólos*, sala abobada.

(169) Tal é a origem do governo representativo, que não é de forma alguma uma invenção moderna. Aqui se compreendem dois graus de eleição notáveis, os delegados dos delegados. Essa forma de governo começou a aparecer pelo segundo ano da 102ª Olimpíada, cerca de 387 anos a.C. Schneider acredita, pelo que diz Aristóteles, que esse governo teria estado

em vigor antes mesmo da 98ª Olimpíada, quando após a destruição da cidade por Agesilau, rei de Esparta, foram obrigados a habitar os burgos ou vilas que formavam o seu território.

(170) A lei Licínia proibia a todo cidadão romano possuir mais de 500 jeiras de terra.

(171) Comparar o cap. VI, 10, segundo livro.

(172) Alguns comentários de Aristóteles substituem *patróus* por *potróus*.

(173) Nenhum outro escritor menciona a lei Oxilus, e ignoram-se completamente as disposições que ela continha. Só Pausânias, I. V, cap. II E IV, diz algumas palavras sobre esse personagem, que antigamente reinara sobre os eleanos.

(174) Xenofonte, em suas *Helênicas*, I. V, III, 19, menciona uma cidade da Trácia habitada pelos gregos, chamada Afitis. Heráclides de Ponto fala dos afitianos como de um povo notável pelos seus hábitos de justiça e moderação.

(175) Capital da Cirenaica ou Pentápolis, na Líbia. Heródoto (I. IV, c. CLII) entra em alguns detalhes sobre a história desse Estado, que foi de início governado por reis. Supõe Schneider que o acontecimento ao qual Aristóteles faz alusão é posterior à expulsão do último rei de Cirene, no IV século a.C.

(176) Clistênio fixou em dez o número das tribos de Atenas, no ano 509 a.C., estabeleceu o ostracismo, favoreceu o poder do povo em detrimento da oligarquia. Aristóteles já falou disso no livro III, cap. 1, 10.

(177) Ver L. II, c. VIII, 2.

(178) Heine, em seus *Opuscula Acadêmica*, t. II, reuniu todos os testemunhos dos antigos escritores sobre os tarentinos.

(179) L. III, c. III, 4.

(180) L. VI, c. IV, 3.

(181) Conrig, Schlosser e Schneider acham que aqui há uma lacuna em que Aristóteles expunha a organização das duas principais formas de governo, a aristocracia e a democracia, e talvez mesmo a monarquia.

(182) L. VI, c. XII, 1.

(183) Pensa Conrig que, na parte que está faltando, Aristóteles falava dos tribunais, dos julgamentos e das repúblicas mistas.

(184) Livro III, c. VI, 1.

(185) Lisandro apoderou-se de Atenas e nela estabeleceu o governo dos trinta tiranos. Poderoso então na sua pátria, ele se preparava, diz-se, para subjugá-la, quando foi morto em um combate entre os tebanos e os espartanos.

(186) Pausânias, filho de Leônidas. Tomou parte proeminente na vitória de Plateia, livrou as cidades gregas da Ásia, tomou Chipre e Bizânico, mas empanou sua glória por desejar subjugar sua pátria. Deu ouvidos à proposta de Xerxes, que lhe oferecia a mão de sua filha e a realeza da Grécia.

Denunciado ao Senado, foi entregue aos éforos, que ele quisera abolir, julgado por traição e condenado à morte. Refugiou-se em um templo de Minerva, cujas portas foram imediatamente muradas e lá morreu de fome, em 477 a.C.

(187) Epidame, cidade da Ilíria antiga, mais tarde chamada Dirachium, hoje Durazzo, entre os Taulianti, sobre o Adriático, à frente de Brindisi, na Itália. Era o ponto mais frequentado por quem desejava passar da Grécia à Itália.

(188) Em todas as repúblicas, essa assembleia geral dos cidadãos era chamada *aliáia*, antigamente *eliaia*.

(189) Cidade de Beócia, onde os atenienses derrotam os beócios. Essa batalha na qual Mironides comandava o exército dos atenienses teve lugar no quarto ano da 80ª olimpíada, 458 anos a.C.

(190) Teagênio, chefe do partido popular, acusou os ricos de favorecerem o partido dos lacedemônios contra os atenienses, e fê-los expulsar da cidade. Então os exilados se fizeram apoiar por Brasidas, general dos lacedemônios,

que chegou a tornar-se senhor de Mégara. O partido oligárquico apoderou-se do governo e publicou por um decreto o esquecimento do passado. Era um ardil. Os democratas voltaram à cidade. Foi ordenada um revista. Todos os chefes do partido popular a ela se submeteram: mas os novos magistrados tinham tropas escondidas, que ao sinal dado se apresentaram. Eles fizeram sair das fileiras cem cidadãos dos mais apegados ao partido popular, obrigaram o povo a deliberar em campo e, após essa vã formalidade que eles chamaram julgamento, os condenaram à morte, como legalmente julgados. A oligarquia, diz Tucídides, conservou-se muito tempo em Mégara depois dessa ocasião. Os atenienses se indignaram a tal ponto com aquela revolução que viera destruir a democracia, que impuseram a pena de morte a todo megariano que pusesse os pés em seu território.

(191) Os geómoros (proprietários de terras), perseguidos pelo povo de Siracusa, recorreram ao crédito e à força de Gelão, que escolheram como chefe (Heródoto, I, VII, c. CLV).

(192) Rodes desligou-se quatro vezes da aliança que fizera como os atenienses. 1 – Os ródios, vencidos pelos lacedemônios, que favoreciam a oligarquia, foram obrigados a se desligarem da aliança com os atenienses no 1.º ano da 92ª Olimpíada, 214 anos a.C. 2 – A segunda deserção dos ródios teve lugar ao mesmo tempo que a de outras, Quio, Cós e Bizâncio, durante a 93ª Olimpíada, quando os atenienses foram derrotados pelos lacedemônios, na Batalha de Aegos-Potamus, 405 anos a.C. 3 – A luta dos principais cidadãos de Rodes contra os plebeus, uns apoiados pelos lacedemônios, outros pelos atenienses, foi renovada com sucessos variados no 1º ano da 96ª Olimpíada, 396 anos a.C., e no 2º ano da 97ª Olimpíada, 390 anos a.C. 4 – A quarta deserção seguiu-se à Guerra Social: os principais ródios e ela haviam sido compelidos não só pelas violências da Carés, general ateniense, mas ainda pelas promessas de Mausolo, rei da Caria, que os havia predisposto contra os atenienses. Quando a guerra rebentou, Mausolo enviou socorro a Rodes e às outras cidades aliadas – Quio, Cós e Bizâncio, 356 anos a.C. Após a Guerra Social e a morte de Mausolo, os principais cidadãos de Rodes, apoiados por Artemisa, esposa de Mausolo, atacaram o povo e apoderaram-se do poder em 355. O povo, oprimido pelos grandes, pediu auxílio aos atenienses. Demóstenes pronunciou um discurso célebre para convencê-los a auxiliá-los.

(193) Essa batalha, que teve lugar 4º ano da 76ª Olimpíada, é amplamente narrada por Deodoro de Sicília I, II, c. LII, e Heródoto, I, VII, c. CLXX, e fala da derrota que os tarentinos sofreram nessa época.

(194) Heródoto, I, I, c. VLXXVI, conta detalhadamente a expedição de Clêomenes contra Argos. Tal vitória remonta à 64ª Olimpíada, 524 anos a.C. Ver também Pausânias, I, II, c. XX.

(195) A Guerra do Peloponeso rebentou por ocasião da ruptura havida entre Corcírio e Corinto, sua capital; mas a verdadeira causa foi a rivalidade que existia entre Atenas e Esparta. Atenas tomara o partido de Corcírio, e Esparta o de Corinto. Os lacedemônios tinham por aliados os corintianos, os etolianos, os focídios, os locrianos, os beócios e todos os povos do Peloponeso, com exceção dos aqueus e dos argianos. Os atenienses tinham pelo seu partido os acarnanianos, Neupacta, Plateia, Corcírio, as cidades da Trácia e da Tessália, todas as costas da Ásia e do Helesponto. Esparta era a mais forte em terra, Atenas no mar.

(196) Erécia, cidade da Arcádia.

(197) Oreia, colônia ateniense na Etólia.

(198) Cidade do Épiro e colônia de Corinto.

(199) Síbaris, cidade da Itália Meridional, às margens do Crátis, que tinha a sua embocadura no golfo de Tarento; Turium, cidade grega da Lucânia, vizinha de Síbaris.

(200) Nada se sabe além do que aqui se diz dos bizantinos e dos antisseanos da Ilha de Lesbos.

(201) Zanque é o antigo nome de Messina, cidade da Sicília. Ver Heródoto, I, VI, c. XXIII.

(202) Apolônia, colônia jônica. Ver mais adiante c. V, 7, neste livro.

(203) Ver adiante, neste mesmo livro, c. V, 6.

(204) Cidade situada nas costas da Jônia, à entrada do golfo de Smirna, Chirun ou Chiutrum, arrabalde de Clazomenes, era situada no continente,

ao passo que a cidade era uma ilha. Estrabão diz que Chiutrum era famosa por seus estabelecimentos de banho (I, XIV, p. 614). Pausânias também fala dos banhos de Chitrum (I, Acaica, c. V.). Durante a invasão dos persas, uma multidão de jônios refugiou-se numa pequena ilha perto de Chiutrum e nela fundou uma poderosa cidade.

(205) Notium, lugar mais próximo do mar que Colofon, vivia na dependência dessa cidade. (Tucíclides, I, c. XLIV).

(206) Cidade da Eubeia. Ver Deodoro de Sicília, I, XVI, c. XXII.

(207) Encarregado de negócios.

(208) Ver em Deodoro de Sicília, I, XVI, c. XXXII.

(209) Antigo nome de Dirrachium, hoje Durazzo, porto célebre da Ilíria antiga.

(210) Essa circunstância deu ao governo de Atenas uma tendência aristocrática, à qual Péricles substituiu instituições mais conformes com a democracia. Ver o segundo livro da Política, c. IX, 2.

(211) A Batalha de Mantineia, na qual pereceu Epaminondas, deu-se no segundo ano da 104ª Olimpíada, 362 anos a.C.

(212) Essa mudança operou-se por uma lei que firmou Diocles, o mais ardente inimigo dos atenienses, em virtude da qual as magistraturas, das quais haviam sido antes excluídos os cidadãos pobres, deveriam ser repartidas, por meio de sorte, entre todos os cidadãos indistintamente. (Deodoro de Sicília, I. XIII, c. XXXIV)

(213) Capital da Ilha de Eubeia.

(214) Só se conhece o nome do tirano Foxus por essa passagem de Aristóteles.

(215) Acredita-se que Periandro, tirano da Ambrácia, no Épiro era perante de Periandro, tirano de Corinto, que no princípio reinou com sabedoria, tendo sido admitido entre os sete sábios da Grécia.

(216) O Conselho dos 400 estabeleceu-se em Ayenas no ano 411 a.C.,

para substituir a assembleia do povo. Os Quatrocentos cedo se tornaram verdadeiros tiranos: eles cercaram-se de satélites, suprimiram o senado e recusaram o apelo de Alcebíades e outros exilados. Tendo deixado os lacedemônios derrotarem a frota ateniense e tomarem de assalto Eubeia, eles perderam todo o crédito; a armada, que estacionava em Samos, revoltou-se contra eles, escolheu Alcebíades para chefe, e o povo de Atenas os expulsou. Eles haviam exercido o poder durante quatro meses.

(217) Heródoto, I. VII, c. CLXIII.

(218) Essa passagem explica o capítulo II, 5, neste mesmo livro da Política.

(219) Trata-se aqui de Heracleia, cidade do Ponto.

(220) Não são conhecidos os acontecimentos aos quais alude o autor. Nem mesmo se sabe de qual das cidades de Cumes se trata.

(221) A pritania era, entre os antigos gregos, a magistratura mais importante. Plutarco compara as funções de prítane entre os ródios, às de beotarca entre os tebanos, e às de estratego entre os atenienses.

(222) Os habitantes da Ática dividiam-se em três partes: o litoral, o planalto e a montanha.

(223) Aristóteles também menciona o nome desse usurpador na sua *Retórica*, I. I., c. II. O ateniense Cilão, que foi condenado à morte por ter tentado apoderar-se da tirania, era genro de Teagênio.

(224) Era um general do exército de Siracusa; Dionísio fê-lo assassinar no ano 496 a.C. Ver Deodoro de Sicília, I. XIII. C. XCI.

(225) Naxos, uma das Cíclades.

(226) Conta Ateneia (I. VII, p. 348) como Ligdâmis se pôs à frente dos naxianos para vingar o insulto que certos micos haviam feito a um cidadão que gozava de grande popularidade.

(227) Estrabão (I. IV, p. 171) diz que, em seu tempo, o governo era ainda oligárquico.

(228) Cidade da Ístria, a leste do Adriático.

(229) Trata-se ainda de Heracleia do Ponto.

(230) Cnide, cidade de Caria, na Dória, na costa meridional da Ásia Menor, era uma colônia de Esparta.

(231) Cidade da Jônia. Era uma colônia ateniense, Sepúlveda, comentador de Aristóteles, diz que Androclos, filho de Codros, que era rei de Atenas, fundou Efésia, reinou sobre muitas cidades da Ásia e seus descendentes foram chamados basilidas.

(232) Ver Tucídides, I. VIII, C. LXVII.

(233) Ver Xenofonte, Hel., I. II, c. III.

(234) Larícia, cidade da Tessália.

(235) Parece que os guardiões dos cidadãos tinham o mesmo poder durante a paz que os estrategos durante a guerra.

(236) Ábidos, colônia dos milesianos, tinha um governo oligárquico e espécies de corporações chamadas hetéreas, que Aristóteles menciona ainda mais adiante.

(237) Esse Hiparinos era irmão de Aristomaca, mulher de Dionísio o Antigo e comandou o exército de Siracusa.

(238) É o mesmo fato ao qual alude Aristóteles em outro lugar.

(239) Heródoto, livro VI, c. LXXXVIII, diz que o personagem que Aristóteles aqui menciona chama-se Nicodromos.

(240) O elogio que Aristóteles faz desse governo é confirmado pelo que diz Xenofonte em suas *Helênicas*, I. VI, que só, entre as cidades da Tessália, Farsália conseguiu escapar ao domínio de Jasão, tirano de Feras. O mesmo autor conta, então, o nobre desinteresse de um cidadão chamado Polidamas: as facções que dividiam o Estado tomaram Polidamas por árbitro; e puderam confiar-lhe a guarda da cidade e do tesouro público, sem que a sua liberdade corresse o menor risco.

(241) No texto grego está dumasteutiken. Ver a nota 143 sobre a palavra dunasteia. Essa eleição pareceu suspeita a alguns editores. No entanto, bem pode ser que reflita o pensamento de Aristóteles, que quer dizer, ao que parece, que o modo da eleição que ele menciona nada tinha de sensato ou de refletido, mas exprimia o favor muitas vezes impensado da multidão, e seu capricho do momento porque os senadores de Esparta eram nomeados por aclamação: os candidatos atravessavam a praça pública: homens colocados em lugar de onde não podiam ver pessoa alguma, prestavam atenção no barulho que ouviam cada vez que um candidato atravessava o lugar. A aclamação que eles julgassem mais forte, decidia em favor dos candidatos que a haviam provocado. É esse modo de eleição que Aristóteles qualifica de pueril. (I, II, c. VI, 18) Aliás, quase nada se sabe sobre essa república dos eleneanos. Tucídides só diz palavras sobre ela (I. V, c. XLVII), e Plutarco parece indicar, no *Precep. Polit.*, o fato que Aristóteles aqui menciona. Ele diz que um certo Formião, tendo restringido entre os eleneanos o poder da oligarquia, como fizera Efialto em Atenas, adquiriu ao mesmo tempo glória e poderio.

(242) Era irmão do célebre Timoleão, libertador de Siracusa. Nomeado general das tropas estrangeiras que Corinto tomara a seu soldo, ele captou a estima desses mercenários e apoderou-se da tirania. Seu irmão, desesperado, empregou inutilmente todos os meios possíveis para levá-lo a dar liberdade à sua pátria. Então, Timoleão dirigiu-se à casa de Timófanes com seu cunhado e um amigo. Todos os três renovaram os seus pedidos.

Timófanes persiste e termina fazendo ameaça. Timoleão faz um sinal, vira a cabeça, e seus dois amigos massacram o tirano. Corinto aplaudiu essa ação, mas Timoleão não cessou de se censurar pela morte do irmão. Retirou-se da vida pública e só saiu de seu retiro depois de vinte anos, para ir derrubar a tirania de Dionísio em Siracusa (Plutarco, *Vida de Timoleão*)

(243) Alenas, descendente de Hércules, foi tirano de Larícia. Foi chefe de uma família poderosa, os alenaadas, deposta por Filipe, pai de Alexandre.

(244) Ver neste mesmo capítulo, 5.

(245) L. VIII, c. III, 3.

(246) L. VIII, c. V, 5.

(247) Arquias, comandante de Tebas para os espartanos. Tendo recebido num festim uma carta que lhe denunciava a conspiração de Pelópidas, adiou sua leitura, dizendo: *"Os negócios sérios ficam para amanhã"*. Naquela mesma noite ele foi degolado pelos conjurados.

(248) Ver neste mesmo capítulo, 3.

(249) Quio sustentou muitas guerras contra os lacedemônios, os atenienses e os persas.

(250) Assim se denominaram os jovens lacedemônios nascidos durante a primeira Guerra de Messênia das moças de Esparta (parthenol), com jovens que haviam deixado o campo momentaneamente, para impedir que o Estado perecesse por falta de cidadãos. Desprezados por seus compatriotas, os partenienses conspiraram com os ilotas; foram descobertos e obrigados a deixar Esparta. Conduzidos por Falante, foram se estabelecer na costa oriental da Itália, e aí fundaram Tarento, 707 anos a.C.

(251) Agesilau devia o trono a Lisandro, que o havia feito preferir a Leotichido, herdeiro legítimo. Mas Agesilau, invejoso das grandes ações e da glória de Lisandro, procurou todos os meios de humilhá-lo. Na guerra não lhe deu o menor comando e só o fez comissário de víveres. Quando alguém ia procurá-lo por qualquer questão de alimentos, respondia: *"Dirigi-vos a Lisandro, meu açougueiro"*. Plutarco e Cornélio Nepos escreveram a vida de Lisandro.

(252) Esse fato é narrado por Xenofonte. (Helen, I. III, c. III)

(253) Tirteu, poeta ateniense, do 8º século a.C. Durante a segunda Guerra de Messênia, os lacedemônios haviam, à ordem do oráculo, pedido socorro aos atenienses. Estes lhes enviaram, como por zombaria, o poeta Tirteu, que era coxo e caolho; mas esse poeta soube, pelos seus cantos belicosos, animar os espartanos a tal ponto que eles acabaram por obter a vitória. Em recompensa, Tirteu foi reconhecido cidadão de Esparta. Liam-se suas poesias ao exército reunido. Nada resta de seu poema intitulado *Eunomia*.

(254) A história de Pausânias é bem conhecida. Ver sua vida em Cornélio Nepos.

(255) Ver Plutarco, *Precep.*, p. 14, Justino, I. XXI, c. IV.

(256) Deodoro de Sicília, I, c. XIV e XLVI, narra o duplo casamento contratado por Dionísio o Antigo, no mesmo dia, com Dóris, que pertencia a uma das mais poderosas famílias de Locres, e com Aristomaca, siracusana. Mas não se sabe como esse casamento foi a causa da ruína do Estado dos locrianos. Apenas percebe-se em Estrabão (I, VI, p. 29) e em Ateneu (I. XII, p. 541), que Dionísio o Moço exerceu entre os locraianos uma tirania revoltante, da qual eles tiraram depois a vingança mais cruel.

(257) Turium, cidade grega de Lucânia, na fronteirado Brutium, construída 441 anos a.C. por uma colônia de atenienses junto às ruínas de Síbaris.

(258) L. IV, c. VI, 4.

(259) Este mesmo livro, c. V, 5.

(260) É a esse trecho provavelmente que se refere Cícero (*De Oficis*, I. II, c. XVI), quando, após haver censurado a opinião de Teofrates, grande admirador de tais profusões, a ele opõe o julgamento de Aristóteles.

(261) Aristóteles serve-se ainda dessa comparação em sua *Retórica*, I. I. c. IV.

(262) Opomos ao absurdo juramento dos oligarcas o que prestavam todos os jovens atenienses na Capela de Argaule, quando, chegados aos 20 anos, eram incluídos entre os defensores do Estado: *"Não desonrarei minhas armas; não abandonarei meu companheiro, quem quer que ele seja, junto ao qual eu esteja colocado nas fileiras; defenderei os templos, as coisas santas, só ou com muitos outros; não trairei minha pátria e trabalharei para torná-la mais gloriosa; conformar-me-ei com as sentenças dos juízes, obedecerei às leis estabelecidas, e às que o povo houver sancionado; se alguém ousar desobedecer a essas leis ou infringi-las, não o tolerarei; ao contrário, defendê-la-ei, só ou com outros companheiros"*.

(263) Ver *Pólux*, I. VIII, 105, e *Stobeu Serm.*, XLI, p. 243.

(264) Aristóteles compreendeu tão bem a importância política da educação que lhe consagrou uma parte do 4º e do 8º livros desta obra.

(265) Cícero disse, em seu discurso *Pro Quincio*, c. LIII: "*Legum ministri magistratus, legum interpretes judices, legum denique id circo onves servi sumus, ut liberi esse possinus.* – Os magistrados são ministros das leis, os juízes são os intérpretes das leis; em uma palavra, todos nós somos escravos das leis, a fim de podermos viver livremente".

(266) O texto grego reza: "*O homem mais eminente pela superioridade de virtude, ou de ações proveniente da virtude, ou pela superioridade de uma família que tenha sabido cultiva-la*".

(267) Plutarco, na vida de Demétrio Polioceta, de Macedônia, explicas muito bem quais eram as funções dos Teóricos. Dava-se também o mesmo nome àqueles que se enviavam para consultar o oráculo de Apolo.

(268) Fidon, tirano de Argos cerca de 860 anos a.C., era um tirano muito audacioso e hábil. Diz-se que ele inventou a balança, e fez cunhar em Egina a primeira moeda de prata. É preciso não confundir esse Fidon, tirano de Argos, com Fidon legislador de Corinto, do qual se trata no livro II, c. III, 7.

(269) Faláris, tirano de Agrigento. Originário de Astipaleia, em Creta, foi expulso de sua pátria devido a seus projetos ambiciosos, fixou-se em Agrigento, apoderou-se do poder cerca do ano 566 a.C. Ele quis também dominar a cidade de Himera; o poeta Stesicore, que era filho de Himera, persuadiu seus compatriotas a não se aliarem ao tirano Faláris, e sobre esse assunto ele compôs o célebre apólogo sobre o homem e o cavalo, que Horácio, Fedro e La Fontaine transportaram depois para a poesia. A crueldade de Falarias fê-lo de tal forma odiado que ele foi apedrejado por seus súditos.

(270) Panécio, filósofo estoico, nascido em Rodes.

(271) Pisístrato, tirano de Atenas, era descendente de Sólon. Usurpou a autoridade soberana em 561 a.C., foi expulso por Megacles em 560, e chamado por esse mesmo Megacles em 556. Deposto novamente em 552, retirou-se para a Ilha de Eubeia. Uma vez mais conseguiu, em 538, reaver a autoridade, e soube depois conservá-la pela sua moderação. Transmitiu-a a seus dois filhos, Hiparco e Hípias, quando morreu, em 528.

(272) Dionísio, cognominado o Antigo, ou o Tirano, filho de um siracusano obscuro foi soldado e fez-se proclamar pelo exército, em 405 a.C., com a idade de 25 anos. Repeliu os cartagineses que haviam invadido a Sicília, mas deixou que a Ilha de Gela fosse tomada e os siracusanos se revoltaram contra ele. Conseguiu abafar a revolta, obteve vantagem sobre o inimigo, tomou-lhe sucessivamente Catânia, Leônico, Messina, Selinonta, levou mesmo as suas armas à Itália, tomou Locres e Crotone e assolou até as costas da Etúria. Exposto a inúmeras conspirações, tornou-se inquieto, desconfiado, cruel e odiado por seus súditos até a morte, em 368, após 38 anos de reinado. Ele procurou a companhia dos filósofos, chamou Platão para a sua corte, protegeu os poetas, e ele próprio compôs maus versos.

(273) Codros, último rei de Atenas de 1160 a 1132. Tendo sabido pelo oráculo que, na guerra que os dóricos faziam aos atenienses, a vantagem seria daquele dos dois povos cujo chefe fosse morto, sacrificou-se voluntariamente pelos seus, atirando-se no meio da batalha.

(274) Ciro, rei da Pérsia. Era filho de Cambises e de Mandana, filha de Astiago, rei dos medos. Venceu Ciaxara II, filho de Astiago, deu a independência à Pérsia, que desde muito tempo vivia sob o domínio dos medos, no ano 500 a.C., e governou os dois países.

(275) Molossos, povo do Épiro. Esse pequeno povoado foi sempre governado por reis descendentes de Pirro, filho de Aquiles, que reinaram com tanta glória como sabedoria durante 900 anos. Plutarco, na vida de Pirro, rei do Épiro, nos conta que todo ano lá havia assembleia geral na qual o rei e o povo prestavam o juramento de sempre respeitar as leis.

(276) General ateniense cuja vida foi descrita por Cornélio Nepos.

(277) Periandro, tirano de Corinto. Ver livro III, c. VIII, 3.

(278) Ver L. VIII, c. VIII, 4.

(279) Periandro, tirano da Ambrácia, do qual já se falou neste mesmo livro, c. III, 6. É preciso não confundir Periandro, tirano da Ambrácia, com Periandro, tirano de Corinto. Aristóteles nos conta o conselho de Periandro de Corinto a Trasíbulo, L. III, c. VIII, 3, a duração de seu reinado em Corinto e suas raras qualidades, L. VIII, c. IX, 22.

(280) Pausânias, senhor da corte de Filipe, não tendo podido obter a punição de uma ofensa que ele recebera de Atalus, vingou-se ele próprio.

(281) Amintas o Moço, ou segundo do nome, foi pai de Filipe e avô de Alexandre. Derdas era senhor macedônio, príncipe de Elimeia, que prestara grandes serviços a Amintas pelo seu valor e habilidade. Era amado por Eurídice, mulher de Amintas, que planejava colocar seu amante no trono. Mas o rei foi sabedor da conspiração por sua filha, que ao mesmo tempo lhe revelou os amores da mãe. A conspiração foi abafada. Amintas morreu numa idade avançada. (*Justino*, I. VII, c. IV; Xenofonte, *Hist. Gr.*, I. V; Plutarco, *Vida de Alexandre*, c. X)

(282) Nicoles, cognominado o Eunuco, assassinou Evágoras no ano 374 a.C., como narra Aristóteles.

(283) Crateús era um dos cortesões de Arquelau, rei da Macedônia.

(284) Sirra, genro de Arrabeu.

(285) Arrabeu, rei de Elimeia.

(286) Elimeia, Estado vizinho da Macedônia.

(287) Cleópatra, esposa de Arquelau.

(288) Helanocrata só é conhecida por essa passagem.

(289) Parro, ou melhor, Pito, como o chama Diógenes de Laerte (I. III, 46). Após a morte de Cótis, refugiou-se em Atenas. Foi felicitado por sua coragem. *"Eu sou apenas o instrumento de que se serviram os deuses para punir um tirano"*, disse.

(290) Heraclide, desconhecido.

(291) Aenos, cidade da Trácia, na foz do Hebro.

(292) Cótis, tirano de Aenos.

(293) Adamas, desconhecido. Todo esse trecho é extremamente obscuro; ele apenas contém alusões a uma parte da história da Macedônia sobre a qual possuímos informações inconclusivas; muitas vezes, mesmo delas

estamos completamente privados. Aliás, as pesquisas dos mais sábios comentadores não tornam o texto mais inteligível.

(294) Não possuíamos outros detalhes sobre Smerdis.

(295) Assim se chamam os descendentes de Pêntilus, filho de Orestes, que formaram a oligarquia dc Mitilênio. A palavra Pentálidas foi transformada em Pentilides, mais regular, sem dúvida, mas que não está autorizada pelos manuscritos.

(296) Decanicus não é conhecido por outra forma.

(297) Ver acima, neste capítulo, 11.

(298) Artabão, hicaniano, capitão dos guardas de Xerxes, assassinou aquele príncipe e imputou seu crime ao filho mais velho do rei, que ele fez condenar. Artaxerxes, irmão deste último, iria tornar-se também sua vítima; mas tendo descoberto a cilada, matou Artabão, 472 anos a.C.

(299) Arbaces matou Sardanapalos no ano 759 a.C.

(300) Dion, genro de Dionísio o Antigo, foi exilado por Dionísio o Moço, entrou em Siracusa com desconhecidos, atacou o poder soberano em 354 e foi assassinado pelo ateniense Calipo, que ele havia cumulado de favores.

(301) Ver Heródoto *Cirop.*, c. CXL.

(302) Amadocus, rei da Trácia, destronado e morto por Seutes.

(303) Ver Xenofonte, *Cirop.* I, VIII, c. VIII.

(304) Ariobarzane, rei da Capadócia e do Ponto.

(305) As Obras e os Dias, v. 25.

(306) Ver mais acima, neste mesmo livro, c. VI, 9, onde se diz que os lacedemônios derrubaram as democracias.

(307) Quando expulsaram o tirano Trasíbulo, como disse Deodoro de Sicília, I. IL, c. LXVIII.

(308) Não temos, aliás, qualquer outra notícia sobre esse filho de Gelão, nem sobre a conspiração dos parentes de Trasíbulo.

(309) Dion foi assassinado em 354 pelo ateniense Calipo, do qual fora benfeitor.

(310) Ver mais acima neste mesmo livro, c. VIII, 4.

(311) Basileus, rei legítimo; monarchos, monarca, sem outra leu além de sua vontade, mas sem abuso; tirano, que abusa do poder. Ver livro III, c. V, 7.

(312) Comparar essa declaração formal contra a hereditariedade com a que Aristóteles já fez, L. III, c. X. 9.

(313) Ver livro VIII, c. VIII, 5.

(314) A eforia, longe de ser uma instituição de Licurgo, como muitos erradamente pretendem, era absolutamente contrária ao espírito de sua legislação. Essa magistratura foi estabelecida 70 anos depois de Licurgo, pelo Rei Teopompo. Disso já falou Aristóteles no L. II, c. VI, 14.

(315) Plutarco narra o mesmo fato na vida de Licurgo, c. VII. Lampridius, na vida de Alexandre Severo, diz que esse príncipe deu uma resposta idêntica à sua mãe.

(316) Ver este mesmo livro, c. VIII, 7.

(317) Petagógidas é uma forma dórica por prosagógidas.

(318) Hierão sucedeu a seu irmão Gelão.

(319) Heródoto, I. II, c. CXXIV, parece fazer o mesmo julgamento.

(320) Ver neste mesmo livro, c. VIII, 4.

(321) Vitrúbio e Pausânias falam desse templo de Júpiter Olímpico; tinha 760 metros de circunferência.

(322) L. VIII, c. VIII, 4.

(323) Policarto, tirano de Samos, reinou de 535 a 524 a.C. Submeteu várias ilhas do mar Egeu, derrotou os milésicos vindos em socorro de Lesbos, e tornou-se tão poderoso que Amásis, rei do Egito, e Cambises, rei da Pérsia, a ele procuraram aliar-se. Enquanto projetava a conquista da

Jônia, foi aprisionado por Orestes, governador de Sardes, e por Cambises, e crucificado.

(324) Ver neste mesmo livro, c. VIII, 4.

(325) Aristófanes: Os Cavaleiros.

(326) Essa passagem responde ao que foi dito anteriormente neste mesmo livro, c. VIII, 2. Aliás, os mesmos pontos de vista que Aristóteles apresenta, e aproximadamente as mesmas ideias, são expostas na carta de Platão aos pais de Dion.

(327) Ver *O Príncipe*, de Maquiavel.

(328) Ver neste mesmo capítulo, o parágrafo 3 e os parágrafos seguintes.

(329) Ver *O Príncipe*, c. XVI.

(330) Ver em Montesquieu, *Espírito das Leis*, I. XII, c. XVIII.

(331) Heráclito de Efésia, filósofo da escola de Jônia, floresceu pelo 500.

Ocupou uma alta magistratura em seu país; mas vítima de uma injustiça, retirou-se para uma montanha e lá deixou-se morrer de fome. Ele costumava dizer que tudo corre perpetuamente, tudo se transforma e nada perdura. Reconhecia uma razão universal que todos os homens recebem uma espécie de aspiração. Morreu com 60 anos.

(332) A esse retrato do tirano, de Aristóteles, deve-se comparar aquele que o próprio Platão fez no fim do 8º livro e no começo do 9º da República.

(333) Ortágoras, da família dos alcmeônidas, tomou o poder em Sicione cerca de 676 anos a.C.

(334) Clistênio, da família dos alcmeônidas, filho de Megacles e avô de Péricles, foi um dos mais célebres descendentes de Ortágoras, pôs-se à testa do partido democrático, expulsou Hípias em 510, e ele próprio foi exilado em razão de intrigas de Iságonas, chefe do partido aristocrático, que apoiava Cleômenes, rei de Esparta; cedo voltou e se tornou muito poderoso. Ele modificou a legislação de Sólon, criou tribos novas e aumentou o senado de cem membros.

(335) Cipsele, neste mesmo livro, c. VIII, 4.

(336) Periandro, tirano de Corinto, sucedeu a seu pai, Cipsele. De princípio, governou com sabedoria e fez florescerem as letras e as artes. Mas depois tornou-se odiado por sua desconfiança e suas crueldades. Morreu com idade avançada. Periandro possuía instrução: ele pôs em uso algumas máximas que fizeram com que fosse admitido no número dos sete sábios.

(337) Ver a nota do c. VIII, 4, neste mesmo livro.

(338) Hierão, tirano de Gela e de Siracusa, sucedeu a seu irmão Gelão.

(339) Gelão, tirano da Sicília, de 491 a 478 a.C.

(340) Trasíbulo, irmão de Hierão, tirano de Siracusa.

(341) A maioria dos comentadores se têm esforçado para compreender esse ponto da doutrina platônica. Schneider colecionou inúmeras passagens relativas a esse trecho da Plitica, sem poder chegar a algo de inteligível. Aliás, Polibo, no 6º livro das suas *Histórias*, Cícero, Tácito e outros aludem a essa doutrina das revoluções que Platão expôs nos estudos místicos de Pitágoras sobre os números. *"O que parece mais provável aqui*, diz Barthélemy Saint-Hilaire, *é que essas multiplicações sucessivas devem dar o número 5.400, que tem uma grande importância na teoria política de Platão, e que marca, sem dúvida, o grande período das revoluções."*

(342) Miro, um dos descendentes de Ortágoras. Ver neste mesmo livro, c. IX, 21.

(343) Antileo, personagem desconhecido.

(344) Ver neste mesmo livro, c. IX, 23.

(345) Carilau, rei de Esparta, de 898 a 890 a.C. Filho de Eunômio e sobrinho de Licurgo. Não era nascido quando morreu seu pai. Licurgo governou durante sua minoridade e deu leis aos espartanos. Carilau combateu os argianos e os tegeatas; foi aprisionado pelos tegeatas.

(346) Isso, diz Barthélemy Saint-Hilaire, está em contradição com o que Aristóteles sustentou no L. II, c. VIII, 1, e o que ele dirá mais adiante, neste capítulo, 4.

(347) Ver neste mesmo livro, c. VIII, 4.

(348) Cleandro, tirano de Gela, existiu no tempo da Guerra Médica. Ver Heródoto, I. VIII, c. CLIV.

(349) Anaxilau ou Anaxilas, tirano de Reges, viveu na época de Cleandro. Era messênio de origem. Ver Estrabão, I. IV, p. 253; Pausânias, I. IV, c. XXIII e I. V, c. XXVI; Deodoro de Sicília, I. II, c. XLVIII e LXXXVI.

(350) Aqui existe claramente uma lacuna: as ideias não mais se coordenam. Somos autorizados a pensar que Aristóteles, após ter acabado de desenvolver suas ideias sobre as causas das revoluções que podem se dar nos governos oligárquicos e transformá-los em democráticos, acrescentou algumas reflexões sobre as transformações possíveis nesta última forma, à qual parece referir-se a frase incompleta que se segue imediatamente. Parece mesmo que este livro não foi conservado inteiramente, e que nele falta ainda a refutação da opinião de Sócrates, que foi enunciada na primeira frase.

Impressão e Acabamento:
Gráfica Oceano